CB133665

AUTONOMIA, ENVELHECIMENTO E NEGÓCIOS JURÍDICOS. QUEM DECIDIRÁ SOBRE ISSO?

Natalia Carolina Verdi

AUTONOMIA, ENVELHECIMENTO E NEGÓCIOS JURÍDICOS. QUEM DECIDIRÁ SOBRE ISSO?

Prefácio do Professor Doutor
Luiz Alberto David Araujo

GZ
EDITORA
Rio de Janeiro
2022

1ª edição – 2022

© *Copyright*
Natalia Carolina Verdi

Presidente do Conselho Editorial
Nelson Nery Costa

Conselho Editorial
• *Álvaro Mayrink* • *André Brandão Nery Costa* • *Araken de Assis* • *Arnaldo Rizzardo*
• *Arruda Alvim* • *Cláudio Brandão* • *Florisbal de Souza Del' Olmo* • *Geraldo Magela Alves*
• *Mathias Coltro* • *Sylvio Capanema de Souza (in memoriam)* • *Tânia da Silva Pereira*

Diagramação
Olga Martins

CIP – Brasil. Catalogação-na-fonte.
Sindicato Nacional dos Editores de Livros, RJ.

V594a

Verdi, Natalia Carolina
Autonomia, envelhecimento e negócios jurídicos. Quem decidirá sobre isso? / Natalia Carolina Verdi. - 1. ed. - Rio de Janeiro: GZ, 2022.
208 p.; 24 cm.

Inclui bibliografia e índice
"Prefácio do professor doutor Luiz Alberto David Araujo"
ISBN 978-65-5813-045-1

1. Idosos - Direitos fundamentais - Brasil. I. Título.

22-76486

CDU: 342.72/.73-053.9

Meri Gleice Rodrigues de Souza - Bibliotecária - CRB-7/6439

O titular cuja obra seja fraudulentamente reproduzida, divulgada ou de qualquer forma utilizada poderá requerer a apreensão dos exemplares reproduzidos ou a suspensão da divulgação, sem prejuízo da indenização cabível (art. 102 da Lei nº 9.610, de 19.02.1998).

Quem vender, expuser à venda, ocultar, adquirir, distribuir, tiver em depósito ou utilizar obra ou fonograma reproduzidos com fraude, com a finalidade de vender, obter ganho, vantagem, proveito, lucro direto ou indireto, para si ou para outrem, será solidariamente responsável com o contrafator, nos termos dos artigos precedentes, respondendo como contrafatores o importador e o distribuidor em caso de reprodução no exterior (art. 104 da Lei nº 9.610/98).

As reclamações devem ser feitas até noventa dias a partir da compra e venda com nota fiscal (interpretação do art. 26 da Lei nº 8.078, de 11.09.1990).

Reservados os direitos de propriedade desta edição pela
GZ EDITORA

contato@editoragz.com.br
www.editoragz.com.br
Estrada do Capuava, nº 1325 - Box Q - CEP 06715-410
Bairro Barro Branco - Município de Cotia - SP
Tels.: (0XX21) 99585-0737 / 99755-0737

Impresso no Brasil
Printed in Brazil

Ao meu Pai, Yoshiaki Imai (in memorian),
com amor, gratidão e saudades eternas.

AGRADECIMENTOS

Esta obra nasceu da Dissertação elaborada no Curso de Mestrado em Gerontologia Social cursado na PUC-SP e defendida com êxito em dezembro de 2018.

Por ser um trabalho que trouxe uma imensa satisfação pessoal, já que foi escrito por uma advogada que se aventurou pela área do envelhecimento e que ficou encantada (e igualmente bastante intrigada) com tudo que vivenciou e estudou ao longo do curso, tornou-se um livro.

De antemão alerta-se que o tema por ele abordado nem de longe está esgotado, já que a Dissertação, agora apresentada como livro, é uma porta de entrada para muitos questionamentos.

O que se pode assegurar é que mesmo diante de todos eles, a oportunidade de cursar um Mestrado e, após concluí-lo, de poder publicar um livro, são oportunidades consideradas como imensuráveis bençãos, em especial em um país no qual o acesso aos estudos e aos meios acadêmicos está longe de ser tarefa corriqueira, ao menos para grande parcela da população.

Por isso, minha gratidão a Deus e a Nossa Senhora Aparecida por todas as experiências vivenciadas e por estas incomensuráveis conquistas.

Aos meus pais, o reconhecimento e a gratidão pelo amor que me dedicam e pela força com que me impulsionam – sem eles eu jamais teria chegado a qualquer etapa da vida e nem de longe seria quem sou.

Àquele que foi meu valoroso orientador ao longo da elaboração da então Dissertação, Professor Doutor Luiz Alberto David Araújo, minha gratidão por dele receber incalculáveis conhecimentos acadêmicos e lições de vida, bem como pela honra da redação do prefácio da presente obra.

À minha estimadíssima Professora, enquanto aluna da PUCSP, e hoje minha CEO no Portal do Envelhecimento e no Espaço Longeviver, Doutora Beltrina da Purificação da Côrte Pereira, minha gratidão por todas as oportunidades de crescimento, pessoal e profissional, por toda a confiança a mim depositada e por todo o estímulo, sempre.

A todos os que são caros ao meu coração, meus sopros de calmaria, minhas faíscas de euforia e minhas vigas de sustentação, meus admirados parceiros de vida e fundamentais nesta caminhada terrena, representados nas pessoas de Amalia A. G. Zappallá, Amilton Martins, Ana Michela Lista Merchan, Carolina Demetrio Gomes de Melo Di Monaco, Cláudia Patrícia Almeida Furlan, Conceição Aparecida de Carvalho, Daiana Anhoque Soares, Dennis Costa dos Santos, Diogo Gonzales Júlio, Elaine Cristina Paim Uchoa Martorano, Eugênia Namie Sugimoto, Fernanda Mesquita Ferreira, Florence Rosana Faganello Gemente, Karim Regina de Barros, Lenira Cristina Stella, Lizandra Gea Gonçalves Le, Maria Júlia Tenório

Plácido Bigatto, Mariana Pedroso Wey, Nicole Debia, Patrícia Fernanda Batata do Nascimento Vieira, Rodrigo de Jesus Gonzalez Garcia e Valquíria Cardoso Alves dos Santos, minha mais sincera gratidão e todo o meu apreço, pela infinidade do que representam.

A todos eles, pelas palavras de incentivo, por todo o apoio, pelo compartilhamento de tantas histórias, pela idealização e pela realização de tantos projetos, pelos ensinamentos e pelas lições de vida, meu reconhecimento de que são e de que sempre serão fundamentais e únicos.

PREFÁCIO

Há temas fáceis de dissertar; e há temas espinhosos. A autora, Natalia Carolina Verdi, escolheu o último grupo. E o fez com coragem e determinação. Aluna do curso de Pós-Graduação em Gerontologia Social reuniu os conhecimentos de sua formação jurídica, com a atuação de advogada e, por fim, trouxe a abordagem do envelhecimento apreendida no Curso de Mestrado da Gerontologia Social da Pontifícia Universidade Católica de São Paulo.

Conheci a autora enquanto minha aluna no Mestrado. Durante o curso, de caráter interdisciplinar, procuramos discutir a autonomia durante o envelhecimento. E não foram poucos os problemas. Gestão financeira do envelhecimento, oposição da família, diversidade de critérios de entendimento da alegada autonomia, tudo se cruzava e se relacionava em uma teia que exigia, para sua compreensão, bem mais do que os temas da Ciência do Direito.

Assim, a aluna caminhou pela Psicologia, pelo Serviço Social e, claro, pelo Direito.

Se houve uma mudança do marco legislativo, quer com a internalização da Convenção sobre os Direitos das Pessoas com Deficiência, que foi acolhida com status de emenda à Constituição, quer com a elaboração do Estatuto da Pessoa com Deficiência (também conhecido como Lei Brasileira da Inclusão da Pessoa com Deficiência), de outro, havia uma forte tradição de analisar o tema da autonomia sobre um tudo ou nada. Ou seja, ou era capaz ou incapaz.

O novo modelo deixa claro que o dualismo não mais existe. Existe, sim, o indivíduo, complexo, hábil em determinados pontos, inábil em outros, lúcido em determinados temas, não lúcido em outros.

Enfim, a gradação, a análise interdisciplinar, o diálogo entre as áreas, passaram a ser os vetores condutores desse novo parâmetro normativo.

Estamos preparados para tal questão, ou seja, nossos operadores do Direito, nossos juízes, membros do Ministério Público, advogados, estão preparados para o novo modelo?

Natalia Carolina Verdi não se espantou com a dificuldade. Enfrentou o tema e trouxe, a partir de decisões judiciais, um quadro da realidade anterior e os desafios para a nova empreitada, ou seja, a aplicação do novo modelo trazido pela Convenção da ONU sobre os Direitos das Pessoas com Deficiência, traduzida pela Lei 13.146 de 2015.

Apresentando decisões judiciais e cotejando o velho critério com o novo critério, defendeu sua dissertação de Mestrado com sucesso.

Ajustou, complementou e, agora, vem publicar seu trabalho.

O tema ainda não está resolvido, nem nos Tribunais, nem tampouco na aplicação cotidiana da análise da autonomia.

Há necessidade do diálogo interdisciplinar. Diálogo que, muitas vezes, não é fácil, que é cansativo. Mas é necessário. A autora propõe a abertura de algumas portas para que essa conversa flua mais calmamente, mais fortemente, mais humanamente.

Afinal, buscar a felicidade do ser humano, alargar sua autonomia, prestigiar sua existência não pode ser tarefa de uma só área. E não pode ser uma tarefa simples.

Portanto, o trabalho abriu o diálogo. Propõe a conversa entre as áreas. E o faz com a apresentação das decisões judiciais.

Para que sejam analisadas, cotejadas, discutidas por outras áreas.

Podemos falar ainda na dualidade sim e não do sistema de análise da autonomia? Ou precisamos identificar graus, competências e partes?

Natalia Carolina Verdi propõe essa reflexão. E traz, como início, a análise da jurisprudência. Posto o tema para o debate, ele vai se estender, ampliar-se e tornar-se frequente.

Mas o início é difícil e cansativo. Mas isso não impediu a autora de avançar. Correndo riscos, tratou de propor a discussão. E fez muito bem. Fez muito bem em propor a discussão e saiu-se bem na análise do estágio da discussão.

O trabalho é importante, claro e traz a possibilidade de nos vermos projetados, em futuro próximo ou distante, como centro das discussões. Vamos envelhecer, teremos nossa autonomia reduzida?

Quem decidirá sobre isso?

O tema não se resolve aqui. Mas o livro de Natalia Carolina Verdi inicia um bom debate.

Luiz Alberto David Araujo

Professor Titular de Direito Constitucional da Faculdade de Direito da Pontifícia Universidade Católica de São Paulo. Professor Permanente do Programa de Gerontologia Social da PUC-SP.

SOBRE A AUTORA

Natalia Carolina Verdi é Advogada inscrita na Ordem dos Advogados do Brasil – Seção de São Paulo, formada como Bacharel em Direito pela Universidade São Judas em dezembro do ano de 2003.

Cursou Mestrado em Gerontologia pela PUC-SP, onde defendeu sua então Dissertação, a qual deu origem à presente obra, em dezembro do ano de 2018, sob a orientação do Professor Doutor Luiz Alberto David Araújo, que a prefacia.

Possui Especialização em Direito da Medicina pelo Centro de Direito Biomédico da Faculdade de Direito da Universidade de Coimbra e Especialização em Direito Médico, Odontológico e Hospitalar pela Escola Paulista de Direito.

É a redatora responsável pelo Blog Direitos do Longeviver, alocado junto ao Site Portal do Envelhecimento e ministra aulas como Professora em Cursos de Graduação e em Cursos de Pós-Graduação e de Educação Continuada.

Atua como Palestrante nas áreas do Direito e da Gerontologia e é Autora de livros de sua autoria individual e com sua participação/coordenação em obras coletivas.

LISTA DE ABREVIATURAS

CC	Código Civil
CPC	Código de Processo Civil
DNA	Ácido Desoxirribonucleico
IBGE	Instituto Brasileiro de Geografia e Estatística
ILPI	Instituição de Longa Permanência de Idosos
LBI	Lei Brasileira de Inclusão
LOAS	Lei Orgânica da Assistência Social
MEC	Ministério da Educação
OMS	Organização Mundial da Saúde
RNA	Ácido Ribonucleico
STF	Supremo Tribunal Federal
STJ	Superior Tribunal de Justiça
TJSP	Tribunal de Justiça do Estado de São Paulo

SUMÁRIO

INTRODUÇÃO

O presente trabalho buscou analisar, de modo interdisciplinar – do ponto de vista do Direito Civil e da Gerontologia – como a autonomia e o envelhecimento são compreendidos nas decisões judiciais envolvendo idosos e relacionadas a negócios jurídicos do casamento, da união estável e da disposição do patrimônio.

A escolha do tema se deu por ser uma realidade social que nos é próxima, qual seja, o questionamento acerca da autonomia dos idosos. São situações nas quais as pessoas mais longevas passam a ter sua autonomia questionada – ao pretenderem se casar, ao desejarem manter uma união estável ou ao buscarem dispor de seu patrimônio da forma como melhor lhes parece – apenas e tão somente porque são consideradas como velhas demais para decidir por si no tocante a estas situações.

Sem pretender esgotar o tema, mas buscando compreender a respeito do que nos propusemos, foram realizadas leituras de referenciais teóricos sobre a autonomia e o envelhecimento, estudos sobre a legislação e o levantamento de casos julgados pelo Superior Tribunal de Justiça e pelo Tribunal de Justiça do Estado de São Paulo, desde o ano de 2015.

Com base no procedimento adotado, apresentamos três capítulos que objetivam esclarecer a questão a que nos propusemos.

Para compreendermos sobre a autonomia, abordamos suas noções gerais e sobre como é tratada pelo ordenamento jurídico. Em seguida, passamos a uma análise da autonomia nos negócios jurídicos, de acordo com a legislação vigente.

Na sequência, no intuito de elucidar sobre o envelhecimento, apresentamos algumas noções gerais a seu respeito, sua abordagem enquanto ciência, passando pelas teorias que objetivam explicá-lo, com uma reflexão sobre a realidade que o toca e sobre os aspectos que lhe são inerentes.

Feitas estas explanações iniciais, passamos às análises judiciais, conforme nossa proposta.

Foram elencadas as categorias dos temas relacionados aos negócios jurídicos do casamento, da união estável e da disposição do patrimônio, que envolvem idosos, e alguns caminhos foram percorridos.

Fizemos um levantamento das decisões do Superior Tribunal de Justiça e do Tribunal de Justiça do Estado de São Paulo e, para análise, selecionamos o que nos pareceu mais relevante, interessante e curioso.

Todavia, nos assusta a realidade de que o número de decisões a respeito dos temas junto ao Superior Tribunal Federal, mesmo após mais de cinco anos de vigência do Estatuto da Pessoa com Deficiência, não se mostre representativo, motivo pelo qual optamos por não as considerar.

Escolhidas as decisões, apresentamos suas ementas, passando à sua análise do ponto de vista a que nos propusemos. Iniciamos com as decisões do Superior Tribunal de Justiça – STJ, e passamos às decisões do Tribunal de Justiça do Estado de São Paulo – TJSP.

Apresentadas e analisadas cada uma das decisões judiciais, dispomos a respeito do que atualmente se leva em consideração ao serem decididos os casos que envolvem idosos que pretendem efetivar os negócios jurídicos do casamento, da união estável ou da disposição de seus bens, com observância e reflexão a respeito dos caminhos que estão sendo seguidos e, eventualmente, sobre a necessidade de uma ressignificação à realidade que nos toca.

1

AUTONOMIA

1.1. Noções gerais

A autonomia é a capacidade de se autodeterminar, agindo por si próprio, de acordo com as próprias vontades, segundo valores subjetivos, sem qualquer influência externa, a fim de que as escolhas sejam apenas e tão somente o reflexo do mais íntimo desejo de quem as concretiza.

Tem-se que a autonomia é "conforme Kant, propriedade da vontade pela qual ela é a lei para si mesma, independentemente de todas as qualidades do objeto do querer" (MATTOS, 1957, p. 49).

Para Kant, a vontade de todo ser humano deve ser concebida como vontade legisladora universal, para o que ele dá o nome de princípio da autonomia da vontade[1].

No direito brasileiro, a autonomia é discutida e estudada em várias de suas disciplinas.

No presente trabalho – estudo interdisciplinar relacionado ao Direito e à Gerontologia – com relação ao Direito, trataremos o tema segundo o que dispõe a disciplina do Direito Civil. Isto se justifica pelo enfoque dado à autonomia quanto às questões relacionadas à matéria e atreladas ao envelhecimento, tratadas em seu decorrer.

Por esta razão, dentro do objetivo deste trabalho, a autonomia merece ser compreendida como norteadora das relações estabelecidas entre particulares – mais especificamente a capacidade que as pessoas têm de autodeterminar suas relações, na medida em que vivem mais e, por essa mesma e exata razão, envelhecem.

---

1 KANT, Immanuel. Fundamentação da Metafísica dos Costumes. Tradução de Antonio Pinto de Carvalho. Companhia Editora Nacional. Disponível em http://www.dhnet.org.br/direitos/anthist/marcos/hdh_kant_metafisica_costumes.pdf. Acesso em 01 mar. 2021, pp. 30-31.

Esta reflexão decorre do envelhecimento populacional, cada vez mais frequente na realidade brasileira[2], e na qual, muitas vezes, a autonomia do idoso é questionada ou tolhida de maneira absolutamente arbitrária.

Em muitos casos o idoso, por conta de sua longevidade, passa a ser considerado como um ser humano incapaz de tomar decisões segundo suas próprias vontades e de acordo com os seus valores. Em incontáveis situações, seus mais íntimos desejos não são levados em consideração por influências externas, deixando de se ver refletida a sua autonomia em suas decisões.

Esta é uma constante que precisa ser repensada, já que o envelhecimento não afasta de nenhuma pessoa, por mais idosa que seja, a autonomia que lhe é inerente, conforme abordaremos ao longo deste trabalho.

Inicialmente, é importante ponderar que

> o envelhecimento não é sinônimo de incapacidades e dependência, mas de maior vulnerabilidade, requerendo cuidados que considerem as especificidades da população que envelhece. O processo de envelhecimento é natural, irreversível e individual, marcado pela heterogeneidade entre os idosos, em função de suas características sociais, pessoais, econômicas e culturais que foram estruturando ao longo da vida[3].

Em grande número de casos, o idoso passa a ser visto como alguém que, por ter idade elevada, não pode mais gerir sua vida, administrar o próprio patrimônio, cuidar da própria saúde ou manter relações afetivas – entre tantos outros exemplos facilmente encontrados na rotina de quem se preocupa em observar esta realidade.

Se a autonomia "é tida como capacidade que cada sujeito agente tem de autodeterminação, mesmo que concretamente não seja possível realizar esse direito" (WEBER, 2013, p. 23), ela não pode ser associada ao envelhecimento como um inevitável comprometimento de vontade,

---

2 PROJEÇÃO DA POPULAÇÃO DO BRASIL E DAS UNIDADES DA FEDERAÇÃO. Disponível em https://www.ibge.gov.br/apps/populacao/projecao/. Acesso em 01 mar. 2021.

3 MINISTÉRIO DA SAÚDE. Diretrizes Para O Cuidado Das Pessoas Idosas no SUS: Proposta De Modelo De Atenção Integral. XXX Congresso Nacional De Secretarias Municipais De Saúde. Maio. 2014. Disponível em http://bvsms.saude.gov.br/bvs/publicacoes/diretrizes_cuidado_pessoa_idosa_sus.pdf. Acesso em 01 mar. 2021.

o que torna necessária uma cuidadosa observação do que determina a legislação, em cada situação.

Como um princípio que deve nortear as relações, a autonomia deve servir para concretizar a dignidade humana.

A tolhida da autonomia do idoso, seja parcial ou total, deve ser sempre uma exceção, respeitadas as exigências e os procedimentos legais, exatamente para que a efetivação da dignidade humana seja contemplada.

Tem-se que a

> dignidade humana é o valor síntese que reúne as esferas essenciais do desenvolvimento e realização da pessoa humana. Seu conteúdo não pode ser descrito de modo rígido; deve ser apreendido por cada sociedade, em cada momento histórico, a partir de seu próprio substrato natural (SCHREIBER, A., 2018, p. 129).

A dignidade é um conceito subjetivo, a ser ponderado circunstancialmente para que o desenvolvimento e a realização da pessoa humana idosa sejam efetivamente protegidos, amparando-se sua autonomia.

Dessa forma, é sabido que

> A dignidade humana possui dupla direção protetiva. Isso significa que ela é um direito público subjetivo, direito fundamental do indivíduo, contra o Estado (e contra a sociedade) e, ao mesmo tempo, um encargo constitucional endereçado ao Estado, no sentido de ser um dever de proteger o indivíduo em sua dignidade humana em face da sociedade (NERY e NERY Jr., 2017, p. 7).

Esta proteção precisa valer-se da legislação que ampara os idosos, de maneira a se evitar qualquer ameaça à sua autonomia e, por consequência, um constrangimento abusivo de sua dignidade.

Para isso, a legislação vigente que tem como objeto central o idoso deve amparar a sua autonomia de maneira ampla e irrestrita, buscando sempre refletir a sua dignidade humana.

Todavia, é preciso questionar se esta legislação tem cumprido seu papel de forma efetiva e garantido a autonomia de quem envelhece, ao se buscar compreender sobre o envelhecimento e o sobre o que é considerado pelas normas vigentes.

Ao final, será possível analisar como as leis têm norteado os casos apreciados pelo Poder Judiciário quanto a idosos que pretendem efetivar suas vontades ao firmar negócios jurídicos, os quais são, incontáveis vezes, questionados judicialmente por esta pretensão, como abordaremos neste trabalho.

1.2. Autonomia e amparo legislativo aos idosos

Para compreender como a autonomia do idoso está amparada na legislação brasileira, é importante verificar como as leis vigentes no país asseguram as vontades de quem envelhece.

No ordenamento jurídico vigente, quem possui 60 anos ou mais é visto como a parte vulnerável de qualquer demanda jurídica. Por isso, ao prever e ao descrever seus direitos e suas garantias, a legislação deve buscar proteger essa parcela populacional em sua integralidade e de igual modo amparar a dignidade do grupo de pessoas nesta condição etária.

Para tanto, é importante esclarecer que a

> Vulnerabilidade está relacionada à fragilidade. Vulnerável se refere ao lado fraco de um assunto ou de uma pessoa. A vulnerabilidade fragiliza o sujeito de direitos, desequilibrando a relação. De outro lado, minoria liga-se à ideia de inferioridade numérica. As minorias caracterizam-se pelos seguintes elementos: o elemento diferenciador, que é a característica que o distingue do restante da sociedade; o elemento quantitativo, que corresponde ao grupo numericamente majoritário. Ainda, as minorias possuem identidade coletiva, que pode ser étnica, religiosa etc.
>
> Os vulneráveis representam um grupo de pessoas que, por razões diversas, têm dificuldade de acesso a bens ou serviços disponíveis à população em geral. Essas pessoas não podem exercer a cidadania em sua plenitude, pois sofrem ataques constantes em sua dignidade. São pessoas que necessitam de cuidados especiais (ARAUJO e PINHEIRO, 2017, p. 537).

Em busca destes cuidados especiais, inúmeros são os aparatos legislativos a resguardar os idosos. Todos eles, em síntese, com o mesmo objetivo: proteger, da maneira mais integral possível todo aquele que é visto como a parte mais frágil numa relação jurídica e que merece ser amplamente respeitado, por esta mesma razão.

Para este respeito e essa proteção, destacamos a legislação e como ela assegura a autonomia de quem se expressa livre e conscientemente e que deve ser sempre respeitado, apesar da idade elevada – já que, até que se prove o contrário, dentro do que a lei estabelece, a autonomia do idoso deve ser considerada ampla e irrestrita, como veremos em seguida.

Este pensamento vem de encontro ao que é comumente chamado de envelhecimento ativo, definido como

> o processo de otimização das oportunidades de saúde, participação e segurança, com o objetivo de melhorar a qualidade de vida ao longo do envelhecer. Permite que as pessoas percebam seu potencial quanto ao bem-estar físico, social e mental e participem da sociedade, de acordo com suas necessidades, desejos e capacidades (ANSAI e SERA, p. 189-200).

Esta segurança para com o envelhecimento está prevista na Declaração Universal dos Direitos do Homem, proclamada pela Assembleia Geral das Nações Unidas em 10 de dezembro de 1948. Naquela época – no contexto de pós 2ª Guerra Mundial – buscava-se definir direitos fundamentais para tentar garantir uma sobrevivência digna a todas as pessoas, em todas as nações.

No Brasil, na busca por esta proteção, "a legislação brasileira seguiu as recomendações e diretrizes internacionais contidas nos documentos da Organização das Nações Unidas" (BARROS e RAUTH, 2016, p. 1560).

Ao longo deste trabalho citaremos algumas reflexões – dentre tantas outras possíveis – para tentar contextualizar o que as leis estabelecem em consonância (ou não) com a autonomia dos idosos.

As normas vigentes servem como uma garantia de direitos, alguns especialmente assegurados em diplomas específicos àquelas pessoas com 60 anos ou mais. Estão dispostas na Constituição Federal de 1988 e em outras leis, lembrando que em 2015 o país tornou-se signatário da Convenção Interamericana sobre Proteção dos Direitos Humanos das Pessoas Idosas, aprovada pela Organização dos Estados Americanos no referido ano.

Em consonância com estes diplomas internacionais, em mais de um de seus artigos, a Constituição Federal contempla o amparo legal ao idoso, visando protegê-lo da maneira mais ampla possível, atribuindo à família, à sociedade e ao poder público a incumbência de lhe garantir uma vida digna.

Por esta razão, "há vetor constitucional para a família, a sociedade e o Estado no sentido de amparar as pessoas idosas, assegurando a sua participação na comunidade, defendendo sua dignidade e bem-estar e garantindo-lhe o direito à vida (art 230)" (ARAÚJO e NUNES Jr, 2018, p. 672).

Este amparo legal constitucional deve ser visto como apoio ao efetivo exercício de todas as garantias legais asseguradas aos idosos, que devem ser respeitados em suas escolhas, livres e devidamente esclarecidas, pois quem envelhece continua sendo sujeito de direitos e de deveres na sociedade, já que continua sendo cidadão.

No artigo 1º da Magna Carta constam como fundamentos da República Federativa do Brasil a cidadania e a dignidade da pessoa humana.

Neste sentido, quando considerada a população mais velha, "temos a presença das pessoas idosas enfrentando dificuldades para assegurar esses fundamentos constitucionais" (BARROS e RAUTH, 2016, p. 1557).

Exercer a cidadania comporta múltiplos fatores, concretizados numa realidade na qual os direitos e os deveres são relacionados, em condições de igualdade.

Sabe-se que muitos são os direitos dos idosos. No entanto, pelo fato de o Brasil ser um país ainda em desenvolvimento, com consideráveis déficits em educação, é questionável que toda a população mais idosa saiba destes direitos – principalmente se levarmos em conta que muitas pessoas idosas nem sequer sabem que podem e que devem exigi-los, exatamente porque ao longo de toda sua vida foram vitimadas por uma educação precária e por um incontável número de casos de impossibilidades de acesso às informações mais basilares.

Talvez por isso, muitas são as vezes em que a autonomia do idoso sofre tolhimento abusivo e arbitrário, o que acaba por repercutir em um questionamento judicial acerca de suas decisões.

E é diante destas situações, com a judicialização dos casos, que algumas pessoas idosas tomam conhecimento de que têm direitos garantidos em lei e que esses direitos foram violados.

Em muitas situações é neste momento que surge a compreensão de que a autonomia pode ser definida como a capacidade de decisão, de comando, como a possibilidade de realizar algo por seus próprios meios, ou, em outras palavras, como a possibilidade que o idoso tem de gerir sua vida, de autodeterminar-se, em um exercício efetivo de sua dignidade, sempre que tenha condições de fazê-lo e com o respeito à estas condições.

Por esta razão, entende-se que

> a autonomia significa a liberdade e a capacidade de o indivíduo agir por conta própria, incluindo aspectos de comportamento, decisões e cursos de ação. Difere da independência, pois esta última é definida como a habilidade de executar funções relacionadas à vida diária (ANSAI e SERA, p. 189-200).

A expressão autonomia está intrinsecamente relacionada à dignidade, já que ambas são "indiscutivelmente dois pilares de Estado

Democrático de Direito" (WEBER, 2013, p. 11), afirmando-se ainda, neste mesmo sentido, que "a dignidade pode ser considerada como próprio limite do exercício da autonomia" (WEBER, 2013, p. 12).

Todavia, a questão da dignidade ainda é muito insuficiente, já que infinitas vezes muitos idosos deixam de lado a dignidade que lhes é inerente (PAPALÉO, 2016, p.12) ao serem vítimas da restrição de sua autonomia na prática de muitos de seus atos, o que acaba por impactar numa supressão de garantia de uma existência com dignidade durante toda a vida, conforme previsto na Declaração Universal dos Direitos Humanos[4] (RAMOS, 2002, p. 50).

Esta insuficiência afasta igualmente a concretização do que está disposto no artigo 3º da Magna Carta, onde estão previstos como objetivos fundamentais da pátria brasileira

> constituir uma sociedade livre e solidária e promover o bem de todos, sem preconceitos de origem, raça, sexo, cor, idade e quaisquer outras formas de discriminação, preceitos também recomendados pelo Plano de Ação Internacional para o Envelhecimento da Organização das Nações Unidas (BARROS e RAUTH, 2016, p. 1557).

A autonomia dos idosos também pode ser percebida no que prevê a Constituição Federal, em seu artigo 14, §1º, inciso II, alínea b, que determina o direito de voto aos maiores de 70 anos, como uma garantia do efetivo exercício democrático mediante a participação ativa no processo eleitoral.

Esta norma reflete o reconhecimento de que, pelo tempo vivido, na maioria das vezes a pessoa idosa vivenciou experiências e tem conhecimento suficiente para bem escolher os candidatos em quem votar, exercendo sua autonomia. Ainda assim, o número[5] de idosos que têm

---

4 DECLARAÇÃO UNIVERSAL DOS DIREITOS HUMANOS. Disponível em https://www.ohchr.org/EN/UDHR/Documents/UDHR_Translations/por.pdf. Acesso em 01 mar. 2021.

5 CENSO DA DEMOCRACIA: BRASIL TEM 147,9 MILHÕES DE ELEITORES APTOS A VOTAR NAS ELEIÇÕES 2020. Disponível em: https://www.tse.jus.br/imprensa/noticias-tse/2020/Agosto/brasil-tem-147-9-milhoes-de-eleitores-aptos-a-votar-nas-eleicoes-2020. Acesso em 01 mar. 2021. "O eleitorado com voto facultativo apresenta uma curiosidade: existem 65.589 idosos com mais de 100 anos que estão com as obrigações eleitorais em dia e poderão ir às urnas. Ainda sobre esses eleitores que não são obrigados a votar, mas fazem questão de exercer a cidadania por meio do voto, estão 1.030.563 jovens entre 16 e 17 anos; 8.784.004 idosos entre 70 a 79 anos; e 4.658.495 idosos de 80 a 99 anos".

exercido de forma efetiva o ato de votar e de participar ativamente no processo eleitoral é questão muito emblemática.

Se considerarmos a difícil situação política que assola o país há anos, o desconhecimento por grande parcela de idosos sobre a importância de seu voto consciente a fim de que essa realidade seja melhorada e ainda os frequentes preconceitos sofridos por aqueles que estão na faixa etária de ter no exercício do voto uma opção, mas que em incontáveis casos se tornam corriqueiros motivos de piadas ao efetivarem esta escolha, por exemplo, passamos a refletir sobre a complexidade da dimensão da autonomia do idoso constante nesta norma e de sua efetivação, como consequência.

Os artigos 203 e 204 da Magna Carta dispõem sobre a assistência social que visa amparar os idosos mais carentes – em difícil situação econômico-financeira e com inúmeros problemas de sobrevivência digna.

A regulamentação a este amparo se deu pela Lei Federal nº 8.742, de 07 de dezembro de 1993, que estabelece o LOAS (Lei Orgânica da Assistência Social) que objetiva "uma política social destinada a atender às necessidades básicas dos indivíduos, traduzida em proteção à família, à maternidade, à infância, à adolescência, à pessoa portadora de deficiência e também à velhice" (BARROS e RAUTH, 2016, p. 1557) e visa amparar os idosos com 65 anos ou mais, considerados pobres na acepção do termo, ou seja, os que tiverem a renda do grupo familiar inferior a ¼ do salário mínimo, mediante o recebimento de um salário mínimo mensal.

Trata-se de um benefício de prestação continuada da assistência social (BPC), também chamado de "amparo ao idoso", "amparo a velhice", "amparo à pessoa com deficiência" ou, como dissemos LOAS (FURLAN E SAVARIS, 2017, p. 199).

A norma está distante de permitir a concretização da autonomia de idosos a quem ela visa proteger, já que pelo Estatuto do Idoso (Lei Federal nº 10.741, de 01 de outubro de 2003, artigo 1º) são considerados idosos todos os que têm 60 anos ou mais e a norma tem como sujeito de proteção pessoas com 65 anos ou mais, restando clara a impossibilidade de que pessoas na faixa etária compreendida entre 60 e 65 anos possam exercerem sua autonomia e buscar ajuda quando estiverem em situação social periclitante.

O parágrafo oitavo do artigo 226 da Constituição Federal estabelece que é dever do Estado criar mecanismos para inibir a violência nas relações familiares, a fim de proteger o idoso em seu convívio familiar – visto que muitas vezes os atritos com os parentes mais próximos resultam em agressões de várias ordens, as quais a legislação vigente prevê reprimir e que são passíveis de penalidades legais.

Sabe-se que "inúmeros são os casos de abandono, roubo, espancamento, humilhação, cárcere privado, violência física e psicológica. As agressões ocorrem notadamente dentro de casa" (BIANCHINI, 2017, p. 497).

São inúmeras as situações nas quais o idoso não exerce sua autonomia nem denuncia quem o violenta diuturnamente ou porque depende de seus agressores ou porque é ameaçado mantê-los, principalmente economicamente. Independentemente da situação, o idoso não se sente efetivamente amparado para agir contra quem os agride e, ao se omitir, acaba por violar sua dignidade.

Complementando o que está na Constituição Federal e nas normas internacionais aderidas pelo sistema legislativo brasileiro, há ainda outras leis para proteger as pessoas idosas, com um caráter de proteção ainda mais abrangente para quem é a parte vista como mais frágil nas relações. Citemos alguns exemplos destes normativos.

O sistema jurídico brasileiro protege os idosos nos casos de alienação parental (Lei Federal nº 12.318, de 26 de agosto de 2010), uma vez que "ainda que tais práticas sejam objeto de lei especial frente a crianças e adolescentes, flagrada a tentativa de construir injustificável rejeição a alguém com quem o idoso tinha alguma afinidade ou afeição, cabe a aplicação das mesmas sanções" (DIAS, 2015, p. 659).

Casos muito comuns de aplicabilidade desta legislação são, por exemplo, aqueles nos quais o idoso vai morar com um filho e não com outro. Nestas situações, motivado por histórias fantasiosas que supostamente desencadeiam desejos que nunca foram seus, ou simplesmente para evitar maiores problemas com os que lhes são próximos, o idoso deixa de fazer o que efetivamente gostaria, se afastando de muitas pessoas que lhe são caras, por razões que não são o reflexo de suas escolhas autônomas, e tornam-se, então, vítimas de alienação parental.

Lembremo-nos ainda do Estatuto da Cidade (Lei Federal nº 10.257, de 10 de julho de 2001, artigo 1º, parágrafo único), que de forma sucinta estabelece normas de ordem pública e de interesse social que regulam o uso da propriedade urbana em prol do bem coletivo, da segurança e do bem-estar dos cidadãos, bem como do equilíbrio ambiental.

Diante das normas trazidas pelo Estatuto surge uma questão: como fica a autonomia do idoso, já que sua acessibilidade nas ruas, por exemplo, muitas vezes dificulta ou até impossibilita que a pessoa idosa alcance os locais para os quais efetivamente gostaria de ir?

Este questionamento

> conduz a refletir sobre quantos logradouros e prédios públicos estão devidamente adaptados para o usuário com deficiência e os

> idosos, que possuem essa condição, em que pese toda a normativa que lhe estabelece atendimento com prioridade e toda uma gama de benefícios (GUERRA, 2017, p. 60).

Ainda no sentido de uma busca por uma proteção ampla e efetiva, a Política Nacional do Idoso (Lei Federal nº 8.842, de 04 de janeiro de 1994) enquanto legislação infraconstitucional "foi um marco por seguir normativos nacionais e internacionais e ainda, por ser implementada de forma integrada e descentralizada por intermédio de estados, distrito federal e municípios" (BARROS e RAUTH, 2016, p. 1558).

Considerando as leis em vigor – constitucionais ou infraconstitucionais – e a realidade vivida pelos idosos, surge a percepção de que talvez a legislação de proteção a esta crescente faixa populacional precise ser revista no que diz respeito à autonomia.

Não à toa, 2018 foi eleito o Ano da Valorização e Defesa dos Direitos Humanos da Pessoa Idosa, em alusão à Convenção Interamericana dos Direitos Humanos dos Idosos (Lei Federal nº 13.646, de 09 de abril de 2018). O objetivo central desta eleição é a conscientização social de toda a problemática relacionada ao assunto, mostrando que são muitas as questões e colocando a necessidade de compreensão e de reflexão coletiva a esse respeito.

Talvez o conjunto de regras que a sociedade conhece melhor a respeito dos direitos salvaguardados aos que têm 60 anos ou mais, o Estatuto do Idoso tem grande abrangência quanto à proteção desta gama populacional. Estabelece explicitamente que

> visa regular os direitos assegurados às pessoas com 60 anos e mais de idade. Esta lei é muito abrangente, pois trata dos direitos fundamentais, medidas de proteção, políticas de atendimento, da fiscalização das entidades de atendimento, das infrações administrativas, acesso a justiça, da proteção judicial dos interesses difusos, coletivos e individuais indisponíveis ou homogêneos e disposições gerais. É uma legislação mais ampla que a política nacional do idoso e segue as diretrizes do Plano de Ação Internacional para o Envelhecimento, resultado da II Assembleia Mundial do Envelhecimento, realizada em Madrid/2002 (BARROS e RAUTH, 2016, p. 1558).

Embora objetivando a proteção aos idosos, a abrangência de algumas normas do Estatuto acaba por diminuir-lhes a autonomia, contradizendo o que o próprio documento dispõe.

Exemplo disso é a gratuidade nos transportes públicos: há leis municipais que garantem a isenção de pagamento aos que tiverem 60 ou 65 anos (Lei Federal nº 10.741, de 01 de outubro de 2003, artigo 39, §3º), dependendo de cada Município.

Se este amparo existe, o ideal seria, por exemplo, que não coubesse aos Municípios determinar se é o mais idoso ou o menos idoso que poderia deixar de pagar a passagem nos transportes públicos, mas que a regra valesse a todos a partir dos 60 anos.

Por esta razão, "este dispositivo e o fato da gratuidade ter sido garantida a partir dos 60 anos, idade dos que são, legalmente considerados idosos, é alvo de críticas por boa parte de alguns doutrinadores que tratam do tema" (SILVA, 2017, p. 408).

Outra questão que nos cabe abordar é a respeito do casamento. A pessoa idosa pode se casar, mas se tiver mais de 70 anos, a lei determina que seu casamento deva ter o regime de separação total de bens, com a justificativa de que "quem pretende casar após completar 70 anos tem subtraída a plenitude de sua capacidade" (DIAS, 2015, p. 658).

A lei inibe a autonomia da pessoa idosa quanto ao regime de seu casamento quando ela se casa a partir dos 70 anos porque se entende que atingir esta idade é sinônimo de perda de capacidade.

Este entendimento é chancelado pela forma como o casamento de pessoas desta faixa etária é visto socialmente, ou seja, incontáveis vezes considera-se que é um despautério assumir oficialmente um relacionamento após determinada idade, o que se comprova pelas muitas vezes em que se ouviu isso, Brasil afora.

Segundo Rosenvald e Farias (2017, p. 343), não há qualquer justificativa lógica para esta realidade. Além disso, tal raciocínio indica uma presunção de que o idoso é completamente incapaz devido à sua longevidade, o que afronta seus direitos e suas garantias constitucionais fundamentais e viola sua dignidade.

Os exemplos citados que nos levam à reflexão sobre a legislação que visa proteger os idosos serão os mesmos a serem considerados como as regras que nortearão os Magistrados em suas decisões sobre os casos que lhes couber apreciar. As leis serão aplicadas em cada caso concreto levado aos Tribunais e em cada um deles haverá uma decisão com base no que determina a lei em vigor.

É importante lembrar que, havendo a judicialização, caberá ao Ministério Público intervir quando uma pessoa com 60 anos ou mais for parte da ação – como requerente ou como requerida e atuará como fiscal para proteger quem, por ser parte jurídica frágil, muitas vezes desconhece a legislação que o ampara e os direitos quando violados.

Com relação ao local da tramitação das ações judiciais, a lei assegura aos maiores de 60 anos que os processos a eles relacionados tenham tramitação e julgamento prioritários, bem como que esses possam ser interpostos no domicílio destas pessoas se esta for de sua vontade, já que "nada pode impedir que alguém, por ter mais de 60 anos, não tenha o direito de propor a ação no domicílio do réu" (DIAS, 2017, p. 657), como prova efetiva de respeito à sua autonomia, lembrando ainda que aos idosos com 80 anos ou mais está garantido o que pode ser chamado, em síntese, como a prioridade da prioridade, ou seja, a tramitação tem preferência sobre os idosos de menor idade.

Feitas estas considerações iniciais, acreditamos oportuno esclarecer que no presente trabalho abordaremos alguns casos concretos que, levados à apreciação do Poder Judiciário, acarretaram a prolação de algumas decisões judiciais em decorrência de situações que tiveram como objeto o questionamento da autonomia dos idosos em alguns negócios jurídicos por eles pretendidos, com base nas legislações a eles relacionadas, consideradas as especificidades de cada questão.

Por esta razão, esclarecido o entendimento a respeito da autonomia e com uma visão geral sobre como a lei visa amparar os idosos, é importante compreender o que são negócios jurídicos – antes de entrarmos especificamente na questão da autonomia do idoso quanto a eles. Isso nos permitirá refletir a respeito de cada decisão judicial analisada, conforme exporemos no terceiro capítulo, após tratarmos do envelhecimento, no segundo capítulo.

1.3. Autonomia e negócios jurídicos

Todos os dias as pessoas fazem negócios mundo afora, em decorrência dos atos que praticam em busca de seus objetivos. Estes atos implicam em fatos não jurídicos ou em fatos jurídicos.

Fatos não jurídicos não nos interessa no presente estudo, mas a título de exemplo, citamos os fatos de uma pessoa completar quinze anos, crescer, ficar ou não de cabelos brancos, ficar ou não careca, ter ou não rugas. Estas coisas acontecem independentemente de qualquer pessoa ou de qualquer conduta, já que simplesmente acontecem porque o tempo passa.

Em contrapartida, os fatos jurídicos são aqueles atos praticados por um sujeito de direitos, os quais terão consequências que poderão ser objeto de normas que os disciplinem e dos quais os negócios jurídicos são destaque.

Tem-se que

> Toda norma jurídica, inclusive a de direito civil, pode ser descrita como a indicação de um evento ao qual liga uma consequência. O evento descrito como pressuposto é um fato jurídico.

> Se o fato jurídico é a conduta de um sujeito de direito, chama-se ato jurídico.
>
> Se o ato jurídico é praticado com a intenção de gerar a consequência prevista na norma jurídica (isto é, produzir certos efeitos), denomina-se negócio jurídico (COELHO, 2014, p. 302).

Assim, quando falamos em fato jurídico

> não nos referimos ao fato como algo anterior ou exterior ao Direito, e de que o Direito se origine, mas sim a um fato juridicamente qualificado, a um evento ao qual as normas jurídicas já atribuíram determinas consequências, configurando-o e tipificando-o objetivamente (REALE, 2016, p. 200).

O Código Civil

> não trata, preferencialmente, dos atos jurídicos, mas sim de uma espécie deles, os chamados negócios jurídicos, que são os atos jurídicos resultantes da declaração de vontade de duas ou mais pessoas para realização de determinado fim social. Exemplos de negócios jurídicos são os contratos que a todo instante são concluídos, nas mais diversas modalidades (REALE, 2016, p. 203-204).

No presente trabalho analisaremos as decisões judiciais havidas quanto ao questionamento da autonomia dos idosos em decorrência de negócios jurídicos por eles pretendidos, uma vez que, como já dissemos, não é raro o questionamento das vontades dos idosos por eles muitas vezes serem considerados inaptos a decidir simplesmente em decorrência de sua idade elevada.

Por esta razão, é importante compreender que para existir um negócio jurídico, a manifestação da vontade daqueles que o firmam é fundamental.

Neste sentido, tem-se que

> negócio jurídico é aquela espécie de ato jurídico que, além de se originar de um ato de vontade, implica a declaração expressa de vontade, instauradora da relação entre dois ou mais sujeitos tendo em vista um objetivo protegido pelo ordenamento jurídico (REALE, 2016, p. 208-209).

A expressa declaração da vontade deve revelar a autonomia particular de quem firma o negócio jurídico – no caso, do idoso que visa realizá-lo.

Para isso, entende-se que esta autonomia é preservada no plano legislativo, por exemplo, nos estatutos que asseguram ampla proteção a grupos sociais reconhecidamente vulneráveis, como os idosos, pelo caráter irrenunciável de uma série de direitos considerados necessários ao equilíbrio do negócio firmado (SCHREIBER, 2018, p. 222).

Para celebrar um negócio jurídico, algumas particularidades devem ser observadas, já que, quando existentes, os negócios jurídicos devem ser válidos e eficazes.

A existência de um negócio jurídico dependerá da identificação de seus elementos essenciais, a saber, "o sujeito, o objeto e a forma" (SCHREIBER, 2018, p. 223). Ou seja, quem celebra o negócio, o que este negócio busca e a forma como ele é celebrado.

A legislação estabelece que para ser válido (Lei Federal nº 10.406, de 01 de janeiro de 2002, artigo 104), o negócio jurídico deve ter agente capaz, objeto lícito, possível, determinado ou determinável e forma prescrita ou não defesa em lei.

Por esta razão, alguns negócios jurídicos são inválidos, como por exemplo os que forem celebrados por quem não detém capacidade civil e o pratique sem que esteja devidamente assistido ou representado, haja vista a ausência de capacidade do agente, ou ainda, a título de exemplo, nas situações de *pacta corvina,* ou seja, onde se realize um contrato que regulamente a respeito de herança de uma pessoa viva, por conta da ilicitude de seu objeto.

Cumpridos os requisitos de validade, é necessário ainda que o negócio jurídico seja eficaz, ou seja, que produza os efeitos por ele buscados, como por exemplo, a produção de efeitos de um testamento apenas após a morte do testador, mas não durante a sua vida.

As partes podem subordinar a eficácia de um negócio jurídico a certos elementos, como a cláusula, o termo e o encargo.

Entende-se por condição a cláusula que, derivando exclusivamente da vontade das partes, subordina o efeito do negócio jurídico a evento futuro e incerto (Lei Federal nº 10.406, de 01 de janeiro de 2002, artigo 121), como por exemplo, a condição de um comprador de pagar um determinado valor por um bem imóvel após comprovada pelo vendedor a sua regularidade perante os órgãos competentes.

O termo é uma cláusula inserida no negócio jurídico relacionada a um evento futuro e certo, como por exemplo, dar à alguém uma casa após o falecimento de um determinado familiar.

Já o encargo é o ônus assumido pelo beneficiário de uma liberalidade, como, por exemplo, a construção de um túmulo ou a celebração de missas àquele que faz um testamento.

Ainda que com o cumprimento de todas estas formalidades, os negócios jurídicos podem ser viciados, ou seja, ter defeitos que viciam a declaração de vontade do agente, o que acabam por torná-los nulos, anuláveis ou ainda, inexistentes.

São defeitos do negócio jurídico o erro, o dolo, a coação, a lesão, o estado de perigo e a fraude contra credores (Lei Federal nº 10.406, de 01 de janeiro de 2002. Capítulo IV).

O erro decorre de uma falsa percepção da realidade, levando à anulação do negócio jurídico celebrado.

O dolo é um erro provocado, mas que só levará à anulabilidade do negócio jurídico quando tenha influenciado de maneira relevante sua celebração.

A coação é o ato de constranger alguém a celebrar um negócio jurídico, e que para viciar a declaração da vontade, há de ser tal que incuta ao paciente fundado temor de dano iminente e considerável à sua pessoa, à sua família, ou aos seus bens (Lei Federal nº 10.406, de 01 de janeiro de 2002, artigo 151).

A lesão ocorre quando uma pessoa, sob premente necessidade ou por inexperiência, se obriga a prestação manifestamente desproporcional ao valor da prestação oposta (Lei Federal nº 10.406, de 01 de janeiro de 2002, artigo 157).

O estado de perigo ocorre quando alguém, premido da necessidade de salvar-se, ou a pessoa de sua família, de grave dano conhecido pela outra parte, assume obrigação excessivamente onerosa (Lei Federal nº 10.406, de 01 de janeiro de 2002, artigo 156).

A fraude contra credores ocorre quando um devedor, considerado devedor insolvente ou na iminência de se tornar insolvente, celebra negócios jurídicos passíveis de desfalcar seu patrimônio em detrimento da garantia que esse patrimônio represente para os credores.

É preciso ainda compreender que os defeitos nos negócios jurídicos podem torná-los nulos, anuláveis ou ainda, inexistentes.

São nulos (ou também considerados como de nulidade absoluta) os negócios jurídicos que têm consigo um vício insanável que os compromete de maneira irremediável, diante da preterição ou da violação de exigência que a lei declara como essenciais.

Por anuláveis (ou também considerados como de nulidade relativa) tem-se que são os negócios jurídicos sem certos requisitos legais, os quais não atingem a substância do ato, mas sim a sua eficácia, os impossibilitando de produzir efeitos.

Feitas estas mínimas observações a respeito dos negócios jurídicos, voltemos à realidade por nós tratada: todos os dias muitos deles são firmados por idosos e questionados judicialmente. Quem tem 60 anos ou mais é levado ao Poder Judiciário para que comprove sua vontade, externada quando os pretendeu.

Nestas situações o que se questiona, efetivamente, é a capacidade do idoso para firmar o que deseja, a fim de que se comprove (ou não) a validade do negócio jurídico por ele desejado.

Por esta razão, nos limitaremos a abordar como a lei entende a autonomia - mais especificamente para saber o que a legislação vigente prevê sobre a autonomia de quem envelhece.

É importante saber se a legislação estabelece a autonomia total, parcial ou absolutamente restrita, bem como se há alguma especificidade para esclarecer isto.

Ao final, após uma compreensão sobre o envelhecimento, conforme abordaremos no segundo capítulo, buscaremos refletir sobre as decisões judiciais a serem apresentadas, de maneira a analisá-las do ponto de vista jurídico e gerontológico.

1.4. Autonomia, amparo legislativo e negócios jurídicos

Como dito, a autonomia do idoso é o ponto central de inúmeras ações levadas à apreciação do Poder Judiciário, nas quais há uma interpelação judicial para quem tem 60 anos ou mais comprovar estar apto a concretizar seus desejos e a efetivar os negócios jurídicos pretendidos.

As interpelações judiciais decorrem de situações em que a aptidão do idoso é questionada. Ou seja: situações nas quais o idoso deverá afirmar sua autonomia para realizar o negócio jurídico que pretende.

Comprovada ou não a capacidade do idoso que firma o negócio jurídico, este negócio será considerado válido ou não, pois a capacidade do agente é condição de validade do negócio jurídico firmado - razão pela qual é importante compreender o que é capacidade.

A capacidade decorre do nascimento com vida. Ou seja, a personalidade jurídica nasce com o ser humano, que passará a ter direitos e obrigações. É subdividida em capacidade de fato e em capacidade de direito.

No sistema jurídico brasileiro há a garantia de que "toda pessoa é capaz de direitos e deveres na ordem civil" (Lei Federal nº 10.406, de 01 de janeiro de 2002, artigo 1º), desde a concepção, considerando que o ordenamento salvaguarda os direitos do nascituro até a finitude daquele que nasce com vida, amparando a personalidade jurídica até o último dia de existência, como garantia da denominada capacidade de direito e ainda prevendo garantias para situações pós-morte, como o respeito à memória e as disposições para com o próprio corpo, por exemplo.

A capacidade de direito está intrinsecamente relacionada à capacidade de fato, já que a lei garante a cada um a aptidão para o exercício dos atos da vida civil a serem realizados pessoalmente, como forma de exercício amplo e irrestrito da própria autonomia.

Em algumas situações a capacidade de fato não pode ser exercida pessoalmente porque a pessoa sofre impedimentos que a restringe para a prática dos atos da vida civil, de forma a limitar, total ou parcialmente, o exercício de sua autonomia.

Tem-se que

> ser capaz significa reunir condições de discernimento e autodeterminação, ou seja, apresentar possibilidades físicas e psíquicas de compreender as consequências de seus atos, distinguindo o lícito do ilícito, e dirigir sua atuação de acordo com seus interesses (EHRHARDT Jr., 2017, p. 208).

No ordenamento jurídico, a capacidade é uma regra geral, já que

> a incapacidade é algo excepcional, que depende de prévia previsão legal (rol taxativo). Desse modo, na ausência de lei que limite ou até mesmo suprima a capacidade de exercício, todo ser humano é apto a praticar, por si mesmo, qualquer negócio jurídico, dentro dos limites do ordenamento (EHRHARDT Jr., 2017, p. 210).

Existindo impedimentos de fato, se faz presente a incapacidade para o exercício de direitos, surgindo então os absoluta ou relativamente incapazes.

São absolutamente incapazes os menores de 16 (dezesseis) anos, e são relativamente incapazes os maiores de 16 (dezesseis) e menores de 18 (dezoito) anos, os ébrios habituais e os viciados em tóxico, os que por causa transitória ou permanente não puderem exprimir sua vontade e os pródigos (Lei Federal nº 10.406, de 01 de janeiro de 2002, artigos 3º e 4º).

Os absolutamente incapazes são representados na manifestação de suas vontades, enquanto os relativamente incapazes são assistidos. Ambos os auxílios visam evitar a nulidade ou a anulabilidade dos negócios jurídicos por eles firmados.

Por conta de o presente trabalho ter como objeto as pessoas com 60 anos ou mais, não abordaremos os absolutamente incapazes, ou seja, os menores de 16 anos, mas buscaremos trazer à reflexão a capacidade daqueles a quem lei considera como relativamente incapazes dentro da mencionada faixa etária.

A capacidade é um instituto que sofreu importantes alterações com a vigência do Estatuto da Pessoa com Deficiência (Lei Federal nº 13.146, de 06 de julho de 2015), também conhecido como Lei Brasileira de Inclusão da Pessoa com Deficiência – LBI.

A incapacidade era indiscriminadamente atribuída às pessoas com deficiência, o que também ocorria com os idosos. Todavia, em muitos casos, a idade avançada ainda hoje é vista como fator incapacitante a toda e qualquer prática de atos por si.

Tem-se que

> A experiência quotidiana nos permite afirmar que ainda existe uma concepção arraigada no inconsciente da população em geral, que costuma rotular pessoas maiores de 60 anos, equiparando-as a incapazes, pelo simples fato de terem uma idade mais avançada (EHRHARDT Jr., 2017, p. 212).

Compreender sobre capacidade nos leva à necessidade de entender a respeito do conceito de deficiência, já que em inúmeras situações estes termos estão atrelados.

É importante esclarecer o que define a pessoa com deficiência. Segundo Araújo (2011), é a dificuldade de se integrar na sociedade, ou seja, o grau de dificuldade para a inclusão social é que definirá quem é ou não pessoa com deficiência, razão pela qual não se pode falar em uma relação fechada e imutável entre deficiência e incapacidade.

Desta forma, não se pode considerar incapaz o idoso, apenas e tão somente porque ele viveu mais ou ainda que seja sujeito com alguma deficência, já que

> após o atingimento da maioridade civil, não é possível se considerar apenas o fator idade, ou o seu incremento, para a imputação da incapacidade de exercício a quem quer que seja. A idade avançada não é sinônimo de deficiência e nem mesmo a constatação da existência de eventual deficiência teria o condão de afetar a plena capacidade civil da pessoa (EHRHARDT Jr., 2017, p. 216).

Diante disso, entendemos que ser idoso não significa ser incapaz e nem deficiente, o que implica em dizer que a autonomia de quem viveu mais deve ser considerada da maneira mais ampla e irrestrita possível.

Por esta razão, "manter a autonomia e independência durante o envelhecimento torna-se meta fundamental para indivíduos e governantes" (ANSAI e SERA, 16 (5), p. 189-200), pensamento observado e perseguido por todos os países do mundo, ao menos os que fazem parte da Organização das Nações Unidas.

Por esta razão, com o advento do Estatuto da Pessoa com Deficiência (ou como é igualmente chamado – Lei Brasileira de Inclusão – LBI) visou "adequar o ordenamento jurídico interno às Diretrizes e aos Princípios da Convenção da Organização das Nações Unidas Sobre os Direitos das Pessoas com Deficiência e seu protocolo facultativo"[6].

Esta adequação veio no sentido de garantir a todas as pessoas, independentemente de sua idade ou de sua deficiência, uma participação social da maneira mais ampla possível, ou seja, como uma garantia de autonomia sem restrições ou ressalvas junto à sociedade.

Isto implica dizer que a todas as pessoas está salvaguardado poder

> exercer todos os atos da vida civil, inclusive casar-se e constituir união estável, exercer o direito de decidir sobre o número de filhos, de ter acesso a informações adequadas sobre reprodução e planejamento familiar, de exercer o direito à guarda, à tutela, à curatela e à adoção e de testemunhar, dentre outros[7].

Estas garantias significam "a conquista do direito humano fundamental de ser 'moralmente livre', de fazer valer a sua vontade interior, que é um componente ligado à própria dignidade das pessoas"[8].

Em sintonia com estas inovações, a LBI trouxe um novo modo de proteção aos idosos nos casos frequentes em que são considerados incapacitados de tomar decisões apenas e tão somente porque assim são vistos e julgados: como alguém que viveu demais para saber o que faz ou o que quer.

Até a entrada em vigor do referido normativo legal as pessoas idosas eram comumente acionadas judicialmente e nelas figuravam em

---

6 FIGUEIREDO, Ana Cláudia Mendes de; GONZAGA, Eugênia Augusta. Pessoas com Deficiência e seu direito fundamental à capacidade civil. In: Ministério Público, Sociedade e a Lei Brasileira de Inclusão da Pessoa com Deficiência. Disponível em https://escola.mpu.mp.br/.../e.../ministerio-publico-sociedade-e...lei-brasileira-de-inclusao. Acesso em 01 mar. 2021, p. 86.

7 *Ibid.* p. 87.

8 FIGUEIREDO, Ana Cláudia Mendes de; GONZAGA, Eugênia Augusta. Pessoas com Deficiência e seu direito fundamental à capacidade civil. In: Ministério Público, Sociedade e a Lei Brasileira de Inclusão da Pessoa com Deficiência. Disponível em https://escola.mpu.mp.br/.../e.../ministerio-publico-sociedade-e...lei-brasileira-de-inclusao. Acesso em 01 mar. 2021, p. 89.

condição de interditandos apenas por conta da idade que possuíam e porque essa idade elevada, aos olhos de quem assim os via, propiciava um comprometimento de suas vontades, sem grandes questionamentos.

Havia muitas ações de interdição em vários Tribunais do país, a fim de que a incapacidade do idoso fosse declarada judicialmente e assim ele fosse considerado oficialmente incapaz de decidir pela prática de seus atos.

O advento da LBI trouxe importantes inovações alterando o sentido desta realidade.

É importante ressaltar que com o advento do Estatuto da Pessoa com Deficiência

> embora o novo CPC ainda faça alusão à "interdição", alguns autores se filiam ao entendimento que essa expressão deveria ser abandonada, haja vista a existência de um estatuto todo voltado especificamente para a pessoa com deficiência e que teve o especial cuidado de abolir aquela expressão (.....) Procurou-se, portanto, evitar os termos "incapacidade" e interdição", que geravam estigma desnecessário às pessoas com deficiência mental ou intelectual, pois toda pessoa é capaz e suscetível de direitos, podendo ser suprida sua incapacidade intelectual de fato por meio da curatela. A interdição, como medida de proibição do exercício de direitos, não se mostra consentânea com a atual tendência de modernização das normas, que vem buscando a inclusão de todas essas pessoas e a busca da autonomia da vontade por elas. [9].

Desta forma, com o estabelecimento pela LBI de que a incapacidade é medida extrema e de que a capacidade é a regra geral, a interdição passou a ser uma exceção dentro do ordenamento jurídico vigente, da mesma maneira que a terminologia incapacidade passou a ser inadequada.

Entende-se que "a LBI não extinguiu o instituto da incapacidade, que continua a existir, porém, em situações excepcionais e em consonância com os princípios da dignidade da pessoa humana e da igualdade" (LEITE, RIBEIRO e COSTA Filho, 2016, p. 372).

Esta conceituação é muito semelhante ao que dispõe a Convenção Interamericana para Eliminação de Todas as Formas de Discriminação contra as Pessoas Portadoras de Deficiência da Organização dos Estados Americanos, datada de 1999 e da qual o Brasil é signatário desde então.

---

9 MAIO, Iadya Gama. O Instituto da Curatela. Disponível em /. Acesso em 01 mar. 2021.

Por esta razão, entende-se que "o procedimento de interdição ou curatela não foi extinto. Ele subsiste, ainda que sob uma nova roupagem, limitando-se aos atos de conteúdo econômico ou patrimonial" (TAMAOKI e MENDES, 2007, p. 137).

Assim, com o advento da LBI, a ação da curatela passou a ser um procedimento legal que visa proteger os idosos para o efetivo exercício de seus direitos, em especial aqueles que sejam relacionados a conteúdo econômico ou patrimonial, quando apresentarem dificuldades de fazê-lo por si, mediante a adoção e a observação de procedimento próprio, previsto no Código de Processo Civil (Lei Federal nº 13.105, de 16 de março de 2015, artigos 747 a 763).

Quando sujeitos à curatela, os idosos deverão receber todo o apoio necessário para ter preservado o direito à convivência familiar e comunitária, sendo evitado o seu recolhimento em estabelecimento que os afaste dessa realidade (Lei Federal nº 10.406, de 01 de janeiro de 2002, artigo 1777), não havendo, portanto, que se cogitar a respeito de uma institucionalização de pronto, apenas e tão somente porque houve um processo de curatela e surgiu, em sua decorrência, a figura de alguém que passou a ser curatelado.

Ao se pensar em curatela, comumente se pensa em comprometimento cognitivo do idoso que se pretende curatelar. Por isso, é importante lembrar que

> a velhice pode acarretar diversos males, transtornos, mas isso não significa que necessariamente estes assumem caráter psicológico, levando o idoso a um estado de involução senil, em desenvolvimento capaz de torná-lo suscetível de reclamar intervenção judicial. A idade provecta, por si só, não constitui razão de incapacidade, porque não existe uma ligação imperiosa, obrigatória entre o avanço da idade e a perda da capacidade cognitiva (SILVA, 2017, p. 233).

Por esta razão, o auferimento a respeito da cognição daquele a quem se pretende curatelar é de elevada importância, independentemente da idade que esta pessoa tenha.

Tem-se que "a cognição é uma dimensão importantíssima para a manutenção da autonomia e independência do idoso", razão pela qual "a realização da avaliação cognitiva, no público idoso, objetiva principalmente diferir o processo de envelhecimento normal do patológico" (VIANA e PAVARINI, 17(3), p. 219-232).

Com a tramitação de uma ação de curatela haverá um encargo legal àquele que vier a ser nomeado como curador, ou seja, àquela pessoa que passará a promover e a proteger os direitos do curatelado, por quem se tornou responsável pela gestão patrimonial e negocial.

Podem pleitear a curatela os legitimados previstos no rol disposto no Código de Processo Civil, no artigo 747, a saber: o cônjuge ou o companheiro, os parentes ou tutores, o representante da entidade onde o interditando estiver abrigado e o Ministério Público, sendo que o Ministério Público atuará sempre de maneira subsidiária, quando não existir a possibilidade de que qualquer outro legitimado promova a ação.

É importante lembrar que o próprio idoso, ciente de suas limitações, também pode pedir judicialmente a designação de um curador para a prática de atos que se julga inapto a exercer.

Exemplo disso é o caso em que o idoso esteja sem movimentos físicos que lhe permitam dirigir-se a um cartório para a venda de uma casa de sua propriedade. Estando com a cognição preservada, sendo de sua vontade a venda deste imóvel e inexistindo qualquer outra restrição legal, em exercício efetivo de sua autonomia, ele poderá realizar a venda por intermédio de seu curador. Esta situação denota a chamada

> curatela administrativa especial, dispensando os requisitos mentais da falta de discernimento e a impossibilidade de expressão da vontade. Não é curatela decorrente de interdição, não priva o doente e o idoso, por exemplo, totalmente dos seus atos da vida civil. Neste caso, bastará que o doente que se considera incapaz, não por limitação mental, requeira nomeação de um curador (SILVA, 2017, p. 232).

Para a interposição da ação, a pedido do próprio interessado, ou por parte de algum dos legitimados a fazê-lo, há um rito processual a ser seguido.

Na ação de curatela, a petição deverá ser instruída com todos os documentos que comprovem o que se busca, em especial o grau de comprometimento cognitivo do idoso a quem se pretende curatelar e, consequentemente, de sua autonomia.

A autonomia está ligada a questões de saúde, física ou neurológica, razão pela qual um parecer técnico é um documento de grande valia a comprovar o que se alega.

O profissional ao analisar o grau de comprometimento do idoso é quem detém conhecimento técnico suficientemente hábil para descrever o tipo e o grau de comprometimento de quem se pretende curatelar, a fim de que um especialista ateste sua autonomia.

É necessário lembrar que, pelas alterações legislativas trazidas pela LBI, é muito importante que uma equipe multidisciplinar apure esse comprometimento, considerando-se que o

> laudo multiprofissional extrapola a perspectiva única da medicina e incorpora uma perspectiva social da deficiência, a partir de diagnósticos trazidos por outras ciências, por exemplo, a assistência social, a psicologia, a arquitetura e a engenharia. Assim, a partir deste laudo é possível certificar os limites e parâmetros naquela intervenção temporária, mas necessária naquele momento, para garantir a proteção à pessoa (LEITE, RIBEIRO e COSTA Filho, 2016, p. 371).

A ação tramitará em fórum localizado na circunscrição da residência do idoso (Lei Federal nº 13.105, de 16 de março de 2015, artigo 53, inciso III, alínea e) e terá prioridade de tramitação. Deve ser julgada pelo Juiz da Vara de Família, e a petição inicial deve esclarecer quando se iniciaram os fatos que levam ao pedido de curatela, a fim de se evidenciar os impactos jurídicos das decisões, como a validade da venda de um bem imóvel realizada pelo idoso, por exemplo, quando sua cognição na prática do ato for considerada reduzida ou ausente.

Interposta a ação, o Juiz que for competente para julgá-la, designará dia e hora para entrevistar o idoso, a fim de que no exercício de sua livre apreciação sobre o que lhe é apresentado, formule sua convicção pessoal.

Importa lembrar que na distribuição da ação, havendo urgência comprovada, ou, realizada a entrevista e existindo circunstância que assim justifique, poderá ser nomeado um curador provisório – que atuará dentro dos limites impostos judicialmente, o qual também receberá a ordem para que preste contas de seus atos, se houver entendimento judicial neste sentido.

No tocante à prestação de contas, também importa lembrar que, se o curador provisório é o cônjuge do idoso, casado/a pelo regime da comunhão universal de bens, o ato será dispensado, a menos que o Juiz a exija ou que venha a ser provocado, por exemplo, por um filho que se sinta prejudicado por alguma razão, e decida neste sentido.

Por esta razão, ao designar a entrevista, o Juiz da causa fará perguntas ao idoso sobre seus valores, sobre fatos do cotidiano – como, por exemplo, dia da semana, horário e ano corrente, suas crenças e suas convicções – suas relações sociais e familiares, entre outras formulações que considerar relevantes para a avaliação do grau de comprometimento cognitivo.

Não sendo possível entrevistar o idoso em dia, hora e local designado, o Magistrado da causa deverá ir até onde está o idoso, a fim de que possa com mais clareza julgar o caso que lhe compete.

Em alguns casos poderá ocorrer a dispensa da entrevista, mas entende-se que cada caso deve ser analisado com muita parcimônia e, se for o caso, se buscar em uma realização do ato, a fim de que haja uma proteção ao curatelando, sempre da maneira mais ampla possível.

Realizada a entrevista, abre-se o prazo de 15 dias para o idoso se manifestar sobre os fatos contra ele alegados e relacionados à sua capacidade, impugnando-os se considerar pertinente.

Decorrido este prazo, com ou sem impugnação, há a designação de perícia, para que um especialista na incapacidade alegada dê seu parecer em laudo pericial, muitas vezes elaborado por uma equipe multiprofissional.

Este laudo poderá ser dispensado nos casos em que o comprometimento cognitivo "seja evidente e haja prova inequívoca" (SÁ, 2016, p. 686) como, por exemplo, numa situação em que o idoso esteja há anos em estado de saúde considerado como vegetativo permanente e isto possa ser provado por meio de seu prontuário médico e depoimentos testemunhais.

Todavia, como já expusemos, todas estas especificidades devem ser analisadas caso a caso, se buscando sempre a ação de curatela como um meio de proteção àquele que precisa ser seu sujeito, e não uma medida de exclusão com relevantes consequências.

Oportuno esclarecer que

> o estado vegetativo permanente é uma situação de ausência de consciência de si e do ambiente circundante, com ciclos de sono-vigília e preservação completa ou parcial das funções hipotalâmicas e do tronco cerebral. (THE MULTI-SOCIETY TASK FORCE ON PVS. Medical aspects of the persistente vegetative state (first of two parts). The New England Journal of Medicine (1994), vol. 330, n.21, p. 1499-1508 e THE MULTI-SOCIETY TASK FORCE ON PVS. Medical aspects of the persistente vegetative state (second of two parts). The New England Journal of Medicine (1994), vol. 330, nº 22, p. 1572-1579, apud DADALTO, 2018. p. 53).

O laudo pericial é a prova técnica do comprometimento cognitivo. É o documento com base no qual o Juiz delimitará os atos da vida civil a serem praticados pelo próprio idoso, de maneira ampla ou restrita, ou afastará totalmente esta possibilidade.

Por esta razão, "é imprescindível que o exame médico resulte em laudo pericial fundamentado, no qual deverão ser examinadas todas as circunstâncias relacionadas à existência da patologia, bem como a sua extensão e limites".[10]

Elaborado e apresentado o laudo pericial ao Juiz, este tomará sua decisão a respeito dos fatos, com a "nomeação de curador, o prazo e os limites da curatela, de acordo com o estado, o desenvolvimento mental, (...) as potencialidades, habilidades, vontades e preferências" do idoso em questão (SÁ, 2016, p. 688).

Quanto à nomeação do curador, a LBI introduziu uma importante inovação, a da curatela compartilhada, na qual pode haver mais de um curador nomeado em favor da pessoa curatelada.

Desta forma, no caso de uma curatela compartilhada, o idoso poderá

> contar com mais de um curador para as incumbências específicas, o que dispensa o procedimento de substituição de curador que, antes do Estatuto em questão, só concedia poderes a um único curador, devendo ser previamente autorizado pelo magistrado que um novo sujeito, nomeado curador, passasse a ocupar o lugar daquele que deixou de melhor atender aos cuidados e aos interesses do curatelado (TAMAOKI e MENDES, 2007, p. 136).

Na sentença que decide sobre a curatela, a delimitação do comprometimento cognitivo reflete a afirmação de que a curatela é "medida grave e excepcional, somente justificável nas hipóteses em que se faça comprovadamente necessária e, ainda assim, na medida exata e nos limites do que for aferido", preservando a máxima autonomia possível ao idoso. (TAMAOKI e MENDES, 2007, p. 136).

Mesmo que o idoso esteja totalmente comprometido para praticar atos da vida civil, com as delimitações estabelecidas em sentença, seu curador deve possibilitar-lhe a reabilitação, já que é "dever do curador promover o tratamento adequado ao curatelado, regra essa que vem reforçada no CPC/2015, destacando-se o objetivo do tratamento que é a conquista da autonomia (art. 758)" (SÁ, 2016, p. 689).

Desta feita, a decisão a respeito do processo de curatela será registrada em sentença, ao ser proferida pelo Juiz conhecedor da causa, deve

10 STJ. REsp 1685826/BA. Recurso Especial 2017/0127295-3. Relator: Ministra NANCY ANDRIGHI. Data de Julgamento: 19/09/2017. T3 – TERCEIRA TURMA. Data de Publicação: DJe 26/09/2017. p. 01. (Anexo 01).

ser pública e notória para que haja ciência a seu respeito e dos limites dos atos a serem praticados pelo(s) curador(es).

A fim de dar publicidade a sentença, a decisão

> será inscrita no registro de pessoas naturais e imediatamente disponibilizada na rede mundial de computadores, no sítio do respectivo tribunal e na plataforma de editais do Conselho Nacional de Justiça, onde ficará por seis meses, além da divulgação na imprensa local, uma vez, e no órgão oficial, por três vezes, com intervalo de dez dias. Do edital constarão o nome do interdito e do curador, a causa e o termo da interdição, assim como os limites da curatela que poderá ser total ou parcial. Neste último caso, serão indicados os atos que poderão ser praticados autonomamente pelo interdito (SÁ, 2016, p. 689).

Se for declarado o comprometimento cognitivo parcial do idoso, aquele que é nomeado seu curador prestará contas de seus atos sempre que for intimado a fazê-lo. Isso decorre da possibilidade de reversão do quadro em saúde apresentado pelo idoso quando o Juiz proferiu a sentença.

Desta forma, determinada a curatela e definido(s) o(s) curador(es), "encerrado o procedimento e imposta a curatela, poderá haver seu levantamento quando cessar a causa que a determinou" (SÁ, 2016, p. 689). A curatela poderá ser suspensa a requerimento do idoso, do curador, do Ministério Público ou de um terceiro interessado[11], e o requerimento será anexado aos autos que a determinaram.

Realizado este pedido de levantamento da curatela, dependendo do caso, será necessário um novo parecer médico ou multiprofissional, para que novo laudo pericial estabeleça o motivo do fim da curatela.

O Juiz da causa inicial designará então nova audiência com a apresentação do novo laudo. É a chamada audiência de instrução e julgamento, na qual "ao acolher o pedido, o juiz ordenará o levantamento da interdição e a sentença será publicada nas mesmas condições da sentença que impôs a medida" (SÁ, 2016, p. 689-690). Este levantamento poderá ser parcial, nos limites em que a reversibilidade ficar comprovada.

---

11 STJ. REsp 1735668/MT. RECURSO ESPECIAL. Ministra NANCY ANDRIGHI. Terceira Turma. Data do Julgamento: 11/12/2018. Data de publicação/Fonte: DJe 14/12/2018.

Com o advento da LBI, tem-se que a curatela se tornou um instituto

> O instituto foi completamente alterado, tendo se tornado absolutamente provisório e excepcional, reservado aos casos de impossibilidade de expressão da vontade. Além disso, a curatela, a ser adotada quando necessário, diz respeito apenas a "atos relacionados aos direitos de natureza patrimonial e negocial" (art. 85), não alcançando mais, como antes, o direito ao trabalho, ao matrimônio, ao voto, entre outros (art. 85, § 1º, da LBIPD). [12].

Com o advento da LBI, segundo Tamaoki e Mendes (2007, p. 137), os procedimentos de interdição já existentes, estejam eles findos ou em curso, passam a considerar a pessoa legalmente capaz, o que implica dizer que

> se inexistir a possibilidade de conversão do procedimento de interdição em tomada de decisão apoiada, a interdição poderá seguir seus trâmites, desde que observados os limites que apontam o Estatuto, em especial, a curatela, que passa a conceder ao curador apenas a incumbência de auxiliar a pessoa com deficiência na prática de atos de conteúdo negocial ou patrimonial (TAMAOKI e MENDES, 2007, p. 137).

Tem-se que a decisão apoiada (Lei Federal nº 13.146, de 06 de julho de 2015, artigo 84, §2º)

> se trata de uma salvaguarda para que aquela pessoa, em situação pontual, principalmente em casos que necessite contratar, negociar ou transigir com terceiros, sejam pessoas físicas ou jurídicas, ou seja, tomar uma decisão importante em que sua situação de hipossuficiência possa interferir negativamente naquele ajuste não seja prejudicada. Para isso, pode ela dispor e indicar duas pessoas de sua confiança para orientá-la e acompanhá-la na realização de atos da vida civil, fornecendo esses auxiliares, com os quais ela mantém vínculos afetivos ou profissionais, os elementos e as informações

---

12 FIGUEIREDO, Ana Cláudia Mendes de; GONZAGA, Eugênia Augusta. Pessoas com Deficiência e seu direito fundamental à capacidade civil. In: Ministério Público, Sociedade e a Lei Brasileira de Inclusão da Pessoa com Deficiência. Disponível em https://escola.mpu.mp.br/publicacoes/obras-avulsas/e-books-esmpu/ministerio-publico-sociedade-e-a-lei-brasileira-de-inclusao-da-pessoa-com-deficiencia. p. 104. Acesso em 01 mar. 2021.

> necessários para que possa exercer sua capacidade. Esses auxiliares ou acompanhantes na tomada de decisão deverão assumir compromisso formal perante a justiça e prestar contas (LEITE, RIBEIRO e COSTA Filho, 2016, p. 371-372).

Portanto, com o advento da LBI, a curatela passou a ser uma excepcionalidade. Já a decisão apoiada se tornou uma regra, a amparar quem queira exercer sua capacidade. Mesmo com alguma deficiência, sua capacidade é considerada ampla e irrestrita a partir da referida legislação.

Todavia,

> o que vem ocorrendo na prática é a extensão da curatela a qualquer caso de 'discernimento reduzido' e não a sua aplicação como medida excepcional, apenas a pessoas com impossibilidade de manifestação de vontade[13].

A tomada de decisão apoiada é preconizada como garantia de autonomia ampla, já que aquele que dela busca se utilizar será o autor de seus próprios atos, conforme o entendimento trazido pela LBI, de que toda pessoa é, por si, capaz e consequentemente, autônoma.

Sua previsibilidade e seu procedimento estão dispostos no Código de Processo Civil, sendo imperiosa a intervenção do Ministério Público, bem como a presença de uma equipe multidisciplinar - segundo LEITE, RIBEIRO, e COSTA Fo. (2016, p. 100), no mesmo sentido do que se entende a respeito da curatela.

Assim como a curatela, a tomada de decisão apoiada, homologada judicialmente, será registrada no Registro Civil de Pessoas Naturais, a fim de que terceiros, interessados em negociar com pessoas com esta peculiaridade, tenham ciência, fácil e antecipadamente, sobre os atos para os quais se faz necessária ou dispensada a presença dos apoiadores[14].

A abordagem trazida pela legislação, principalmente com o advento da LBI, demonstra que conforme o amparo legislativo vigente, a autono-

---

13 FIGUEIREDO, Ana Cláudia Mendes de; GONZAGA, Eugênia Augusta. Pessoas com Deficiência e seu direito fundamental à capacidade civil. In: Ministério Público, Sociedade e a Lei Brasileira de Inclusão da Pessoa com Deficiência. Disponível em https://escola.mpu.mp.br/publicacoes/obras-avulsas/e-books-esmpu/ministerio-publico-ociedade-e-a-lei-brasileira-de-inclusao-da-pessoa-com-deficiencia. pp. 95-96. Acesso em 01 mar. 2021.

14 *Ibid.* p. 101.

mia de toda e qualquer pessoa deve ser sempre ampla e irrestrita, independentemente da idade que ela tenha, como no caso de nosso estudo.

Todavia, ainda é comum nos depararmos com inúmeras situações diárias nas quais – independentemente do cumprimento de qualquer das disposições legais vigentes – os idosos são vistos como pessoas com a cognição e a autonomia comprometida, na medida em que buscam pela efetivação de suas escolhas ao tentarem firmar um negócio jurídico, como um casamento, uma união estável, a venda, a compra, a doação de bens, dentre outros.

Estas situações acabam por abarrotar os Tribunais, país afora, exatamente para que sejam chanceladas judicialmente, ou não, as escolhas feitas por inúmeros pessoas com 60 anos ou mais.

Talvez a razão de tantas demandas judiciais seja a dificuldade – de quem aciona judicialmente algum idoso, de quem interpreta a lei ou de quem a aplica – em compreender o que determina a legislação. Quiçá ainda a interposição de tantas ações decorra de um conhecimento diminuto sobre o envelhecimento, sobre esta etapa da vida humana que traz consigo peculiaridades ímpares.

Conforme abordaremos no terceiro capítulo deste trabalho, muitas são as pessoas que, por serem idosas, são interpeladas judicialmente ao pretenderem firmar negócios jurídicos – como casar ou viver uma união estável, realizar uma doação, comprar ou vender um bem, por exemplo.

Em muitos casos, o desejo de realizar tais negócios não é visto como uma vontade pura e simples do idoso, com um exercício efetivo de sua autonomia ou como reflexo de sua dignidade. Por esta mesma razão, os negócios jurídicos por eles pretendidos são questionados e judicializados, como alguns exemplos abordados neste trabalho.

Desta forma, consideradas a autonomia e a legislação (que nos permite afirmar que a autonomia deva sempre ser vista com a maior amplitude e maior abrangência possíveis), é pertinente abordar o envelhecimento.

Com tantas particularidades, essa etapa da vida precisa ser minimamente compreendida, para verificarmos se o amparo legislativo assegura, de forma efetiva, a proteção necessária – já que esta proteção repercutirá nas decisões judiciais, de acordo com o que analisaremos no terceiro capítulo e refletirá ou não a justiça em cada uma delas.

2

ENVELHECIMENTO

2.1. Noções gerais

Envelhecer implica tornar-se idoso, em decorrência dos anos vividos.

Compreender a esse respeito importa em entender sobre a inadequação de rotulações genéricas quanto à capacidade e sobre a necessária preservação de autonomia de quem envelhece.

O envelhecimento é uma consequência natural na vida de todo ser humano. Mas essa consequência não tem qualquer relação direta com a impossibilidade de o idoso efetivar suas vontades – ressalvados os casos em que a autonomia fica comprovadamente restrita, segundo estabelecido pela legislação vigente.

Como vimos, a regra geral é a de que é preciso manter a autonomia de cada idoso de maneira ampla e irrestrita. Para isso é importante atentar à individualidade de cada um que envelhece.

Para compreendermos a importância da individualidade, contamos com a ajuda de uma ciência própria, que utiliza teorias para explicar isso, considera os aspectos biológico, psicológico e social de cada pessoa, e vê cada ser humano como único – o qual, vivendo, envelhece.

Cada ano vivido faz de cada pessoa um ser único – com suas particularidades – já que cada ser vivo é singular por conta de suas experiências.

Por esta razão, a fim de que se compreenda a singularidade que existe em cada idoso, é importante atentar não só à quantidade de anos por ele vividos, mas igualmente à forma como os vive.

A quantidade de anos vividos é cronológica, já que o tempo é fatiado em horas, que somadas geram dias, e que acabam por formar anos.

Cada ser vivo adquire características próprias ao longo de cada ano vivido. Por esta razão, não se pode esquecer ou abandonar tudo o que se vivencia ao longo dos anos.

Assim, não há como desatrelar do idoso a criança, o adolescente e o adulto que ele foi um dia. Tudo que ele viveu, em cada fase da vida, o acompanhará para sempre, repercutindo em seus aspectos biológico, psicológico e social, de forma única e individualizada, já que esta fase da vida "não se encontra apartada do resto da vida interior, mas constitui a continuação da adolescência, da juventude, da maturidade". (SOARES e BARBOSA, 2017, p. 26).

Por isso, o tempo traz o envelhecimento, transforma todo ser vivo em idoso, e carrega consigo duas figuras mitológicas: a de kronos e a de kairós.

É necessário entender que quem envelhece, segundo a figura mitológica de kronos, carrega consigo suas experiências pessoais, de acordo com o que viveu, segundo a figura mitológica de kairós.

Por isso

> É importante saber que não sou Kronos, isto é, um tempo delimitado por mensurações provenientes das pesquisas da ciência ôntica que se esquece do Ser e das suas possibilidades.
>
> É importante saber que somos Kairós, isto é, um tempo vivido em uma determinação consciente e efetiva de nossa existência. Uma consciência que é tempo que indica novas direções (MARTINS, 1998, p. 22).

Assim, sempre que se procurar compreender sobre quem envelhece, se deve levar em conta não apenas a quantidade de anos que sobre ele incide, mas também somar a esses anos todas as experiências pessoais por ele vivenciadas.

Esta consideração vem sendo perseguida ao longo dos anos, buscando-se, por uma ciência própria, uma melhor compreensão sobre as especificidades que tocam todo aquele que vive e que, por esta razão, envelhece, carregado de suas experiências, na medida em que os anos passam.

2.2. Envelhecimento como ciência

Numa sociedade de pessoas cada vez mais longevas, a temática do envelhecimento não é recente, porém "o envelhecimento não possuía notoriedade social, não se constituía em questão social relevante, a merecer inclusive um campo específico de saber" (RAMOS, 2002, p. 21-22).

Todavia, com o passar dos anos, a realidade é que se tem vivido mais, cabendo dizer que no Brasil, segundo o IBGE, a população brasileira com 60 anos ou mais poderá dobrar, atingindo cerca de 32% do número total de brasileiros[1].

---

1 CADA VEZ MAIS VELHA POPULAÇÃO BRASILEIRA CHEGA A 208 MILHÕES. Disponível em https://www1.folha.uol.com.br/cotidiano/2018/07/com-populacao-cada-vez-mais-velha-brasil-atinge-208-milhoes-de-pessoas.shtml. Acesso em 01 mar. de 2021.

Isso justifica ser o envelhecimento um assunto a que muitos se dedicam, razão pela qual se afirma que

> a educação pode ser o propulsor da mudança, isto é, o empenho no sentido de se configurar novas condutas, novos padrões para uma comunidade menos preconceituosa e capaz de vislumbrar um novo envelhecer – e, aqui, que se deixe registrado: não se trata apenas de pensar a velhice, mas todo um processo de envelhecimento que se inicia com nosso vir ao mundo (LUDOVICI e GUIDES, 2018, p. 181).

Considerando o aumento da expectativa de vida e a diminuição dos índices de natalidade, novos desafios surgiram e precisaram (e talvez ainda precisem) ser enfrentados em todas as suas facetas.

Para este enfrentamento, a Gerontologia é a ciência que possibilita uma melhor compreensão sobre aquele que envelhece e sobre o processo do envelhecimento.

A Gerontologia surgiu no início do século XX, mais precisamente no ano de 1903, quando Elie Metchnikoff "defendeu a ideia da criação de uma nova especialidade, denominada a partir dos termos gregos géron (velho, ancião) e logia (estudo)" (PAPALEO, 2016, p. 03).

A partir da ideia defendida por Elie Metchnikoff

> houve na ocasião interesse em criar uma nova especialidade da medicina que visava tratar das doenças dos idosos e da própria velhice, e, em 1909 essa especialidade passou a ser chamada de Geriatria por Ignaz L. Nascher, médico vienense radicano dos EUA, cujo significado era o estudo clínico da velhice (PAPALEO, 2016, p. 03).

Segundo Papaleo (2016), Ignaz L. Nascher criou a Sociedade de Geriatria em Nova York em 1912 e publicou o livro "Geriatrics", época em que se destacou também Stanley Hall, que em 1922 publicou o livro "Senescence", no qual demonstra que o idoso não é o inverso do adolescente, mas que tem reservas.

À época, o envelhecimento tinha seus estudos atrelados apenas aos aspectos biológicos de quem se tornava idoso.

Papaleo (2016, p. 04) informa que isto permaneceu até 1930, quando Marjory Warren, na Inglaterra, delineou os primórdios da avaliação multidisciplinar e a importância da interdisciplinaridade, com a abordagem global do idoso e sua reabilitação.

Segundo esse autor (2016) a partir dos anos de 1950 começaram a surgir grupos de pesquisa sobre o envelhecimento. Até 1970 seus objetos de estudo eram a vida adulta e a velhice. Entre 1970 e 1980 foram os processos intelectuais e de adaptação ao envelhecimento e de 1980 a 1990 o apoio a familiares, custos e previdência, a formação de recursos humanos e ofertas educacionais – com o surgimento das faculdades abertas para a terceira idade – de forma a contribuir para os avanços da Gerontologia.

No Brasil, sobre a Gerontologia, tem-se que "as razões para a dificuldade de se constituir como uma ciência reconhecida vem do seu caráter interdisciplinar, o que dificulta a constituição de uma base teórica consistente e precisa" (DOLL, 2006, p. 77-96).

No Brasil, os estudos relacionados ao envelhecimento e ao idoso surgiram em 1961, no Rio de Janeiro, com a Sociedade Brasileira de Geriatria e Gerontologia – SBGG. A parir de 1968, ela foi descentralizada na forma de secções estaduais, hoje existentes em quase todos os Estados brasileiros. Em 1979 foi criada a Comissão Especial de Gerontologia Social, atualmente Departamento de Gerontologia Social. Em 1985 surgiu a ainda ativa Associação Nacional de Gerontologia – ANG[2].

Hoje, a Gerontologia é uma ciência multidisciplinar, que estuda o envelhecimento e o idoso em relação a seus aspectos biológico, psicológico e social como fatores indissociáveis, de modo a afastar como fato negativo o Idaísmo/Ageísmo de todo aquele que é visto como idoso.

Tem-se que "o Idaísmo/Ageísmo é uma definição para o preconceito, e consequentemente discriminação social, a pessoas idosas, sendo um fenômeno que permanece insistente na sociedade". (LUDOVICI e GUIDES, 2018, p. 179).

Em grande parte, esse preconceito decorre da realidade social em que "a busca pelo prazer é priorizada a qualquer custo, em que a dor e o sofrimento devem ser rapidamente interrompidos, e em que o ideal de saúde perfeita é almejado, reprimindo nossas reais fragilidades" (LUDOVICI e GUIDES, 2018, p. 180).

Por esta razão, contrariamente ao que existia quando o envelhecimento surgiu como ciência, hoje ver o envelhecimento

2 RODRIGUES, Nara da Costa. Política Nacional do Idoso – retrospectiva histórica. Disponível em: https://seer.ufrgs.br/RevEnvelhecer/article/viewFile/4676/2593. Acesso em 01 mar. 2021.

> pelo prisma biofisiológico é desconhecer a importância dos problemas ambientais, psicológicos, sociais, culturais e econômicos que pesam sobre ele. É relevante a visão global do envelhecimento como processo e do idoso como ser humano (PAPALEO, 2016, p. 05).

Assim, por intermédio de pesquisas interdisciplinares, busca-se uma melhor compreensão do idoso e do envelhecimento, respeitando-se cada individualidade.

A individualidade do idoso o acompanha desde sua concepção, como feto que, ao se desenvolver e crescer, caminha para o envelhecimento.

Por isso, "alguns autores apontam que o envelhecimento 'começa no útero e termina no túmulo'"[3], fazendo valer a frase de que envelhecendo estamos todos, na medida que nascemos com vida e caminhamos por ela durante todos os dias de nosso desenvolvimento em direção à finitude, até que a morte a nós se apresente.

Existem algumas teorias sobre o que ocorre durante esta caminhada. Estas teorias buscam – cada uma à sua maneira – explicar os acontecimentos havidos durante o envelhecimento, conforme abordaremos na sequência.

2.3. Teorias sobre o envelhecimento

Com o objetivo de explicar o envelhecimento e o porquê de um ser humano tornar-se idoso a partir de seu nascimento e durante sua caminhada pela vida, algumas teorias são biológicas e sociológicas são encontradas nas pesquisas sobre o assunto e utilizadas como métodos de análise.

É importante lembrar que

> a teoria é construída para explicar ou para compreender um fenômeno, um processo ou um conjunto de fenômenos ou processos, e que nenhuma teoria, por mais bem elaborada que seja, dá conta de explicar todos os fenômenos e processos (DESLANDES, 2009, p. 17).

Por estarem atreladas à ciência dedicada ao estudo do envelhecimento, é oportuno examinar as teorias que buscam explicá-lo.

---

3 SANTOS, Silvana Sidney Costa. Gerontologia e os pressupostos de Edgard Morin. Disponível em http://www.portaldoenvelhecimento.com/acervo/artieop/Geral/artigo15.htm. Acesso em 01 mar. 2021.

2.3.1. Teorias biológicas

As teorias biológicas para explicar o envelhecimento são a teoria genética, a imunológica, a teoria do acúmulo de danos, a teoria das mutações, a do uso e desgaste e a teoria dos radicais livres.

A teoria genética entende que são os genes de cada ser humano que influenciarão sua longevidade e que acabarão por impactar no envelhecimento, processo que, segundo a teoria, é programado pelos próprios genes, levando, cada organismo, de uma forma única, a envelhecer à sua maneira.

Para a teoria imunológica, o envelhecimento está associado às respostas imunológicas da idade. Ou seja: ela "afirma que o envelhecimento ocorre como resultado de uma redução na atividade do sistema imune" [4], o qual, debilitado, que não reage dentro do que seria o esperado e acaba por envelhecer de forma mais rápida.

A teoria do acúmulo de danos entende que o acúmulo de lesões nas células humanas acaba por prejudicar seu funcionamento, na medida que

> as moléculas de DNA e RNA alteram-se ao longo do tempo e, ao falharem nos processos de transcrição e tradução, produzem consequentemente erros na montagem das moléculas proteicas. Esses erros formam moléculas enzimáticas com defeitos que, por sua vez, afetam a capacidade funcional das células.[5]

Neste sentido, a teoria entende que o processo do envelhecimento se estabelece a partir de prejuízos sofridos pelas células humanas cada vez que o organismo fica debilitado por alguma doença ou incapacidade, sem que se restabeleça a ordem de funcionamento normal do sistema celular afetado.

Segundo a teoria das mutações, fatores externos levam às alterações celulares, ou seja, "alterações ocorridas no material genético, geradas por fatores externos (radiações ionizantes, estresse oxidativo), geram erros nas proteínas que são transcritas levando ao envelhecimento da célula."[6]

---

4 SILVA, Luciano. Teorias do envelhecimento – A teoria imunológica. Disponível em https://sessentamais.blogspot.com.br/2016/03/teorias-do-envelhecimento-teoria.html. Acesso em 02 mar. 2021.

5 TEORIAS DO ENVELHECIMENTO. Disponível em http://biobioenvelhecimento.blogspot.com/2008/06/teorias-do-envelhecimento.html. Acesso em 02 mar. 2021.

6 TEORIA DA MUTAÇÃO SOMÁTICA. Disponível em http://teoriasdoenvelhecimento.blogspot.com/2012/05/teoria-da-mutacao-somatica-teoria-da.html. Acesso em 02 mar. 2021.

Para esta teoria, o envelhecimento advém de fatores externos ao corpo, no sentido de que o organismo que funciona em sua marcha natural envelhece ao sofrer agressões, como exposição a radiações e ao estresse, por exemplo.

De acordo com a teoria do uso e do desgaste, a constante exposição do organismo vivo à processos infecciosos e agressivos é passível de causar danos que levam à uma deficiência gradual, que, ao longo do tempo, tem como consequência, a morte.

Conforme a teoria dos radicais livres, são as reações químicas que ocorrem no corpo que levam à produção de danos irreversíveis nas moléculas. Para ela, o envelhecimento advém do próprio corpo, sem nenhuma influência de fatores externos, ao entender que as alterações moleculares das células que compõem um organismo são um fator natural, intrinsecamente relacionado ao envelhecimento.

Ocorre que, independentemente da teoria biológica que se adote para tentar se explicar o envelhecimento, é importante lembrar que "a saúde não constitui uma norma, tampouco a doença seria uma anormalidade" (TÓRTORA, 2015, p. 113).

Isto significa dizer que, para compreender o envelhecimento e considerar alguém como idoso, é preciso mais do que atrelar as consequências biológicas que o passar dos anos acarreta, já que "a intensidade de uma vida nem sempre equivale à extensão da existência no tempo" (TÓRTORA, 2015, p. 110).

A partir disso e pelo fato de o ser humano ser um ente social, mais do que um ser biológico, um ser biográfico, com direitos e deveres, e que deve ser considerado sob seu aspecto biopsicossocial, é necessário compreender as teorias sociológicas sobre o envelhecimento.

2.3.2. Teorias Sociológicas

Teorias sociológicas conhecidas como teoria do desengajamento, teoria da atividade e teoria da continuidade propõem, assim como as teorias biológicas, explicações para o envelhecimento.

A teoria do desengajamento está relacionada às transformações nas relações sociais pelas quais passam todas as pessoas ao longo da vida, o que acontece, com mais ênfase, a partir do momento que a pessoa passa ser considerada idosa.

Daniele dos Santos Fontoura e outros (2015, p. 55-56) informam que essa teoria foi formulada por Cumming e Henry em seu livro Growing Old, de 1961. Estes autores explicam os cortes e as transformações nas relações pessoais, assumindo que esse corte dos vínculos das pessoas mais velhas com os demais membros da sociedade se torna necessário para preparar gradualmente o desengajamento definitivo, que seria a morte. Para tornar mais tolerável a passagem de uma geração para outra, a sociedade realiza um processo gradual de desengajamento, minimizando possíveis tensões.

Sobre a teoria da atividade, "Cumming e Henry (1961) a chamavam de teoria Implícita", entendendo que "procura explicar como os indivíduos se ajustam às mudanças relacionadas à idade e sugere, como forma principal e de maior sucesso, a atividade" (FONTOURA et al., 2015, p. 55 a 57).

Para esta teoria, dentro das mudanças sociais advindas com o passar dos anos, a sugestão é continuar ativo.

Neste aspecto, é importante lembrar que, segundo a OMS, ser ativo "vai além da produção econômica" (ARAÚJO e CORTE, 2016, p. 152). Segundo Fontoura et al., (2015, p. 57), essa teoria foi questionada pelos gerontologistas por defender um único estilo de vida como o ideal para as pessoas, já que cada ser é único e singular em todas as suas particularidades.

Aqui é importante lembrar que a realidade mundial propõe um envelhecimento ativo, buscando concretizar conceitos estabelecidos pela OMS, a saber: saúde, segurança, informação e participação – como pilares de uma existência mais digna aos idosos, a fim de que "seja uma experiência positiva, acompanhada de oportunidades contínuas". (WORLD HEALTH ORGANIZATION, 2005, p. 13).

Assim, ser ativo implica em continuar tendo uma participação social condizente com as peculiaridades que tocam a cada idoso, de acordo com suas características únicas e individuais.

Segundo Fontoura (2015, p.58) a teoria da continuidade "aproxima-se da teoria da atividade". Para ele

> as pessoas no seu processo de envelhecimento se esforçam para manter estruturas externas e internas. Os recursos que elas usam para esta manutenção advêm da sua biografia e do mundo social a que pertencem. Mudanças existem e estão vinculadas à percepção do passado, mas as estruturas psicológicas e o comportamento social das pessoas tendem a se manter. Dessa forma, Atchley entende a busca pela continuidade como uma estratégia adaptativa das pessoas, que é estimulada tanto pelas preferências individuais quanto pelo retorno social (FONTOURA et al., 2015, p. 58).

Esta teoria considera a importância de envelhecer de forma ativa observando-se a estrutura psicológica e social de cada idoso. Isto implica dizer que, por esta razão, não se pode rotular como idoso aquele que apenas biologicamente viveu mais.

Faz-se hoje necessária uma consideração mais ampla e contemplativa a esse respeito, contrariamente ao que ocorria quando o idoso surgiu como objeto de estudo de uma ciência própria.

Todas estas mudanças - ocorridas com o envelhecimento ao longo dos anos - carregam consigo uma necessária reflexão a respeito de como esta concepção biopsicossocial efetivamente ocorre (e se ocorre), de acordo com o que passaremos a abordar.

2.4. Reflexões sobre o envelhecimento na atualidade

Atualmente é preciso refletir sobre o envelhecimento. Somente assim - enquanto objeto de uma ciência própria - poder-se-á preservar a necessária individualidade de cada idoso e se buscar a necessária autonomia de cada um, de acordo com o que determina a legislação vigente.

O envelhecimento é considerado um "processo universal, que não afeta só o ser humano, mas a família, a comunidade e a sociedade, tendo a velhice como sua última fase" [7].

A complexidade deste processo universal - de nascer com vida, tornar-se adulto e envelhecer - decorre do fato de muitas famílias, por exemplo, não perceberem a diferença sobre as especificidades relacionadas ao envelhecimento. O mesmo acontece com muitas das políticas públicas e práticas sociais, que ainda não dão a devida atenção ao assunto.

Neste sentido, tem-se que

> apesar de o envelhecimento da população ser uma das maiores conquistas culturais de um povo, por refletir a melhoria das condições de vida, é também um desafio à adaptação mútua do indivíduo e do sistema. A projeção somada à característica de falta de planejamento deterioram as possibilidades de dimensionamento, elaboração e aplicação de políticas públicas, estruturação das infraestruturas e sistema em geral (CARVALHO e ARAÚJO, 2016, p. 100).

Exemplo disso é a denominação 'idoso' para qualquer pessoa que tem 65 anos ou mais em países desenvolvidos, ou quando, em países em desenvolvimento, figurarem estas mesmas pessoas com idade igual ou

7 SANTOS, Silvana Sidney Costa. Gerontologia e os pressupostos de Edgard Morin. Disponível em http://www.portaldoenvelhecimento.com/acervo/artieop/Geral/artigo15.htm. Acesso em 01 mar. 2021.

superior a 60 anos, como no Brasil, onde a faixa etária dos sexagenários ou mais se aplica nesta conceituação[8]. Esta generalização reflete uma ponderação apenas cronológica quanto a quem envelhece, desconsiderando a vida biográfica desta mesma pessoa.

Esta ponderação orienta os dispositivos legais e acaba por rotular como idoso, de forma absolutamente genérica, todo aquele que no Brasil atual tem 60 anos ou mais, levando-nos a questionar as consequências disto.

Estas indagações surgem porque a idade cronológica não é um marcador preciso para as mudanças que acompanham o envelhecimento, e que por isso, fazer vigorar políticas sociais abrangentes baseadas somente na idade cronológica pode ser discriminatório e contraproducente.[9]

O conceito de idoso, considerado pela ordem cronológica da idade, muitas vezes está atrelado à saúde ou, mais comumente, à ausência dela.

Por isso,

> Faz-se necessário distinguir a idade cronológica da biológica. Aquela é o tempo transcorrido a partir da data de nascimento; medida que, apesar de simples, tem algum sentido tão somente legal ou social. O tempo, em si, não produz efeitos biológicos. Os eventos biológicos posteriores ao nascimento acontecem em momentos diversos e ritmos diferentes em cada ser humano. Esse processo também é influenciado pelo aparecimento de enfermidades, por fatores socioeconômicos e ambientais. Dessa maneira, o processo de envelhecimento não apenas é influenciado pela idade, mas, em grande parte, pelo modo como o indivíduo vive (SILVA, 2017, p. 225).

Se esta ponderação não é observada, muitos direitos inerentes ao ser humano, desde sua concepção até sua finitude, são tirados de quem envelhece – simplesmente porque o idoso passa a ser visto como um doente, incapaz de decidir por si, única e exclusivamente porque viveu mais.

É importante que os avanços nos estudos sobre o envelhecimento possam, ainda que gradualmente, afastar esta constante, não apenas

8 WORLD HEALTH ORGANIZATION (2002). Active Ageing – A Policy Framework. A contribution of the World Health Organization to the Second United Nations World Assembly on Ageing, Madrid, Spain, April 2002. Disponível em http://apps.who.int/iris/bitstream/handle/10665/67215/WHO_NMH_NPH_02.8.pdf?sequence=1. Acesso em 02 mar. 2021.

9 WORLD HEALTH ORGANIZATION. Envelhecimento ativo: uma política de saúde. World Organization; tradução Suzana Gontijo. Brasília:Organização Pan-Americana de Saúde, 2005. Disponível em http://bvsms.saude.gov.br/bvs/publicacoes/envelhecimento_ativo.pdf. p. 06. Acesso em 02 mar. 2021. p. 06.

porque ser idoso não é ser doente, mas acima de tudo porque cada um que viveu mais deve ser considerado em sua individualidade, tendo suas peculiaridades consideradas e ponderadas, afastando-se considerações categóricas a respeito da conceituação cronológica de quem envelhece e principalmente para que toda e qualquer autonomia seja respeitada, independentemente da idade cronológica que se tenha.

Se observarmos que uma grande quantidade das pessoas com 60 anos ou mais continua a trabalhar mesmo depois de se aposentar, que possui uma vida sexual ativa, que está cada vez mais integrada ao universo da informática, que participa de vários núcleos sociais de eventos e de atividades, dentre outros exemplos, ficamos a pensar se não seria então a hora de mudar alguns conceitos tão enraizados na coletividade.

Estas pessoas, apesar de cronologicamente idosas, continuam a agir como cidadãos, com direitos e deveres, com vontades próprias que devem ser respeitadas, de acordo com o que determina a legislação vigente que protege esta grande parcela da população.

Apesar disso,

> o déficit de proteção aos direitos fundamentais dessa maioria ainda é, como sói ocorrer com praticamente todos os grupos minoritários, significativamente elevado, considerado o abandono histórico, as deficiências de gestão e desvios nas políticas públicas em geral, que concorrem para severas violações a direitos fundamentais, inclusive das pessoas idosas (SOARES e BARBOSA, 2017, p. 31).

Por isso, "manter a autonomia e independência durante o processo de envelhecimento é uma meta fundamental para indivíduos e governantes"[10], com observância e respeito aos aspectos biopsicossocial do envelhecimento, em condições de igualdade.

Na busca por esta meta, uma compreensão sobre os aspectos do envelhecimento é medida indissociável, motivo pelo qual os dispomos na sequência.

---

10 WORLD HEALTH ORGANIZATION. Envelhecimento ativo: uma política de saúde. World Organization; tradução Suzana Gontijo. Brasília:Organização Pan-Americana de Saúde, 2005. 60 p. Disponível em http://bvsms.saude.gov.br/bvs/publicacoes/envelhecimento_ativo.pdf. Acesso em 02 mar. 2021. p. 13.

2.5. Aspectos do envelhecimento

Na busca por manter a autonomia de quem envelhece, é importante compreender os aspectos biológico, psicológico e social do envelhecimento, de forma a garantir a necessária individualidade de cada pessoa considerada idosa, já que "a idade é meramente um marcador aproximado do que influencia o comportamento ao longo do tempo"[11]. Passemos a eles.

2.5.1. Aspecto biológico

Do ponto de vista biológico, o envelhecimento ocorre com as mutações celulares que todo organismo vivo suporta ao sofrer alterações metabólicas ao longo da vida.

Trata-se de um caminho "dinâmico e progressivo, no qual há alterações morfológicas, funcionais e bioquímicas, que vão alterando progressivamente o organismo"[12].

Assim, o "envelhecimento é ocasionado por alterações moleculares ou celulares, que resultam em perdas funcionais progressivas dos órgãos e do organismo como um todo" (CANALI Filho, 2011, p. 28).

Com estas alterações, o envelhecimento metabólico acarreta perdas funcionais nos organismos humanos, como a redução da capacidade cardiorrespiratória, a perda de tecido muscular, a dificuldade e a impossibilidade de reprodução, por exemplo.

Por esta razão, tem-se que

> as mudanças e as perdas fazem parte do envelhecimento. A partir dos 40 anos, a estatura do indivíduo diminui cerca de um centímetro por década, principalmente devido à diminuição da altura vertebral ocasionada pela redução da massa óssea e outras alterações degenerativas da coluna vertebral. A pele fica mais fina e friável, menos elástica e com menos oleosidade. A visão também declina, principalmente para objetos próximos. A audição diminui ao longo

11 SCHNEIDER, Rodolfo Herberto; IRIGARAY, Tatiana Quarti. O envelhecimento na atualidade: aspectos cronológicos, biológicos, psicológicos e sociais. citando Costa, E. F. A. & Pereira, S. R. M.(2005). Meu corpo está mudando o que fazer? In J. L. Pacheco, J. L. M. Sá, L. Py & S. N. Goldman (Orgs.), Tempo rio que arrebata. pp.13-25). Holambra: Setembro. Disponível em http://www.scielo.br/pdf/estpsi/v25n4/a13v25n4.pdf. Acesso em 02 mar. 2021.

12 MARTINELLI, Juliana. O processo de envelhecimento no nível celular. Disponível em https://idosos.com.br/envelhecimento-em-nivel-celular/. Acesso em 02 mar. 2021.

> dos anos, porém, normalmente não interfere no dia a dia. Com o envelhecimento, o peso e o volume do encéfalo diminuem por perda de neurônios, mas, apesar desta redução, as funções mentais permanecem preservadas até o final da vida.[13]

Mesmo assim, embora haja um comprometimento biológico do corpo que envelhece a velhice não é sinônimo de doença, não se podendo rotular uma pessoa de idade avançada como doente e muito menos como alguém inapto a exercer a própria autonomia.

Tem-se que "apesar de o envelhecimento embutir o risco de um maior número de enfermidades, a maioria dos idosos vive de maneira independente e autônoma, mesmo quando tem doenças crônicas"[14].

Por conta do risco de enfermidades, não estranhamente a fragilidade também é facilmente atrelada ao envelhecimento – mas precisa ser individualmente considerada, já que ela

> constitui um evento multidimensional e multideterminado, caracterizado por vulnerabilidade aos estressores biopsicossociais e ambientais e por alterações no sistema musculoesquelético, na função motora e na composição corporal, que resultam em prejuízos funcionais e seus desfechos.[15]

Por estas razões, afirma-se que o envelhecimento é uma consequência natural da vida, na qual

> o indivíduo pode envelhecer de forma natural, sabendo conviver bem com as limitações impostas pelo passar dos anos e

13 SCHNEIDER, Rodolfo Herberto; IRIGARAY, Tatiana Quarti. O envelhecimento na atualidade: aspectos cronológicos, biológicos, psicológicos e sociais. citando Costa, E. F. A. & Pereira, S. R. M.(2005). Meu corpo está mudando o que fazer? In J. L. Pacheco, J. L. M. Sá, L. Py & S. N. Goldman (Orgs.), Tempo rio que arrebata. pp.13-25). Holambra: Setembro. Disponível em http://www.scielo.br/pdf/estpsi/v25n4/a13v25n4.pdf. Acesso em 02 mar. 2021.

14 TAVARES, Mariza. Velhice Não precisa ser sinônimo de fragilidade. Disponível em http://g1.globo.com/bemestar/blog/longevidade-modo-de-usar/post/velhice-nao-precisa-ser-sinonimo-de-fragilidade.html. Acesso em 02 mar. 2021.

15 ANDRADE, Ankilma do Nascimento et al. Análise do conceito fragilidade em idosos. Texto contexto – enferm. [online]. 2012, vol.21, n.4, pp.748-756. ISSN 0104-0707. http://dx.doi.org/10.1590/S0104-07072012000400004. Disponível em http://www.scielo.br/scielo.php?pid=S0104-07072012000400004&script=sci_abstract&tlng=pt. Acesso em 02 mar. 2021.

mantendo-se ativo até fases tardias da vida (é o que chamamos senescência).[16]

Aqui, lembramos o que nos ensina Ayres[17], ao dizer que a saúde é um conceito subjetivo e que a doença um conceito objetivo, os quais devem dialogar, tendo em vista que não é porque uma pessoa esteja doente que não se sinta saudável e vice-versa.

Por esta razão, há de se considerar sobre o envelhecimento que "vê-lo simplesmente pelo prisma biofisiológico é desconhecer a importância dos problemas ambientais, sociais e econômicos que pesam sobre eles, sendo relevante a visão global do envelhecimento e do idoso como ser humano" (PAPALEO, 2016, p. 5).

A cronologia do envelhecimento precisa ser relativizada. Para isso, apenas a título de uma reflexão breve, pensemos a respeito dos raros casos de pessoas que, poucos meses após seu nascimento, são acometidas por um envelhecer acelerado, ainda que com pequeno tempo cronológico de existência[18].

Assim, "resta trabalhar questões culturais e disseminar informação entre um extrato da população que deve ser honrado e protegido independentemente da data de nascimento para fazer prevalecer suas necessidades" (EHRHARDT Jr., 2017, p. 218), passando a se considerar, com a ponderação necessária, o envelhecimento sob um enfoque biopsicossocial.

---

16 ASPECTOS BIOLÓGICOS DO ENVELHECIMENTO. Disponível em https://www.portaleducacao.com.br/conteudo/artigos/farmacia/aspectos-biologicos-do-envelhecimento/581. Acesso em 02 mar. 2021.

17 AYRES, José Ricardo C. M. Uma concepção hermenêutica de saúde. Physis [online]. 2007, vol.17, n.1, pp.43-62. ISSN 0103-7331. http://dx.doi.org/10.1590/S0103-73312007000100004. Disponível em http://www.scielo.br/scielo.php?pid=s0103-73312007000100004&script=sci_abstract&tlng=pt.. Acesso em 02 mar. 2021.

18 Reflexão com base em um filme famoso, chamado "O Curioso Caso de Benjamim Button". THE CURIOUS CASE OF BENJAMIN BUTTON. Descrição disponível em https://pt.wikipedia.org/wiki/The_Curious_Case_of_Benjamin_Button. Acesso em 02 mar. 2021, no qual o personagem principal sofre de uma patologia denominada Progéria ou síndrome de Huntchinson-Gilford. PROGÉRIA. Definição disponível em https://pt.wikipedia.org/wiki/Prog%C3%A9ria. Acesso em 02 mar. 2021.

2.5.2. Aspecto psicológico

O aspecto psicológico do envelhecimento está relacionado à forma como uma pessoa de idade avançada se sente, seja em relação si própria ou em relação ao outro e/ou ao mundo.

A reflexão do envelhecimento sob este aspecto busca "dar maior visibilidade às questões relativas ao envelhecimento humano, com o propósito de fortalecer a luta para a inclusão do idoso e sua plena constituição como sujeito" (LOPES e GOLDFARB, 2009, p. 20).

Durante o envelhecimento as emoções dos idosos se tornam, por vezes, algo difícil de lidar. Isso decorre do fato de que, muitas vezes, quem envelhece precisa conviver com alguns acontecimentos da vida e com suas adaptações, como por exemplo, com as perdas de pessoas próximas e as frustrações que delas advém, com a aposentadoria de um emprego no qual passou a maior parte dos anos de sua vida, com a necessidade e a dificuldade de adaptação aos recursos tecnológicos etc. A pessoa nestas situações pode chegar a ter as mais incontáveis sensações, como por exemplo, de ter se tornado sozinha, inútil, despreparada, desmotivada, dentre tantas outras.

Em decorrência deste emaranhado de sentimentos e da individualidade de cada um, lembramos que

> algumas pessoas se adaptam ao meio pelo uso de várias características psicológicas, como aprendizagem, memória, inteligência, controle emocional, (....) etc. Há adultos que possuem tais características psicológicas com graus maiores que outros e, por isso, são considerados "jovens psicologicamente", e outros que possuem tais traços em graus menores e são considerados "velhos psicologicamente".[19]

Pelo fato de ser único, "a identificação da velhice com as ideias de passividade, doença e morte, faz com que se sequestre a autonomia dos idosos e se promovam condutas e atitudes que acabam sendo incapacitantes" (LOPES e GOLDFARB, 2009, p. 148).

Ao se deparar com um idoso visto como inapto (por não se adaptar ao uso de novas tecnologias, por exemplo) aos olhos de quem assim o

19 SCHNEIDER, Rodolfo Herberto; IRIGARAY, Tatiana Quarti. O envelhecimento na atualidade: aspectos cronológicos, biológicos, psicológicos e sociais. citando Costa, E. F. A. & Pereira, S. R. M.(2005). Meu corpo está mudando o que fazer? In J. L. Pacheco, J. L. M. Sá, L. Py & S. N. Goldman (Orgs.), Tempo rio que arrebata. pp.13-25). Holambra: Setembro. Disponível em http://www.scielo.br/pdf/estpsi/v25n4/a13v25n4.pdf. Acesso em 02 mar.2021.

vê surge alguém que por esta mesma razão perdeu a autonomia, e que já não consegue adquirir o conhecimento suficiente para realizar o que é necessário, por ser considerado como alguém que não consegue mais aprender.

Por isso, é comum relacionar-se o envelhecimento ao comprometimento cognitivo, ou seja, ao "ato ou processo da aquisição do conhecimento que se dá através da percepção, da atenção, associação, memória, raciocínio, juízo, imaginação, pensamento e linguagem"[20], sem observar o que a lei vigente determina, e tolhendo de modo arbitrário a autonomia inerente a quem viveu mais.

Convém salientar que, sendo cada idoso um ser único,

> as habilidades cognitivas são influenciadas por características pessoais, como idade, nível de escolaridade, interesses, saúde, atividades que o indivíduo desenvolve, quantidade de estímulos a que é exposto, além de aspectos psicoemocionais e socioculturais (VIEIRA e KOENIG, 2002, apud LASCA, 2003, p. 17).

O comprometimento cognitivo acaba por impactar a prática de atos da vida civil. É importante observar que, dependendo do grau desse comprometimento, a pessoa poderá efetivamente exercer esses atos por si ou não – o que dependerá de comprovação, mediante a observância de processo oportuno e de chancela judicial nesse mesmo sentido, de acordo com o que já foi tratado neste trabalho.

Agir de outra forma – generalizando a incapacidade de todo e qualquer idoso como alguém que é inapto a aprender, com a cognição comprometida, seja por qual motivo for – é suprimir a autonomia que se busca no século XXI.

Este mesmo século nos mostra que "por um lado, podemos até observar situações de proteção e superproteção ao idoso; de outro lado, situações de negligência e agressão à pessoa idosa, que marcam seu corpo, ferem sua alma e destroem seu espírito" (FALLONE e RODRIGUES, 2007, p. 315).

Encontra-se claramente nos dizeres da OMS que "as pessoas, onde quer que estejam, devem envelhecer com dignidade e segurança, desfru-

20 COGNIÇÃO. Definição disponível em https://pt.wikipedia.org/wiki/Cogni%C3%A7%C3%A3o. Acesso em 02 mar. 2021.

tando a vida por meio da plena realização de todos os direitos humanos e liberdades fundamentais"[21].

Por este mesmo motivo, entende-se que

> Aqueles que, apesar das doenças, continuam a encontrar sentido e prazer na vida revelam a capacidade de transcendência humana e são uma grande fonte de inspiração. Outros, que podem ser completamente independentes ou terem perdido a capacidade de se comunicar por meio de palavras, mantém suas personalidades distintas refletindo suas vidas singulares e plenas de sentido. Em uma sociedade que se preocupa em 'fazer', os idosos são serem humanos dedicados a 'ser'. Eles nos chamam a reconhecer e a promover a expressão de sua identidade, sua individualidade e, acima de tudo, seus direitos humanos inalienáveis. [22]

Desta forma

> O direito de o indivíduo usufruir de um bem-estar pessoal deve estar presente em qualquer faixa etária. A melhoria e a ampliação dos serviços voltados a esse segmento visam a um lugar na sociedade com mais dignidade e menos sofrimento para o idoso. Desenvolver uma escuta atenta, capaz de captar as diferentes demandas dos também diferentes idosos, implica em preparar profissionais e sensibilizar as comunidades (LOPES e GOLDFARB, 2009, p. 22).

Somando-se a estas considerações, é preciso compreender os aspectos sociais de quem envelhece, a fim de que continuemos cada vez mais a lutar por sua autonomia, de maneira justa e humana, conforme garantem as leis vigentes e pelo que busca a ciência.

2.5.3. Aspecto social

No aspecto social, o envelhecimento está relacionado ao papel de cada um em seu contexto social, ou seja, de como determinada pessoa

---

21 ENVELHECIMENTO ATIVO: Um Marco Político em Resposta à Revolução da Longevidade. Centro Internacional de Longevidade Brasil. 1ª edição – Rio de Janeiro, RJ, Brasil. Disponível em http://longevidade.ind.br/wp-content/uploads/2017/03/Envelhecimento-Ativo-Um-Marco-Pol-tico-ILC-Brasil_web.pdf .Acesso em 02 mar. 2021. p. 31.

22 *Ibid.* p. 39.

figura nas condições de pai/mãe, de marido/esposa, de amigo(a) ou de funcionário(a) de determinada empresa, por exemplo.

Em decorrência dos papéis exercidos, as "condições históricas, políticas, econômicas, geográficas e culturais produzem diferentes representações sociais da velhice e também do idoso"[23], de maneira única e individual.

Segundo a OMS, estas condições acabam influenciando a efetividade do que se pretende como envelhecimento ativo, que tem como princípios basilares a saúde, a participação social, a segurança e a aprendizagem[24].

Nessa busca, "ser 'ativo' inclui também o engajamento significativo na vida social, cultural, espiritual e familiar, bem como no voluntariado e em causas cívicas"[25], em exercício efetivo da própria autonomia.

Por isso, o papel de quem envelhece ativamente muitas vezes não é mais o de tricotar casacos ou de contar histórias aos netos, mas o de ser alguém atuante em uma grande multinacional, com uma vida cercada de eventos sociais e a constante presença de amigos, por exemplo.

Igualmente há de se considerar como alguém que envelhece de forma ativa aquele aposentado que não exerce mais nenhuma atividade fora de sua própria casa simplesmente porque optou por fazer isso como reflexo de sua autonomia e que opta, diariamente, por realizar o que bem entende dentro de seu próprio lar.

Sob seu aspecto social, o envelhecimento traz a necessidade de se saber quem é esta pessoa que envelhece, quais são seus hábitos e quais são seus pensamentos, novamente exigindo-se que seja vista como um ser único, em sua individualidade.

---

23 SCHNEIDER, Rodolfo Herberto; IRIGARAY, Tatiana Quarti. O envelhecimento na atualidade: aspectos cronológicos, biológicos, psicológicos e sociais. citando Costa, E. F. A. & Pereira, S. R. M.(2005). Meu corpo está mudando o que fazer? In J. L. Pacheco, J. L. M. Sá, L. Py & S. N. Goldman (Orgs.), Tempo rio que arrebata. pp.13-25). Holambra: Setembro. Disponível em http://www.scielo.br/pdf/estpsi/v25n4/a13v25n4.pdf. Acesso em 02 mar. 2021.

24 WORLD HEALTH ORGANIZATION. Envelhecimento ativo: uma política de saúde. World Organization; tradução Suzana Gontijo. Brasília:Organização Pan-Americana de Saúde, 2005. 60 p. Disponível em http://bvsms.saude.gov.br/bvs/publicacoes/envelhecimento_ativo.pdf. Acesso em 02 mar. 2021.

25 ENVELHECIMENTO ATIVO: Um Marco Político em Resposta à Revolução da Longevidade. Centro Internacional de Longevidade Brasil. 1ª edição – Rio de Janeiro, RJ, Brasil. Disponível em http://longevidade.ind.br/wp-content/uploads/2017/03/Envelhecimento-Ativo-Um-Marco-Pol-tico-ILC-Brasil_web.pdf .Acesso em 02 mar. 2021. p. 45.

Mesmo que divergente do que busca a OMS, na sociedade moderna ainda é muito comum a rotulação social às pessoas que se aposentam, as quais passam a ser vistas como alguém que não faz mais nada, e que por isso são consideradas inúteis, vistas como quem não têm mais nada a aprender ou a ensinar.

Esta realidade mostra que

> a sociedade moderna encontra-se diante de uma situação contraditória: de um lado, defronta-se com o crescimento massivo da população idosa, e, de outro, se omite perante a velhice ou adota atitudes preconceituosas contra a pessoa idosa, retardando destarte a implementação de ações que visam minorar o pesado fardo dos que ingressam na terceira idade (PAPALEO, 2016, p. 05).

Em muitas situações, isso acaba revelando preconceito contra o envelhecimento, que "constitui uma verdadeira conspiração silenciosa contra a velhice, que precisa de uma reversão da parte da família em primeiro lugar, da sociedade que o ignora, e do Governo, que o desprestigia" (SILVA, 2017, p. 224).

Estes preconceitos acabam por gerar rotulações sociais, nas quais

> um indivíduo pode ser mais velho ou mais jovem dependendo de como ele se comporta dentro de uma classificação esperada para sua idade em uma sociedade ou cultura particular. A medida da idade social é composta por performances individuais de papéis sociais e envolve características como tipo de vestimenta, hábitos e linguagem.[26]

No enfoque social observa-se ainda um forte desapreço com relação ao idoso e ao envelhecimento, já que na era da tecnologia virtual e de sentimentos tão líquidos,

> a pressão social atua no sentido de enganar a velhice como tal, valorizando a pessoa que consegue disfarçá-la fisicamente (velhos 'bem

26 SCHNEIDER, Rodolfo Herberto; IRIGARAY, Tatiana Quarti. O envelhecimento na atualidade: aspectos cronológicos, biológicos, psicológicos e sociais. citando Costa, E. F. A. & Pereira, S. R. M.(2005). Meu corpo está mudando o que fazer? In J. L. Pacheco, J. L. M. Sá, L. Py & S. N. Goldman (Orgs.), Tempo rio que arrebata. pp.13-25). Holambra: Setembro. Disponível em: http://www.scielo.br/pdf/estpsi/v25n4/a13v25n4.pdf. Acesso em 02 mar. 2021.

> conservados') e/ou psicologicamente (velhos 'de espírito jovem'). O velho sábio desapareceu de nossa realidade, permanecendo apenas como um conceito abstrato. Muitas vezes, escutam-se com cortesia os idosos, por consideração, por se conhecê-los há muito tempo, mas não se tomam com seriedade seus comentários e opiniões, gerando um falso respeito, medido por uma tolerância, às vezes hipócrita, que ao final os acaba deixando de lado (OLIVEIRA, 2000, p. 82).

Diante de tudo o que se pondera, enquanto ser social, com direitos e deveres, o idoso precisa ser visto em sua integralidade e individualidade, em observância aos indissociáveis aspectos biopsicossociais que lhe são inerentes, respeitando-se, em máximo grau, sua autonomia legalmente assegurada.

O presente trabalho tem como um de seus objetivos o estudo desta busca, ao analisar se as decisões judiciais refletem (ou não) o que foi até aqui trazido para reflexão.

Desta forma, passaremos a dispor e a refletir sobre como o Poder Judiciário tem tratado a respeito do entrelace entre a autonomia, o envelhecimento e os negócios jurídicos.

Buscaremos fazer isso em uma abordagem interdisciplinar de decisões judiciais que tratam sobre negócios jurídicos quanto a se casar, a ter uma união estável ou a dispor de seus bens, do ponto de vista do Direito Civil e da Gerontologia.

O intuito maior, com base no que for exposto, é tentar revelar os caminhos seguidos até então, observando se há algo que neles precise ser revisto e, caso haja, buscar pela resposta à pergunta que nos propusemos: quem decidirá sobre isso?

3

DECISÕES JUDICIAIS: UMA ABORDAGEM INTERDISCIPLINAR

O estudo sobre a autonomia e o envelhecimento, da forma como expusemos, será o subsídio para as análises e as reflexões dos casos submetidos à apreciação do Poder Judiciário Brasileiro inseridas neste trabalho, a fim de que cada decisão judicial selecionada seja analisada do ponto de vista do Direito Civil e da Gerontologia.

A ideia é observar como as questões estão sendo tratadas pelos Tribunais nos julgamentos de casos que envolvem a população idosa – mais especificamente quando essa população pretende se casar, firmar uma união estável ou dispor de seus bens.

Sem a pretensão de esgotar a temática, foram selecionadas decisões judiciais proferidas pelo Superior Tribunal de Justiça – STJ e pelo Tribunal de Justiça do Estado de São Paulo – TJSP, a partir do ano de 2015, ou seja: a partir do ano de publicação do Estatuto da Pessoa com Deficiência, que trouxe significativas alterações ao ordenamento jurídico vigente.

Esta temática foi escolhida porque não raro o idoso – enquanto sujeito de direitos e no exercício de sua autonomia – é questionado juridicamente quando busca efetivar sua vontade, ao pretender se casar, firmar uma união estável ou dispor de seus bens.

Outros temas, envolvendo idosos e relacionados a negócios jurídicos, todos os dias são levados aos Tribunais. Por exemplo, ações sobre planos de saúde, questões relacionadas à previdência, relações de consumo, entre outras que não abordamos, mas que podem igualmente ser selecionadas e analisadas do mesmo ponto de vista presente neste trabalho.

Assim, feitas estas considerações, passaremos às decisões judiciais proferidas por Ministros do Superior Tribunal de Justiça[1] – STJ, e por

1 Fonte: http://www.stj.jus.br/SCON/.

Desembargadores do Tribunal de Justiça do Estado de São Paulo[2] – TJSP, cujas íntegras estão disponíveis em anexos, conforme enumerado no sumário do texto e em notas de rodapé.

3.1. Decisões judiciais do Superior Tribunal de Justiça

Algumas decisões do Superior Tribunal de Justiça – STJ foram selecionadas por ser ele o órgão responsável pela uniformização da interpretação da legislação federal no território nacional, de maneira a padronizar o entendimento quanto à aplicabilidade das leis que não envolvam matéria constitucional e nem justiça especializada.

No presente trabalho, as leis abordadas nas decisões judiciais são relacionadas aos casos que envolvem os negócios jurídicos do casamento, da união estável e da disposição do patrimônio.

Outras decisões judiciais referentes à mesma temática poderão estar mencionadas como notas de rodapé.

Para analisar cada tema, partimos das ementas das decisões selecionadas, segundo constam no site do Tribunal pesquisado. Em seguida, passamos a refletir sobre elas – que podem dar margem a muitas outras, por parte de quem quer que se dedique a esse respeito.

3.1.1. Casamento de idosos e regime de bens[3-4].

RECURSO ESPECIAL. DIREITO CIVIL. FAMÍLIA. MATRIMÔNIO CONTRAÍDO POR PESSOA COM MAIS DE 60 ANOS. REGIME DE SEPARAÇÃO OBRIGATÓRIA DE BENS. CASAMENTO PRECEDIDO DE LONGA UNIÃO ESTÁVEL INICIADA ANTES DE TAL IDADE. RECURSO ESPECIAL NÃO PROVIDO. 1. O artigo 258, parágrafo único, II, do Código Civil de 1916, vigente à época dos fatos, previa como sendo obrigatório o regime de separação total de bens entre os cônjuges quando o casamento envolver noivo maior de 60 anos ou noiva com mais de 50 anos. 2. Afasta-se a obrigatoriedade do regime de separação de bens quando o matrimônio é precedido de longo relacionamento em união estável,

2 Fonte: https://esaj.tjsp.jus.br/cjsg/consultaCompleta.do.

3 STJ. REsp 1318281/PE. RECURSO ESPECIAL 2012/0071382-0. Relator(a) Ministra MARIA ISABEL GALLOTTI. T4 – QUARTA TURMA. Data do Julgamento 01/12/2016. Data da Publicação/Fonte DJe 07/12/2016. (Anexo 02).

4 Ao realizar a pesquisa sobre o tema, o STJ aponta ainda outros julgados, a saber: REsp 918643/RS e REsp 1254252/SC. Disponível em: http://www.stj.jus.br/SCON/jurisprudencia/toc.jsp?livre=%22IDOSO%22+E+%22CASAMENTO%22&b=ACOR&thesaurus=JURIDICO&p=true. Acesso em 03 mar. 2021.

iniciado quando os cônjuges não tinham restrição legal à escolha do regime de bens, visto que não há que se falar na necessidade de proteção do idoso em relação a relacionamentos fugazes por interesse exclusivamente econômico. 3. Interpretação da legislação ordinária que melhor a compatibiliza com o sentido do art. 226, §3º, da CF, segundo o qual a lei deve facilitar a conversão da união estável em casamento. 4. Recurso especial a que se nega provimento.

Análise da decisão judicial: O caso selecionado apresenta o entendimento do STJ com relação às situações nas quais uma pessoa idosa pretenda se casar, mais especificamente com relação ao regime de bens a ser adotado por ela quando se fizer presente o desejo de um enlace matrimonial.

O casamento é, em suma, um negócio jurídico resultante de um ato jurídico decorrente da declaração de vontade de duas pessoas, hétero ou homossexuais, que por contrato objetivam se unir em matrimônio para constituir uma família.

As disposições legais sobre o casamento estão disciplinadas no Código Civil, que traz regras a respeito da capacidade, dos impedimentos, das causas suspensivas, do processo de habilitação, da celebração, das provas do casamento, da invalidade, da eficácia e da dissolução deste negócio jurídico (Lei Federal nº 10.406, de 10 de janeiro de 2002, artigos 1.511 a 1.582).

Na decisão selecionada, há uma situação em que houve uma ação judicial questionando o regime de separação de bens a ser aplicado ao casamento de duas pessoas idosas, cujo enlace foi precedido de uma união estável havida entre as partes.

Vale lembrar que os tipos de regimes de bens a incidir no casamento estão dispostos no Código Civil (Lei Federal nº 10.406, de 10 de janeiro de 2002, artigos 1.658 a 1.688) sendo eles: comunhão parcial, comunhão universal, participação final nos aquestos e separação de bens, cujas explicações seriam exaustivas se inseridas no presente trabalho, cujo foco central não é este.

Para melhor compreender a situação citada na decisão judicial analisada, é necessário um retrospecto da legislação que disciplina o regime de bens a ser adotado quando for um idoso quem pretende se casar.

O Código Civil vigente até a entrada em vigor do Código Civil atual era datado de 1916 (Lei Federal nº 3.071, de 01º de janeiro de 1916). Nele se previa que o regime de bens adotado, caso o noivo fosse maior de 60 anos e a noiva maior de 50 anos, seria o da separação total de bens, o que não vigora no Código Civil atual, datado de 2002 (Lei Federal nº 10.406, de 10 de janeiro de 2002).

No Código Civil vigente, de 2002, uma lei de 2010 (Lei Federal nº 12.344, de 09 de dezembro de 2010) estipulou a obrigatoriedade do referido regime aos maiores de 70 anos, sem diferenciar se homem ou mulher.

O regime de bens adotado visa regulamentar a forma de partilhar o patrimônio amealhado pelas partes durante a constância da relação conjugal – em caso de separação ou divórcio, bem como em caso de óbito de uma delas, a título de herança.

Pelo regime da separação total de bens "o casamento não repercute na esfera patrimonial dos cônjuges" (DIAS, 2015, p. 325). Ou seja: os bens de um nubente não se comunicam com os bens do outro, antes ou depois de realizado o casamento.

A legislação partiu da premissa de que era necessário proteger o patrimônio de quem levou uma vida a constituí-lo. Assim, o Código Civil de 1916 estabeleceu que a proteção deveria ser mais efetiva para a mulher a partir dos 50 anos, e para o homem a partir dos 60 anos.

Entendia-se então que, por volta destas idades, as pessoas já não podiam concretizar sua autonomia e se casar como bem pretendessem porque estavam velhas demais para isso.

Sem contar que a mulher era duplamente vista como parte frágil, a ser protegida com idade menor do que o homem. No enlace matrimonial por ela pretendido aos 50 anos ou mais, além de eventualmente herdar bens de seu pai, também havia a possibilidade de enviuvar, caso em que poderia receber bens por parte de seu futuro marido.

Já no século XXI a lei buscou amparar o patrimônio dos maiores de 70 anos, sem distinção de sexo. As pessoas a partir desta idade cronológica passaram a não poder escolher o regime de bens a adotar em seu casamento.

Por conta do aumento da expectativa de vida, das mudanças ocorridas em todas as ordens sociais e refletidas no indiscutível processo de envelhecimento populacional, em 2010 foi aumentada para 70 anos a idade a partir da qual o regime de separação total de bens se tornou obrigatório.

Ao que parece, os legisladores estão atentos ao aumento da expectativa de vida dos brasileiros e ao envelhecimento populacional, conforme se observa pela alteração introduzida na legislação.

Todavia, questionamos por que se considerou a marca etária de 70 anos como regra para a obrigatoriedade de uma separação total de bens para quem envelhece de maneira também kairosiana, sem qualquer consideração a este respeito, de maneira a inexistir qualquer ressalva na escolha do regime de bens sob este ou qualquer outro aspecto.

Independentemente de sua idade cronológica, estando esta pessoa em total exercício de suas aptidões, pode querer outra coisa, e com isso considerar que sua autonomia foi violada, diante do que a lei impõe.

Sobre a obrigatoriedade do regime de separação total de bens, há uma ponderação judicial quando observada uma união estável previamente estabelecida pelas partes nubentes consideradas idosas.

A decisão é enfática ao afirmar no item 02 (p. 01) que

> afasta-se a obrigatoriedade do regime de separação de bens quando o matrimônio é precedido de longo relacionamento em união estável, iniciado quando os cônjuges não tinham restrição legal à escolha do regime de bens, visto que não há que se falar na necessidade de proteção do idoso em relação a relacionamentos fugazes por interesse exclusivamente econômico.

Perguntamos: o que se pretende proteger com entendimentos desta natureza – a pessoa que pretende se casar ou o seu patrimônio? O patrimônio daquele que pretende se casar ou a perspectiva de herança de seus eventuais herdeiros?

Até porque entendemos que a expressão "longo relacionamento" adotada no julgado é inócua já que, ao que parece, além de ser imprecisa, ela se refere apenas ao tempo cronológico de uma relação mantida entre duas pessoas, sem qualquer menção às peculiaridades daquela realidade.

Assim, concluímos que não se busca proteger a pessoa de 70 anos ou mais que pretende se casar, ainda que esta mesma pessoa não tenha qualquer comprometimento que indique a anulabilidade do negócio jurídico pretendido por ela, como no caso, já que nada sugere isto, mas enfaticamente, se vislumbra o apontamento para uma blindagem de seu patrimônio.

Se a lei buscasse proteger a pessoa (vista como ser biopsicossocial, independentemente de sua idade cronológica), sua autonomia estaria salvaguardada se ela pudesse optar pelo regime de bens a ser adotado, estando presente sua vontade de se casar, independentemente de ter ou não se relacionado previamente com o nubente, mas não é o caso.

Independentemente de haver ou não uma união estável prévia, estabelecer uma idade cronológica de forma tão taxativa acaba por suprimir a individualidade de cada idoso. Além disso, de certa forma conduz a um raciocínio que parte do princípio de que a capacidade de escolher é inversamente proporcional ao avançar dos anos – argumento sem o mínimo respaldo jurídico ou a menor compreensão gerontológica.

Observa-se uma grande preocupação com relação ao patrimônio deste idoso, conquistado por ele ao longo de sua vida e que, não havendo qualquer restrição para que dele disponha a seu bel-prazer (já que ele não está com qualquer comprometimento a indicar situação de tomada de decisão apoiada ou de curatela, segundo as leis vigentes), deveria caber-lhe a escolha do regime de bens a adotar, segundo o que intimamente assim o desejasse.

A decisão dá ensejo ao amparo uma futura possível divisão de patrimônio conquistado ao longo de uma vida – a se realizar por herança, ou seja, a fim de proteger os herdeiros de quem não poderá usufruir de seus bens conforme sua vontade, ainda que tenha sido o responsável pela aquisição de tudo o que se objetiva proteger – e que permaneceu sem qualquer comprometimento cognitivo a se aventar o contrário.

Parte-se da premissa de que, se e somente se, pessoas que se conheceram mais jovens e desde mais jovens conviveram, ao pretenderem se casar, evidenciam que não há, por parte de nenhuma delas, interesse secundário ou dito patrimonial.

Desta forma, o julgado entende que será facilitada a conversão da união estável em casamento, protegendo-se na realidade o patrimônio e não as pessoas que pretendem realizar esta alteração.

Todavia, omite-se em considerar que seria possível, por exemplo, a doação de parte do patrimônio de um cônjuge ao outro, se esta fosse uma vontade de qualquer deles[5], respeitadas as regras vigentes no tocante aos direitos dos herdeiros necessários[6],

Desta forma, consideramos um grande avanço a mudança da faixa etária a se levar em conta para a adoção do regime de bens no casamento entre duas pessoas. Todavia, ainda são muitas as lacunas apresenta-

5 Entendimento exarado pelo próprio STJ. REsp 1292533/GO, Rel. Ministro RAUL ARAÚJO, Decisão Monocrática. Data da publicação: 09.03.2017. "De acordo com entendimento do STJ, é válida a doação de um cônjuge ao outro na constância da sociedade conjugal, ainda que sob o regime da separação obrigatória de bens". Disponível em http://www.stj.jus.br/SCON/decisoes/toc.jsp?livre=IDOSO+E+-DOA%C7%C3O+DE+BENS+ENTRE+C%D4NJUGES&b=DTXT&thesaurus=JURIDICO&p=true. Acesso em 03 mar. 2021. Íntegra da decisão inserida no presente trabalho como Anexo (Anexo 03).

6 De acordo com o artigo 1.845 do Código Civil são herdeiros necessários os descendentes, os ascendentes e o cônjuge.

das e os valores desconsiderados pelo ordenamento jurídico ao proferir decisões como esta.

Nossa ponderação está longe de esgotar o assunto, e os questionamentos continuarão, enquanto a autonomia do idoso não for a principal questão a ser considerada.

Independentemente de ter ou não vivido previamente uma união estável com quem quer que seja, ainda falta muito para que a pessoa idosa possa livremente escolher o regime de bens a adotar se quiser se casar, de acordo os aspectos biopsicossociais que lhes são inerentes, já que, ao que nos parece, não se evidenciam em decisões neste norte quaisquer ponderações acerca do que se faz necessário quando da não contemplação do sujeito a quem se refere.

3.1.2. União Estável entre idosos e regime de bens[7-8].

CIVIL. RECURSO ESPECIAL. DIREITO DE FAMÍLIA. UNIÃO ESTÁVEL. CONTRATO DE CONVIVÊNCIA. 1) ALEGAÇÃO DE NULIDADE DO CONTRATO. INOCORRÊNCIA. PRESENÇA DOS REQUISITOS DO NEGÓCIO JURÍDICO. ART. 104 E INCISOS DO CC/02. SENILIDADE E DOENÇA INCURÁVEL, POR SI, NÃO É MOTIVO DE INCAPACIDADE PARA O EXERCÍCIO DE DIREITO. AUSÊNCIA DE ELEMENTOS INDICATIVOS DE QUE NÃO TINHA O NECESSÁRIO DISCERNIMENTO PARA A PRÁTICA DO NEGÓCIO JURÍDICO. AFIRMADA AUSÊNCIA DE MANIFESTAÇÃO DE VONTADE. INCIDÊNCIA DA SÚMULA Nº 7 DO STJ. DEFICIÊNCIA NA FUNDAMENTAÇÃO. INCIDÊNCIA DA SÚMULA Nº 284 DO STF. REGIME OBRIGATÓRIO DE SEPARAÇÃO DE BENS NO CASAMENTO. INCISO II DO ART. 1.641 DO CC/02. APLICAÇÃO NA UNIÃO ESTÁVEL. AFERIÇÃO DA IDADE. ÉPOCA DO INÍCIO DO RELACIONAMENTO. PRECEDENTES. APONTADA VIOLAÇÃO DE SÚMULA. DESCABIMENTO. NÃO SE ENQUADRA NO CONCEITO DE LEGISLAÇÃO FEDERAL. PRECEDENTES. DISSÍDIO JURISPRUDENCIAL NÃO DEMONSTRADO. RECURSO ESPECIAL DO EX-COMPANHEIRO NÃO PROVIDO. 2) PRETENSÃO DE SE ATRIBUIR EFEITOS RETROATIVOS A CONTRATO DE CONVIVÊNCIA.

7 STJ. REsp 1383624/MG. RECURSO ESPECIAL 2013/0146258-6. Ministro MOURA RIBEIRO. Terceira Turma. Data do Julgamento: 02/06/2015. Data de publicação/ Fonte: DJe 12/06/2015. RIOBDF vol. 90 p. 163. Íntegra da decisão inserida no presente trabalho como Anexo (Anexo 04).

8 Ao realizar a pesquisa sobre o tema, o STJ aponta ainda outros julgados, a saber: REsp 1617650/RS. Disponível em http://www.stj.jus.br/SCON/jurisprudencia/toc.jsp?livre=IDOSO+E+CASAMENTO&b=ACOR&thesaurus=JURIDICO&p=true. Acesso em 03 mar. 2021.

IMPOSSIBILIDADE. RECURSO ESPECIAL DA EX-COMPANHEIRA NÃO PROVIDO. 1. A condição de idoso e o acometimento de doença incurável à época da celebração do contrato de convivência, por si, não é motivo de incapacidade para o exercício de direito ou empecilho para contrair obrigações, quando não há elementos indicativos da ausência de discernimento para compreensão do negócio jurídico realizado. 2. Com o aumento da expectativa de vida do povo brasileiro, conforme pesquisa do IBGE, com a notória recente melhoria na qualidade de vida dos idosos e, com os avanços da medicina, não é razoável afirmar que a pessoa maior de 60 anos não tenha capacidade para praticar os atos da vida civil. Afirmar o contrário afrontaria diretamente o princípio da dignidade da pessoa humana e o da igualdade. 3. A alteração da conclusão do Tribunal *a quo*, com base nos elementos probatórios de que não existia um mínimo de prova indicando que não houve livre manifestação da vontade e de que não se comprovou alteração no estado emocional ou ausência de capacidade para a formalização do ajuste, não é possível de ser feita em recurso especial, em razão do óbice contido na Súmula nº 7 do STJ. 4. A deficiência na fundamentação do recurso especial no que tange à alegada ofensa aos arts. 1.641, II, 104, 145 e 171 do CC/02 atrai a incidência da Súmula nº 284 do STF. 5. Apesar do inciso II do art. 1.641 do CC/02 impor o regime da separação obrigatória de bens somente no casamento da pessoa maior de 60 anos (70 anos após a vigência da Lei nº 12.344/2010), a jurisprudência desta egrégia Corte Superior estendeu essa limitação à união estável quando ao menos um dos companheiros contar tal idade à época do início do relacionamento, o que não é o caso. Precedentes. 6. O fato do convivente ter celebrado acordo com mais de sessenta anos de idade não torna nulo contrato de convivência, pois os ex-companheiros, livre e espontaneamente, convencionaram que as relações patrimoniais seriam regidas pelo regime da separação total de bens, que se assemelha ao regime de separação de bens. Observância do disposto no inciso II do art. 1.641 do CC/02. 7. A jurisprudência desta Corte firmou o entendimento de que o apelo nobre não constitui via adequada para análise de eventual ofensa a enunciado sumular por não estar ele compreendido na expressão "lei federal" constante da alínea a do inciso III do art. 105 da CF. Precedentes. Some-se o fato da ausência de demonstração e comprovação do dissídio jurisprudencial na forma legal exigida. 8. No curso do período de convivência, não é lícito aos conviventes atribuírem por contrato efeitos retroativos à união estável elegendo o regime de bens para a sociedade de fato, pois, assim, se estar-se-ia conferindo mais benefícios à união estável que ao casamento. 9. Recursos especiais não providos.

Análise da decisão judicial: O objeto do julgamento em análise é, em síntese, uma união estável havida entre pessoas maiores de 60 anos e os reflexos patrimoniais dela decorrentes.

A união estável não tem definição legal. Tem-se que "não tem termo inicial estabelecido. Nasce da consolidação do vínculo da convivência, do comprometimento mútuo, do entrelaçamento de vidas e do embaralhar de patrimônios" (DIAS, 2015, p. 242).

É um negócio jurídico advindo de uma relação pública, contínua e duradoura, havida entre duas pessoas, com o ânimo de se constituir uma família, independentemente do sexo de cada uma.

As disposições legais que a regulamentam estão dispostas no Código Civil (Lei Federal nº 10.406, de 10 de janeiro de 2002, artigos 1.723 a 1.727).

Podem ser informais, quando duas pessoas passam a conviver nas condições acima descritas, sem que esta relação possua qualquer registro oficial, bem como podem ser formais.

A formalização oficial da união estável, ou seja, o registro da convivência de duas pessoas nesta condição é realizado por meio de um documento escrito, lavrado perante o Cartório de Notas da localidade conveniente às partes, com a presença de duas testemunhas. É o chamado contrato de convivência.

Com relação ao regime de bens a incidir na união estável, salvo contrato escrito entre os companheiros, aplica-se às relações patrimoniais, no que couber, o regime da comunhão parcial de bens (Lei Federal nº 10.406, de 10 de janeiro de 2002, artigo 1.725).

O documento visa dar maior segurança jurídica às partes, já que serve como prova efetiva para a partilha de bens, no caso de uma dissolução desta união, bem como para comprovar direitos sucessórios, no caso de falecimento de uma das partes, e ainda para amparo aos benefícios previdenciários, pela mesma razão.

Todavia, em se tratando de união estável em que uma das partes tenha mais de 70 anos, a regra para a partilha de bens será a mesma do casamento. Ou seja: se uma das pessoas que visa formalizar uma união estável tiver esta idade, o regime de partilha de bens na união estável por ela almejada será obrigatoriamente o da separação total de bens, de acordo com o já visto quanto ao casamento.

No julgado em foco, de 2015, o Julgador já havia dado especial atenção quanto ao comprovado envelhecimento populacional, principalmente quando ele dispõe (p. 01) que

> com o aumento da expectativa de vida do povo brasileiro, conforme pesquisa do IBGE, com a notória recente melhoria na qualidade de vida dos idosos e com os avanços da medicina, não é razoável afirmar que a pessoa maior de 60 anos não tenha capacidade para praticar os atos da vida civil. Afirmar o contrário afrontaria diretamente o princípio da dignidade da pessoa humana e o da igualdade.

Trata-se de uma situação na qual uma das partes visa anular o negócio jurídico firmado, isto é, uma das partes quer anular a união estável firmada nos moldes em que foi feita, por entender que a outra parte era um idoso acometido de doença incurável à época de seu firmamento.

Todavia, entendeu-se (p. 01) que

> a condição de idoso e o acometimento de doença incurável à época da celebração do contrato de convivência, por si, não é motivo de incapacidade para o exercício de direito ou empecilho para contrair obrigações, quando não há elementos indicativos da ausência de discernimento para compreensão do negócio jurídico realizado.

Neste caso, buscou-se pela via judicial a anulação da união estável firmada, porque uma das partes entendeu que a outra, quando a fez, era idosa e estava acometida de doença considerada incurável, o que levaria esta mesma pessoa à impossibilidade de discernir sobre o que realizava.

Segundo entendimento judicial, a condição que acometia a parte não comprometia sua possibilidade de compreensão acerca das obrigações assumidas, restando afastada qualquer possibilidade de se questionar a respeito do comprometimento cognitivo do idoso em questão.

O Julgador da causa se ateve à individualidade do idoso, que decidiu efetivar sua união estável. Entendeu que idade avançada não é doença e que, ainda que o idoso estivesse adoentado, acometido de grave mal de saúde, a este mesmo idoso não faltava qualquer compreensão sobre suas próprias atitudes.

O entendimento demonstra respeito à individualidade do idoso que merece ter sua autonomia preservada quanto às suas vontades – principalmente se considerarmos que de forma generalizada e errônea muitas vezes a idade avançada é atrelada à doença e é considerada como fator impeditivo de concretização de qualquer vontade por parte de uma pessoa idosa.

Do ponto de vista do Julgador, neste caso deveria prevalecer a vontade do idoso, mesmo com sua saúde comprometida – mas questionamos o modo como ficou respaldada sua decisão.

Entendeu-se que não deveria acontecer a pretendida anulação da união estável porque as partes a estabeleceram por livre e espontânea vontade, assim como o regime da separação total de bens, válido para as situações congêneres, como as do casamento – sendo a decisão judicial guiada pelo aspecto cronológico do envelhecimento, ao qual a lei não faz ressalvas.

Outra vez observa-se que a restrição (quanto à adoção de outro regime de bens em uma relação afetiva) é capaz de tolher a autonomia de pessoas idosas, levando-nos novamente a refletir sobre o que efetivamente se quer proteger, se a pessoa ou se a seus bens.

Reconheceu-se que se tratava de uma pessoa com significativo mal em saúde, mas que, por ter seus bens protegidos pela separação total, à época estava apto a escolher o que era melhor para si, fazendo-nos novamente indagar: qual é a proteção buscada pela decisão?

A decisão indica que novamente se aplicou a legislação de forma incisiva, considerando a idade cronológica de quem pretende manter uma união estável e é considerado idoso. Este critério se presta como exemplo para todas as situações que se apresentem em julgamentos de casos semelhantes e que envolvam pessoas igualmente consideradas idosas.

Todavia, consideramos que o grande problema de raciocínios analógicos e sem individualizações é quebrar a singularidade de cada situação, pois neste contexto a generalização pode resultar em uma violação dos aspectos biopsicossociais de cada idoso – que ao ser considerado como alguém em idade que o torna incapaz de decidir por si, recebe um rótulo que o impede de exercitar a autonomia que inegavelmente lhe é inerente.

3.1.3. Dissolução de união estável entre idosos e partilha de bens[9].

RECURSO ESPECIAL. DISSOLUÇÃO DE UNIÃO ESTÁVEL. PARTILHA DE BENS. COMPANHEIRO SEXAGENÁRIO. SÚMULA 377 DO STF. BENS ADQUIRIDOS NA CONSTÂNCIA DA UNIÃO ESTÁVEL QUE DEVEM SER PARTILHADOS DE FORMA IGUALITÁRIA. NECESSIDADE DE DEMONSTRAÇÃO DO ESFORÇO COMUM DOS COMPANHEIROS

---

9 STJ. REsp 1689152/SC. RECURSO ESPECIAL 2011/0235045-8. Ministro LUIS FELIPE SALOMÃO. 4ª Turma. Data do Julgamento: 24/10/2017. Data da publicação/fonte: 22/11/2017. Íntegra da decisão inserida no presente trabalho como Anexo (Anexo 05).

PARA LEGITIMAR A DIVISÃO. PRÊMIO DE LOTERIA (LOTOMANIA). FATO EVENTUAL OCORRIDO NA CONSTÂNCIA DA UNIÃO ESTÁVEL. NECESSIDADE DE MEAÇÃO. 1. Por força do art. 258, parágrafo único, inciso II, do Código Civil de 1916 (equivalente, em parte, ao art. 1.641, inciso II, do Código Civil de 2002), ao casamento de sexagenário, se homem, ou cinquentenária, se mulher, é imposto o regime de separação obrigatória de bens (recentemente, a Lei 12.344/2010 alterou a redação do art. 1.641, II, do CC, modificando a idade protetiva de 60 para 70 anos). Por esse motivo, às uniões estáveis é aplicável a mesma regra, impondo-se seja observado o regime de separação obrigatória, sendo o homem maior de sessenta anos ou a mulher maior de cinquenta. Precedentes. 2. A *ratio legis* foi a de proteger o idoso e seus herdeiros necessários dos casamentos realizados por interesse estritamente econômico, evitando que este seja o principal fator a mover o consorte para o enlace. 3. A Segunda Seção do STJ, seguindo a linha da Súmula nº 377 do STF, pacificou o entendimento de que "apenas os bens adquiridos onerosamente na constância da união estável, e desde que comprovado o esforço comum na sua aquisição, devem ser objeto de partilha" (EREsp 1171820/PR, Rel. Ministro Raul Araújo, Segunda Seção, julgado em 26/08/2015, DJe 21/09/2015). 4. Nos termos da norma, o prêmio de loteria é bem comum que ingressa na comunhão do casal sob a rubrica de "bens adquiridos por fato eventual, com ou sem o concurso de trabalho ou despesa anterior" (CC/1916, art. 271, II; CC/2002, art. 1.660, II). 5. Na hipótese, o prêmio da lotomania, recebido pelo ex-companheiro, sexagenário, deve ser objeto de partilha, haja vista que: i) se trata de bem comum que ingressa no patrimônio do casal, independentemente da aferição do esforço de cada um; ii) foi o próprio legislador quem estabeleceu a referida comunicabilidade; iii) como se trata de regime obrigatório imposto pela norma, permitir a comunhão dos aquestos acaba sendo a melhor forma de se realizar maior justiça social e tratamento igualitário, tendo em vista que o referido regime não adveio da vontade livre e expressa das partes; iv) a partilha dos referidos ganhos com a loteria não ofenderia o desiderato da lei, já que o prêmio foi ganho durante a relação, não havendo falar em matrimônio realizado por interesse ou em união meramente especulativa. 6. Recurso especial parcialmente provido.

Análise da decisão judicial: O julgado se refere a uma demanda judicial em que, em decorrência da dissolução da união estável entre elas firmada, as partes pleiteiam a partilha dos bens adquiridos durante sua duração, mais especificamente um prêmio pago pela loteria a uma delas.

Refletida na decisão judicial analisada – e de acordo com o que expusemos quanto aos casamentos e às uniões estáveis estabelecidas por pessoas a partir dos 70 anos de idade – a legislação em vigor determina que obrigatoriamente deva se adotar o regime de separação total de bens.

Segundo discorremos, entendemos que esta prática resulta na anulação da autonomia do idoso, já que a lei estabelece o critério cronológico dos anos vividos para impor a obrigatoriedade do regime de bens a ser adotado e ele não pode escolher o regime como bem entenda.

No caso em análise, em que se objetivava a dissolução da união estável, valerá a regra de nela incidir o regime da comunhão parcial de bens, pois o relacionamento se iniciou antes de qualquer das partes ter idade igual ou superior a 70 anos cronológicos.

Por regime da comunhão parcial de bens tem-se que é um "componente ético: o que é meu é meu, o que é teu é teu e o que é nosso, metade de cada um" (DIAS, 2015, p. 315).

Isso justifica o entendimento do STJ, explicitado na decisão em análise, que é claro ao mencionar (p. 01) que

> seguindo a linha da Súmula nº 377 do STF, pacificou o entendimento de que 'apenas os bens adquiridos onerosamente na constância da união estável, e desde que comprovado o esforço comum na sua aquisição, devem ser objeto de partilha.

A questão trazida pela decisão analisada é saber se um prêmio de loteria pago a uma das partes deve ser partilhado na dissolução da união estável com o mesmo raciocínio, já que não se trata de uma situação decorrente de esforço comum, mas de "bens adquiridos por fato eventual, com ou sem o concurso de trabalho ou despesa anterior (CC/1916, art. 271, II; CC/2002, art. 1.660, II)".

Pelo entendimento do Julgador é aceitável que exista a partilha dos valores, já que, segundo ele (p. 01 – 02),

> i) se trata de bem comum que ingressa no patrimônio do casal, independentemente da aferição do esforço de cada um; ii) foi o próprio legislador quem estabeleceu a referida comunicabilidade; iii) como se trata de regime obrigatório imposto pela norma, permitir a comunhão dos aquestos acaba sendo a melhor forma de se realizar maior justiça social e tratamento igualitário, tendo em vista que o referido regime não adveio da vontade livre e expressa das partes; iv) a partilha dos referidos ganhos com a loteria não ofenderia o

> desiderato da lei, já que o prêmio foi ganho durante a relação, não havendo falar em matrimônio realizado por interesse ou em união meramente especulativa.

Na decisão judicial não foram consideradas as questões da autonomia do idoso, se houve ou não esforço para a obtenção do patrimônio em questão e nem tampouco a questão da sorte. Prevaleceu a noção de que o dito patrimônio foi obtido durante a vigência da união estável, sujeita a regime de bens determinado pela legislação.

Observa-se, em suma, que ao idoso são impostas regras para se casar, firmar uma união estável e igualmente para dividir seu patrimônio, mesmo que este patrimônio tenha sido obtido com o concurso da própria sorte e que por sua própria vontade não desejasse ser partilhado.

Indaga-se, mais uma vez, o que as decisões judiciais buscam assegurar e onde está a proteção do idoso, já que o aspecto cronológico de toda e qualquer pessoa, ao que parece, é fator único a nortear decisões.

Mais uma vez se entende que tratar igualmente os iguais - apenas porque são semelhantes em idade - resulta em negar tratamento mais abrangente às pessoas envolvidas na questão, e numa inobservância da individualidade inerente a todo e qualquer ser humano - já que se deve, igualmente, se tratar desigualmente os desiguais.

Jogar na loteria é um dos reflexos dos aspectos biopsicossociais de cada pessoa. Novamente estes aspectos são desconsiderados numa legislação cuja matriz é a proteção da pessoa. Mas muitas vezes esta proteção fica à margem, pois se torna secundária quando os bens têm mais valor do que a própria pessoa que os possui.

3.1.4. Idosos e doação de bens[10]

AGRAVO INTERNO NO AGRAVO EM RECURSO ESPECIAL. PROCESSUAL CIVIL (2015). ART. 1.022 DO CPC/2015. OMISSÃO, CONTRADIÇÃO E OBSCURIDADE. NULIDADES. INOCORRÊNCIA. MERO INCONFORMISMO COM A SOLUÇÃO JURÍDICA ADOTADA. ALEGAÇÃO DE AUSÊNCIA DE MANIFESTAÇÃO ACERCA DE DISPOSITIVOS LEGAIS É DEFICIENTE. SÚMULA 284/STF. ANALOGIA. NULIDADE DE NEGÓCIO JURÍDICO. DOAÇÃO DE IMÓVEL. ÔNUS PROBATÓRIO.

---

10 STJ. AgInt no AREsp 1210135/SP. Agravo Interno no Agravo em Recurso Especial 2017/0299292-2. Relator(a) Ministro PAULO DE TARSO SANSEVERINO. 3ª Turma. Data do Julgamento 05/06/2018. Data da Publicação/Fonte DJe 08/06/2018. Íntegra da decisão inserida no presente trabalho como Anexo (Anexo 06).

LIVRE CONVENCIMENTO DO MAGISTRADO. PARTE AUTORA QUE NÃO LOGROU ÊXITO EM COMPROVAR SUAS ALEGAÇÕES DE QUE POSSUÍA ENFERMIDADE OU DEFICIÊNCIA MENTAL APTAS A RETIRAREM-LHE O DISCERNIMENTO PARA A PRÁTICA DO ATO. REVOGAÇÃO DO USUFRUTO VITALÍCIO. NÃO DEMONSTRAÇÃO. REVOLVIMENTO DO QUADRANTE FÁTICO-PROBATÓRIO DA CAUSA. IMPOSSIBILIDADE. SÚMULA 07/ STJ. DISSÍDIO JURISPRUDENCIAL. AUSÊNCIA DE SIMILITUDE FÁTICA ENTRE OS JULGADOS CONFRONTADOS. AGRAVO DESPROVIDO.

Análise da decisão judicial: A decisão jurisprudencial refere-se a uma situação em que, com cláusula de usufruto, uma idosa doou sua casa aos pastores da igreja que frequentava, bem como faz menção ao financiamento de um veículo em favor desta mesma igreja, sendo que depois, arrependida, esta mesma pessoa buscou o Poder Judiciário para anular o negócio jurídico firmado.

O julgado descreve momentos sobre o conflito da autonomia da idosa ao doar seu único bem imóvel afirmando que era de sua livre e espontânea vontade a realização do ato, vontade esta que seria baseada no fato de que a doadora ser sabedora de que, caso falecesse, não teria herdeiros necessários que receberiam seu bem em herança, afirmando ainda que o veículo não foi objeto de grandes discussões porque permaneceu em sua posse.

Há passagens descrevendo que idosa que doou a casa vivenciava uma situação de fragilidade familiar diante do quadro de saúde complicado de sua mãe, o que fez com que ela buscasse amparo religioso.

A idosa afirmou que a doação não era de sua vontade e que não exerceu sua autonomia ao doar o bem, mas que "por um ardil de 'pastores' inescrupulosos, apenas se viu coagida a lhes doar seu lar, o lugar de onde somente deveria sair para sua morada eterna" porque estaria tocada pela frágil situação de saúde de sua mãe.

O conflito surgiu do exercício de sua religiosidade assegurada constitucionalmente (Constituição Federal, de 05 de outubro de 1988, artigo 5.º, inciso VI) e da prática de um negócio jurídico a ela relacionada.

A própria idosa afirma que a questão da doação não refletiu o exercício de sua autonomia, pois o Poder Judiciário não apreciou as provas apresentadas por ela e nem o fato de que a propriedade doada era seu único bem – o que lei vigente proíbe – já que à época da doação realizada com cláusula de usufruto, ela teria uma herdeira necessária que era sua mãe, a qual somente veio a falecer anos após a doação.

Por estas razões, ingressou com a ação pedindo a nulidade do negócio jurídico realizado entre as partes.

Pelo relato do julgado, a idosa não comprovou ter passado por um exame de sanidade mental para a verificação do comprometimento de sua cognição à época da realização do negócio jurídico, o qual, uma vez não configurado, implicou na validade do que foi firmado.

O negócio jurídico, segundo abordamos ao longo do trabalho, é aquele celebrado para que se atinjam os efeitos lícitos pretendidos e que para ser válido requer agente capaz, objeto lícito, possível, determinado ou determinável e forma prescrita ou não defesa em lei (Lei Federal nº 10.406, de 10 de janeiro de 2002, artigo 104).

No caso, enquanto negócio jurídico, a doação se realiza por um "contrato unilateral, gratuito, consensual e, via de regra, solene" (RODRIGUES, 2002, p. 198).

A casa em questão foi doada com cláusula de usufruto vitalício. Isto significa que a doadora poderia permanecer no imóvel até seu falecimento, fato que possibilitaria aos donatários a posse e também a propriedade efetiva do bem, para que dele fizessem o que melhor lhes aprouvesse.

Considerando o que determina o ordenamento jurídico (para comprovar o comprometimento de sua cognição, mesmo que parcial), o Ministro que atuou no caso ponderou que para a solução do conflito – a fim de que se acatasse o pleito da doadora – no ato da doação ela deveria ter comprovado que "possuísse enfermidade ou deficiência mental que retirassem seu discernimento para a prática do ato", de forma a ratificar sua incapacidade e anular o negócio jurídico.

Todavia, causa estranheza que o integrante do Ministério Público (atuante na lide como fiscal da lei em decorrência de uma taxatividade legal que assim o determina) não tenha solicitado um parecer técnico por médico ou por uma equipe multidisciplinar a fim de comprovar o grau de comprometimento de cognição da idosa em questão e a validade de seus atos, como a lei já determinava antes mesmo da vigência da LBI – uma vez que geralmente o Juiz da causa não é detentor de conhecimento técnico para comprovar ou afastar o comprometimento cognitivo de quem quer que seja.

A decisão considerou ainda que "não há notícias de erro, dolo, coação, estado de perigo ou lesão", os chamados vícios do consentimento, mas que, "ao contrário, a autora afirma que fez a doação por vontade própria".

Ao pronunciar a decisão e nela considerar que a doação foi válida, as formalidades legais exigidas foram observadas. Contudo, o Juiz não acatou a afirmação da própria idosa doadora, ou seja, a de que a doação não foi exercício de sua vontade, mas apenas e tão somente ato de quem se via sozinha e desamparada, que agiu de boa-fé doando seu único bem e que, embora o tivesse feito com uma cláusula de usufruto, considera ter sido enganada.

Causa estranheza o fato de a cláusula de usufruto não ter sido revogada, dando a entender que, segundo os critérios do Poder Judiciário, assim que falecer, a casa em questão será repassada à igreja, estando a idosa protegida até seu óbito, mas de nada importando sua vontade para o evento pós-morte, já que ela poderia, por exemplo, desejar doar o bem para um amigo ou conhecido próximos e não para a igreja.

Não houve uma relativização das provas colhidas ao longo de todo o processo, já que o próprio Julgador dispõe que, neste caso, não "ficou claramente demonstrada sua vulnerabilidade psicológica e emocional, criando um contexto de fragilidade que favoreceu a cooptação da vontade pelo discurso religioso".

A regra para qualquer decisão judicial é a da livre valoração das provas pelo Magistrado, na qual "o juiz apreciará a prova constante dos autos independentemente do sujeito que a tiver promovido, e indicará na decisão as razões da formulação de seu convencimento" (Lei Federal nº 13.105, de 16 de março de 2015, artigo 371).

Neste caso, o Magistrado optou pelo formalismo legal e deu mais valor às provas técnicas produzidas do que à declaração da própria idosa, que doou seu único bem nas condições descritas nos documentos.

Portanto, o Magistrado proferiu sua decisão sem considerar a falta de laudo pericial - que eventualmente comprovaria o contrário do que foi decidido - uma vez que não se pode descartar a hipótese de que uma equipe multidisciplinar poderia ter levado a questão a outro entendimento.

Na dicotomia entre o que determina a lei e o que a parte efetivamente pretende, já que agiu movida por forte emoção e em nítido desconhecimento do que determinava a legislação vigente, o arcabouço probatório consubstanciado no rigor da lei evidencia-se como uma restrição de uma autonomia efetiva.

A idosa em questão não foi considerada como um ser biográfico, diante de uma decisão que deixou de lado toda sua individualidade e as especificidades da questão e que valorizou apenas as demais provas produzidas ao longo de todo o processo.

Se a idosa não estava nem parcialmente sob curatela, se a decisão não se apoiou em elemento contraditório, não havia qualquer motivo para não se levar em conta sua declaração de arrependimento.

Assim, considera-se desproporcional e diminuta a afirmação de que o movimento da máquina judiciária se deu porque a idosa doadora não estava satisfeita com o resultado da ação e buscava revertê-la perante a Justiça.

Ainda que aplicada a legislação vigente, questionamos: onde está o respeito à individualidade de cada idoso em casos judicializados nos quais se faz necessária uma maior robustez probatória, a fim de que esta abordagem implique em uma proteção efetivamente ampla e contemplativa para todo aquele que é visto pela legislação como um ser vulnerável, ainda que em muitos casos, sem a observância às especificidades que esta afirmativa envolve?

A pergunta é cabível porque a doadora não estava sob curatela nem contou com a presença de alguém que a apoiasse em sua decisão. Disso decorre que, não havendo prova técnica de seu eventual comprometimento cognitivo a não direcionar o julgamento da questão, não se considerou a vontade de quem se mostrava arrependida do que fez, se concluindo de maneira superficial e injusta de que isso soasse como mero aborrecimento, simplesmente porque a decisão proferida contrariava o que se pretendia.

Em situações deste tipo talvez seja necessário um pouco mais de detalhamento, em respeito às individualidades - pois o idoso (não impedido de doar) não pode ser impedido de levar seu pleito à apreciação do Poder Judiciário, e isso ser judicialmente considerado como simples remorso e não como efetivo exercício de autonomia, já que, o contrário, é medida minimamente passível de evidenciar uma afronta à dignidade humana de pessoas em iguais condições.

3.2. Decisões judiciais do Tribunal de Justiça do Estado de São Paulo

Selecionamos algumas decisões judiciais do Tribunal de Justiça do Estado de São Paulo - TJSP porque, feitas pesquisas junto ao Supremo Tribunal Federal - STF, neste não encontramos um número representativo de decisões acerca da temática deste trabalho para o período eleito, isto é, decisões envolvendo idosos com questões referentes a casamento, união estável e disposição de patrimônio, datadas a partir de 2015.

Desta forma, assim como fizemos com as decisões proferidas pelo Superior Tribunal de Justiça - STJ, selecionada alguma decisão junto ao TJSP e para analisar cada um de seus assuntos, partimos de suas ementas, segundo constam no site do Tribunal pesquisado, passando em seguida às reflexões sobre elas, as quais podem dar margem a outras por parte de quem se dedique a pesquisá-las, já que não temos a pretensão de esgotar o assunto.

Igualmente como fizemos com as decisões do STJ, o inteiro teor das decisões proferidas pelo TJSP que foram analisadas encontra-se encartado no presente trabalho como anexos, de acordo com o enumerado em suas notas de referência e segundo exposto no sumário do trabalho.

3.2.1. Disposição de patrimônio, idoso e prodigalidade[11]

Interdição. Artigo 1.782 do CC. Suposta prodigalidade, descontrole financeiro e dilapidação patrimonial. Prova dos autos, porém, que não abona a tese deduzida na inicial. Prova médica que se mostrou consentânea com o interrogatório realizado e revelou satisfatoriamente que o requerido é pessoa perfeitamente capaz para administrar os atos da vida civil. Improcedência. Litigância de má fé não caracterizada. Verba honorária de sucumbência adequadamente fixada. Agravo retido não conhecido. Recursos desprovidos.

Análise da decisão judicial: A questão judicial analisada é referente à uma situação na qual um idoso seria pródigo porque (p. 02):

> na sua atuação diária, está dilapidando o patrimônio familiar, prejudicando a meação do cônjuge, tanto que vem necessitando do auxílio de um neto para administrar seus bens. Segundo afirmam, prova disso seria o fato de ter adquirido, já aos 92 anos de idade, para seu uso pessoal, um automóvel no valor de R$ 31.400,00,

Como bem salienta o Julgador da causa (p. 03)

> a prodigalidade antes que a simples prática de gastos desordenados revela real comprometimento, posto que tratado de maneira mais tênue, mas do próprio discernimento do indivíduo, que hoje se tutela não apenas da perspectiva da preservação de seu patrimônio.

Ocorre que, por todas as provas colhidas durante a instrução do processo, nenhuma delas restou como satisfatória para comprovar a alegada prodigalidade, já que como bem ponderou o Magistrado da causa,

---

11 TJSP. Processo nº 4003035-51.2013.8.26.0451. Classe/Assunto: Apelação / Pessoas naturais. Relator(a): CLAUDIO GODOY. Comarca: Piracicaba. Órgão julgador: 1ª Câmara de Direito Privado. Data do julgamento: 17/03/2015. Data de publicação: 19/03/2015. Data de registro: 19/03/2015. Decisão na íntegra inserida no presente trabalho como Anexo (Anexo 07).

o idoso que teve sua cognição questionada com a interposição da ação "embora esteja com noventa e dois anos de idade, é pessoa plenamente apta para reger sua vida civil e administrar seus bens, como sempre o fez durante toda a sua vida como médico e pecuarista", inexistindo qualquer comprometimento de sua cognição.

Para chegar a esta conclusão, o Julgador valeu-se da prova técnica produzida, já que quando (p. 05)

> realizada perícia médica, o perito foi peremptório quanto à inexistência de qualquer comprometimento do discernimento do requerido, concluindo que, apesar de o periciando ser pessoa com noventa e dois anos de idade, é perfeitamente apto para os atos da vida civil, pois sabe o que quer, entende perfeitamente o que faz.

A ação originou-se de um questionamento familiar diante de uma pessoa vista como detentor de idade avançada, que fazia o que melhor lhe aprouvera e que era, por estas razões, considerado como alguém que dilapidava o patrimônio por ele constituído, de maneira a prejudicar os direitos sucessórios daqueles que herdariam seus bens, sendo estes os autores da ação interposta.

Para estas pessoas, a disposição de patrimônio pelo idoso em questão, da maneira como melhor lhe interessasse, significava o exercício fiel de prodigalidade, comum em casos similares, igualmente judicializados.

Todavia, contrariamente ao que alegavam os autores da ação, comprar, vender ou dispor do próprio patrimônio, observadas as normativas legais em direito, torna os atos válidos, independentemente da idade de quem os realiza.

Esta regra deve ser respeitada, sem que o cidadão, por mais anos de vida que tenha, seja questionado ou julgado como pródigo[12] por uma questão de respeito à sua autonomia enquanto pessoa humana, a possuir direitos e deveres que lhes são inerentes durante toda sua vida.

---

12 Disponível em https://www.direitonet.com.br/dicionario/exibir/825/Prodigo. Definição jurídica de pródigo: "É aquele que dilapida seus bens de forma compulsiva. É a pessoa que gasta imoderadamente seu dinheiro e seus bens, comprometendo o seu patrimônio. Por esse motivo, os pródigos são considerados relativamente incapazes e, portanto, podem ser interditados judicialmente. De acordo com o artigo 1.782, do Código Civil, «a interdição do pródigo só o privará de, sem curador, emprestar, transigir, dar quitação, alienar, hipotecar, demandar ou ser demandado, e praticar, em geral, os atos que não sejam de mera administração».

O julgado mostrou-se atento a estas considerações. No entanto, ao mencionar que (p. 06) "a situação se pode rever mediante alteração ou surgimento de novos fatos, sempre no melhor interesse de quem se suponha incapaz", deu brechas a questionamentos, como por exemplo, o de que o melhor interesse é o de quem se supõe herdeiro e o de que o maior prejudicado é aquele que exerce seus atos de forma a pautar-se nas leis para realizar suas vontades, na efetivação de sua autonomia, mas que sempre estará na iminência de ter seus atos questionados por conta da idade que tem.

Mais uma vez, um Estado que objetiva ser minimamente intervencionista coloca ressalvas ao deparar-se com pessoas de idade elevada que buscam praticar o que melhor lhes parece, já que ainda que a decisão nos pareça acertada, ao dispor no sentido do que trouxemos acima, deixa margens a questionamentos sobre quem efetivamente se objetiva proteger, no mesmo sentido do que abordamos quando tratamos dos julgados do STJ por nós analisados.

3.2.2. Idosos como herdeiros e a disposição do patrimônio herdado[13].

Ação de extinção de condomínio movida pelos genitores de pessoa falecida, com quem o requerido viveu em união estável – Direito real de habitação que embora prevaleça sobre o direito do herdeiro, em regra, pode ser relativizado no caso concreto, respeitados precedentes em sentido contrário – Autores idosos (nascidos em 1951) e aposentados, sendo que o coautor comprova ter sido diagnosticado com câncer – Ademais, *mens legislatoris* da criação do direito real de habitação que foi atender ao princípio da solidariedade familiar a ser observado pelos descendentes, limitando-lhes a propriedade do patrimônio herdado, para resguardar o bem estar do ascendente supérstite – Dignidade da pessoa humana que é fundamento da República (Artigo 1º, inciso III da Carta Magna) – Solidariedade aos idosos que é dever de todos, nos termos do artigo 230 da Constituição Federal – Não bastasse, condomínio que constitui a "mãe das discórdias", no dizer dos romanos – Requerido, por outro lado, que é jovem (nascido em 1980) e apto ao trabalho e não ficará desamparado, sendo razoável a alienação judicial do imóvel após

13 TJSP. Processo nº 1006003-52.2016.8.26.0079. Classe/Assunto: Apelação / Condomínio. Relator(a): JOSÉ CARLOS FERREIRA ALVES Comarca: Botucatu. Órgão julgador: 2ª Câmara de Direito Privado. Data do julgamento: 13/03/2018. Data de publicação: 13/03/2018. Data de registro: 13/03/2018. Decisão na íntegra inserida no presente trabalho como Anexo (Anexo 08).

avaliação, sem prejuízo de fixação pelo Juízo de piso de valor a ser pago pelo requerido pela ocupação exclusiva do bem até que se efetive a alienação e considerando a fração ideal devida e o valor de mercado do bem, feitas as perícias/ avaliações idôneas por corretores de imóveis, em fase de liquidação - Sentença reformada - Recurso provido.

Análise da decisão judicial: Trata-se da seguinte situação: a filha de um casal de idosos faleceu, deixando um imóvel a ser partilhado a título de herança. Este era o imóvel no qual ela residia com seu companheiro, pessoa com quem mantinha uma união estável.

Por ter sido adquirido pela falecida e por seu companheiro durante sua união estável, o bem imóvel pertencia em 50% a cada uma das partes, considerando-se que o regime de partilha de bens a incidir na situação é o da comunhão parcial, de acordo com o que descrevem os autos.

Ao falecer, a filha dos idosos não deixou filhos, razão pela qual seus pais se tornaram seus herdeiros legítimos[14] e necessários com relação ao bem deixado por ela, ou seja, no tocante aos 50% do imóvel adquirido em vida por ela durante sua união estável com seu então companheiro.

No imóvel em questão residia seu ex-companheiro, e seus pais, já idosos, demonstraram a vontade de ver o bem vendido, interpondo ação judicial para esta autorização, a fim de usarem o valor correspondente à herança que lhes competia da maneira que melhor lhes aprouvesse.

Para isso, interpuseram a ação denominada de extinção de condomínio, para que o bem herdado tivesse destinação única, já que não havia unidade de desejos entre as partes.

Os pais da falecida demonstraram ser aposentados e um deles comprovou estar com câncer.

O ex-companheiro foi declarado (p. 02) como "jovem (nascido em 1980), apto ao trabalho e que não ficará desamparado".

---

14 Conforme disposto no artigo 1.829 do Código Civil, a sucessão legítima defere-se na ordem seguinte:
I - aos descendentes, em concorrência com o cônjuge sobrevivente, salvo se casado este com o falecido no regime da comunhão universal, ou no da separação obrigatória de bens (art. 1.640, parágrafo único); ou se, no regime da comunhão parcial, o autor da herança não houver deixado bens particulares;
II - aos ascendentes, em concorrência com o cônjuge;
III - ao cônjuge sobrevivente;
IV - aos colaterais.

Com a ponderação das informações, houve a determinação judicial da extinção do condomínio mediante a alienação do imóvel a se realizar judicialmente.

O Juiz ainda determinou que, até que se efetivasse a alienação do imóvel, o ex-companheiro da falecida filha do casal poderia continuar nele residindo, mediante o pagamento de aluguel aos idosos, pelo uso da parte que lhes caberia usar, se assim o desejassem.

Neste caso, foi respeitada a autonomia dos idosos envolvidos na lide (quanto à extinção do condomínio que os mantinha atrelados ao ex-companheiro de sua falecida filha), com o entendimento de que se deveria respeitar o "bem estar dos ascendentes" em acatamento à "dignidade da pessoa humana".

Percebe-se que o Juiz ficou sensibilizado diante da situação que lhe foi submetida, com os seguintes elementos: pais já idosos que perderam uma filha e um pai doente.

Na decisão, de destaca a preocupação em não se desamparar os pais idosos, em especial quanto à determinação do pagamento de alugueis em favor destes pelo ex-companheiro da filha falecida, o qual continuou a residir no imóvel até que a ordem de alienação fosse ou não deferida.

Mais que aceitar a possibilidade de a ação interposta ser legalmente considerada procedente, a decisão judicial evidenciou uma preocupação em respeitar a dignidade das pessoas humanas nela envolvidas.

Entendemos que a justiça só é efetivamente justa quando utiliza a mesma valoração para amparar a todos igualmente, trilhando o mesmo caminho para que ela seja o destino, já que ao longo deste caminho, envelhecendo estamos todos.

3.2.3. A disposição do patrimônio de idosos nos desejos para pós-morte[15]

Nulidade – Capacidade mental questionada por herdeiros colaterais – Testador, médico, que formulou o ato de disposição seis anos antes de sua morte – Prova majoritária a revelar plena capacidade – Existência de epilepsia, desde a infância, a não ensejar incapacitação como a pretendida pelos herdeiros – Conjunto probatório a revelar con-

---

15 TJSP. Processo nº 0047477-64.2010.8.26.0100. Classe/Assunto: Apelação / Nulidade e Anulação de Testamento. Relator(a): VIVIANI NICOLAU. Comarca: São Paulo. Órgão julgador: 3ª Câmara de Direito Privado. Data do julgamento: 22/01/2015. Data de publicação: 22/01/2015. Data de registro: 22/01/2015. Decisão na íntegra inserida no presente trabalho como Anexo (Anexo 09).

dições plenas de discernimento sendo o ato praticado perante tabelião - Análise no campo administrativo que não afastou a fé pública do oficial - Mesma condição em fase judicial - Participação do testador, ao longo dos anos, em atividades profissionais e, em época da realização da disposição de última vontade, ministrava e participava de cursos - Condições a confirmar plena capacitação geradora da regularidade do ato praticado - Edição de três testamentos que não afasta a validade do último que, na forma da lei, deve prevalecer com revogação dos editados em datas anteriores - Análise dos demais, conforme decisão superior, para a hipótese de acolhimento de vício e consequente nulidade do mais recente, restabelecido o antecedente - Condição não apurada - Validade do último a produzir regulares efeitos e, consequentemente, a revogar os demais - Destinação do patrimônio para conhecidos e vizinhos que, por si só, não afasta a vontade do testador que, no caso, viúvo, não contava com descentes e nem ascendentes - Possibilidade da destinação, ausente direcionamento ou vício da vontade - Sentença, sob tal limite, confirmada. HONORÁRIA - Fixação diante parâmetros previstos pelo § 3º, do artigo 20, do Código de Processo Civil de 1973 - Pretensão de mudança com aplicação do disposto pelo § 4º do mesmo artigo diante natureza da ação - Possibilidade - Aplicação do montante de 10% (dez por cento) sobre o valor da causa corrigida em face de impugnação a revelar, com atualização monetária, quantia que extrapola a justa e adequada remuneração - Arbitramento, a teor do parágrafo reclamado, em quantia fixa e com atualização a contar do julgamento do recurso nesta instância que melhor se adequa ao parâmetro de justo pagamento e valorização do profissional da advocacia vencedor - Sentença, nessa parte, alterada - RECURSO PARCIALMENTE PROVIDO.

Análise da decisão judicial: O caso analisado faz referência a uma situação na qual o testamento deixado por um idoso é questionado após seu falecimento.

O motivo do questionamento é que o idoso deixou herdeiros colaterais e também a sua convivente, para quem deixou 80% de seus bens, e sua irmã, para quem deixou 20%.

Tem-se que o testamento é um "negócio jurídico unilateral e gratuito, de caráter personalíssimo, revogável a qualquer tempo, pelo qual uma pessoa dispõe de seus bens para depois da morte, ou faz outras declarações de vontade" (SCHREIBER, 2018, p. 961).

Se inexistirem herdeiros necessários, a quem compete o recebimento por herança dos bens em um percentual chamado de legítima, é possível, segundo a legislação em vigor, dispor de todos os bens a favor de quem quer que seja.

Sabe-se que

> a proteção da legítima transcende o direito das sucessões. Não se protege a legítima apenas contra disposições testamentárias (art. 1.789), mas também contra liberalidades praticadas em vida (art. 549) (SCHREIBER, 2018, p. 952). [16]

Todavia, as partes que interpuseram a ação seriam herdeiros legítimos, mas não herdeiros necessários, nos quais se enquadram os descendentes, os ascendentes e o cônjuge.

É importante lembrar que a companheira se afigura como herdeira necessária, já que neste sentido entendeu o Superior Tribunal de Justiça[17].

Se a companheira recebeu 80% do patrimônio deixado pelo idoso falecido, e inexistindo outros herdeiros necessários, nada havia de errado em ser da vontade deste mesmo idoso deixar os outros 20% de seu patrimônio para sua irmã, segundo estabelece a legislação vigente, tudo conforme fez constar em seu testamento.

---

16 Em tempo: os artigos citados são do Código Civil e trazem como disposições: artigo 1.789: Havendo herdeiros necessários, o testador só poderá dispor da metade da herança; artigo 549: Nula é também a doação quanto à parte que exceder à de que o doador, no momento da liberalidade, poderia dispor em testamento.

17 Tem-se que "em maio de 2017, o Supremo Tribunal Federal (STF) reconheceu incidentalmente a inconstitucionalidade do artigo 1.790 do Código Civil, dispositivo que estabelecia a diferenciação dos direitos de cônjuges e companheiros para fins sucessórios. Para o STF – em entendimento também adotado pelo STJ –, deveria ser aplicado em ambos os casos o regime estabelecido pelo artigo 1.829 do CC/2002. De acordo com o artigo 1.829, a sucessão legítima é estabelecida, em ordem, aos descendentes, em concorrência com o cônjuge sobrevivente; aos ascendentes, em concorrência com o cônjuge; ao cônjuge sobrevivente; e aos parentes colaterais. Já de acordo com o artigo 1.839 do Código Civil, incidente por analogia aos companheiros, será deferida a sucessão por inteiro ao cônjuge sobrevivente no caso de ausência de descendentes e ascendentes. "Logo, é possível concluir que o companheiro, assim como o cônjuge, não partilhará herança legítima com os parentes colaterais do autor da herança, salvo se houver disposição de última vontade, como, por exemplo, um testamento", concluiu o ministro, ainda que por fundamentos diversos, ao manter o acórdão do TJMG. O número deste processo não é divulgado em razão de segredo judicial" Fonte:http://www.stj.jus.br/sites/STJ/default/pt_BR/Comunica%C3%A7%C3%A3o/noticias/Not%C3%ADcias/Companheira-tem-direito-%C3%A0-totalidade-da-heran%C3%A7a-na-falta-de-filhos-ou-ascendentes. Acesso em 03 mar. 2021.

Todavia, a ação interposta visava anular o testamento porque quando o falecido idoso o firmou, ele estaria supostamente acometido pelo Mal de Alzheimer, bem como por outras doenças que seriam capazes de lhe tirar o discernimento necessário para a prática do ato.

Ocorre que, segundo entendimento judicial, ao firmar suas vontades com relação à disposição de seus bens para depois de sua morte, o idoso encontrava-se absolutamente capaz de fazê-lo, com base em prova pericial retrospectiva, elaborada com o idoso vivo, o que foi corroborado por depoimentos testemunhais ao longo da ação.

Desta forma, o Judiciário Paulista entendeu que o testamento era válido por não existir qualquer problema com o idoso que, em vida, e no exercício de sua vontade, deixou os bens para quem bem entendia e na proporção que desejou, para após seu falecimento.

O caso trata de uma das muitas situações nas quais parentes próximos, inconformados com o exercício da autonomia de alguém que é idoso, que em vida e em pleno exercício de suas atribuições, efetiva suas vontades por um negócio jurídico, no caso, um testamento, e deixa registrado, em pleno exercício de sua autonomia, o destino a ser dado para seus bens quando falecer.

A prática não nos causa estranheza, ainda que nos cause espanto o valor dado aos bens materiais em detrimento da vontade de seu proprietário enquanto vivo – principalmente quando sua vontade é questionada por alguém próximo de quem a firmou – já que isso, salvo melhor juízo, denota uma preocupação com os bens materiais e não com o bem-estar de quem manifestou a vontade.

O idoso em questão deixou como herdeiros necessários sua companheira e sua irmã. Agiu segundo o que sua autonomia determinou, estabelecendo o percentual de seu patrimônio que cada uma delas receberia após a sua morte, assegurando este desejo por meio de um testamento.

Não estava com nenhum comprometimento cognitivo já que, segundo seu próprio médico – depoente no caso – o falecido em vida era um questionador, inclusive dos medicamentos que usava, pois era diabético. Além disso, não havia que se falar em ser portador do Mal de Alzheimer, conforme descartado nos autos.

Por parte do Julgador da causa, a nosso ver, houve absoluta cautela quanto à aplicação do que determina a legislação vigente, em profundo respeito à autonomia exercida em vida pelo idoso.

Em ações desta natureza, entendemos que o conjunto probatório serve para se rever a anulabilidade de uma vontade deixada em testamento, mas principalmente para que toda prudência seja observada a fim de preservar os desejos dos idosos que partiram com a certeza de que sua vontade seria respeitada quando já não fizessem mais parte do mundo dos mortais.

3.2.4. Negócios jurídicos realizados por Idosos com imóveis[18]

NEGÓCIO JURÍDICO. AÇÃO DECLARATÓRIA DE ANULAÇÃO DE ESCRITURA DE VENDA E COMPRA. Negócio jurídico realizado entre os litigantes. Questionado recebimento do preço pela alienação do imóvel aos adquirentes. Demonstração, contudo, de se tratar de ato jurídico simulado. Transação estabelecida entre tio e sobrinhos, os quais estabeleceram venda e compra quando, no fundo, comprovada a doação do imóvel em benefício dos parentes colaterais. Subsistência, na espécie, do negócio gratuito, nos termos do disposto no art. 167 do Código Civil. Doação pura de bem imóvel estabelecida por meio de escritura pública. Medida que dispensava o pagamento de contraprestação pecuniária. Eventual incapacidade civil, à data da transferência imobiliária, não demonstrada por qualquer elemento probatório. Ônus do qual não se desincumbiu o autor (art. 373, inc. I, do CPC). APELO DESPROVIDO.

Análise da decisão judicial: O caso envolve situação na qual um tio idoso pretendia efetivamente doar um de seus bens aos seus sobrinhos, os chamados parentes colaterais. Mas a transferência do bem se deu por contrato de compra e venda que, no entanto, tem como um de seus elementos uma necessária contraprestação pecuniária por parte destes sobrinhos ao tio, o que não ocorreu, levando o caso a ser judicializado.

Na decisão judicial, que tinha como seu objeto central a anulação do negócio jurídico, menciona-se (p. 03) que haveria "fraude no negócio, simulando uma compra e venda da propriedade, lavrando-se uma escritura, fazendo parecer um negócio jurídico. Restou comprovada a ausência do pagamento do preço indicado na escritura de compra e venda, comprovando assim a fraude realizada pelos requeridos, que se aproveitaram de uma pessoa idosa e doente".

Pelo que consta no decisório, observa-se que o tio idoso fora orientado a alterar a natureza jurídica do negócio para que "não lavrasse uma escritura de doação, mas sim uma escritura de compra e venda da mes-

18 TJSP. Processo nº 0001557-94.2014.8.26.0660. Classe/Assunto: Apelação / Promessa de Compra e Venda Relator(a): DONEGÁ MORANDINI. Comarca: Viradouro. Órgão julgador: 3ª Câmara de Direito Privado. Data do julgamento: 23/03/2017. Data de publicação: 23/03/2017. Data de registro: 23/03/2017. Decisão na íntegra inserida no presente trabalho como Anexo (Anexo 10).

ma área, a fim de que não tivesse problemas futuros com a doação de todo patrimônio".

O Juiz da causa entendeu (p. 02) que

> o negócio simulado pelas partes contém todos os requisitos de uma doação pura e simples: o autor pretendida doar aos requeridos o seu imóvel e estes aceitaram o negócio. A ausência de pagamento do preço indicado na escritura de compra e venda só comprova a real intenção das partes, de modo que o negócio querido pelas partes, a doação, há de subsistir.

Segundo a legislação em vigor, pelo contrato de compra e venda, um dos contratantes transfere o domínio de certa coisa a outro mediante o pagamento de certo preço em dinheiro (Lei Federal nº 10.406, de 10 de janeiro de 2002, artigo 481).

Tem-se que

> a compra e venda é um contrato consensual, sinalagmático, oneroso, em regra, comutativo, em alguns casos sujeito à forma prescrita em lei, porém, no mais das vezes, independendo de qualquer solenidade (RODRIGUES, 2002, p. 140).

Todavia, ainda que não tivesse sido feito qualquer pagamento relativo ao negócio jurídico realizado entre as partes, o Juiz da causa o considerou válido, reconhecendo a total autonomia de vontade do idoso que desejava, efetivamente, apenas passar o imóvel aos sobrinhos.

A falta de pagamento para consumar o ato teria levado a configuração de um negócio jurídico simulado – pois a ausência de pagamento, elemento essencial ao ato – teria feito com que este ato não subsistisse, não se concretizando o repasse do bem por um e o simultâneo recebimento deste mesmo bem por outros. (Lei Federal nº 10.406, de 10 de janeiro de 2002, artigo 167: "É nulo o negócio jurídico simulado, mas subsistirá o que se dissimulou, se válido for na substância e na forma").

Alega-se nos autos que o idoso seria pessoa com pouca instrução, e neste sentido bem ponderou o Magistrado da causa, trazendo (p. 05) que

> nem mesmo por se tratar de pessoa semianalfabeta é possível se verificar causa impeditiva à disposição patrimonial. Além de assinar o próprio nome, conforme se vislumbra do documento de fls. 06, essa particularidade não é suficiente a retirar do apelante o conhecimento e a importância dos atos da vida civil, suprindo-se eventual

dificuldade com a lavratura de escritura pública, inclusive porque a baixa instrução educacional não afasta, por si só, a validade dos negócios realizados.

De certa forma destoando do que determina a legislação vigente, mas atendo-se aos aspectos biopsicossociais do idoso – parte numa ação judicial – o Magistrado lembrou que, ainda que o tio fosse pessoa idosa, isso não implicaria a retirada de sua vontade e sua livre disposição negocial como, aliás, já decidiu o STJ:

> Com o aumento da expectativa de vida do povo brasileiro, conforme pesquisa do IBGE, com a notória recente melhoria na qualidade e vida dos idosos e, com os avanços da medicina, não é razoável afirmar que a pessoa maior de 60 anos não tenha capacidade para praticar os atos da vida civil. Afirmar o contrário afrontaria diretamente o princípio da dignidade da pessoa humana e o da igualdade' (REsp 1383624/MG, Min. Moura Ribeiro).

Por todas estas ponderações, entendemos que a decisão respeitou a autonomia do idoso de maneira ímpar, visto que o Julgador da causa, ainda que de maneira diversa do que dispõe enfaticamente o ordenamento vigente sobre a compra e venda, proferiu decisório de grande valia aos que se dedicam à temática gerontológica.

Em exercício de sua livre valoração das provas e de maneira absolutamente fundamentada[19], o Magistrado decidiu que aquele que é visto como idoso não poderá ser tido como alguém incapaz de praticar os atos da vida civil porque isso afrontaria sua dignidade enquanto pessoa humana, já que a idade elevada não retira de nenhum cidadão sua capacidade de exercer direitos e de ter obrigações.

19 BRASIL. Constituição Federal. Artigo 93, inciso IX- todos os julgamentos dos órgãos do Poder Judiciário serão públicos, e fundamentadas todas as decisões, sob pena de nulidade, podendo a lei limitar a presença, em determinados atos, às próprias partes e a seus advogados, ou somente a estes, em casos nos quais a preservação do direito à intimidade do interessado no sigilo não prejudique o interesse público à informação.

3.2.5. Disposição de bens por idoso curatelado[20]

Doação – Ação Anulatória – Deserção e Intempestividade Afastadas– Inocorrência de cerceamento de defesa – Decadência não verificada – Insanidade mental anterior à interdição – Nulidade das transações imobiliárias realizadas – Indenização por dano moral – Quantum reduzido – Sentença parcialmente reformada – Recurso provido em parte.

Análise da decisão judicial: A decisão é referente a um processo no qual se objetivava a anulação dos registros de doação e de compra e venda por um idoso curatelado e sobre o pagamento de um valor a título de dano moral por parte dos que teriam sido os beneficiários dos negócios jurídicos, em eventual prejuízo ao doador e vendedor idoso.

Segundo relatos da decisão, conforme consta no laudo pericial, elaborado quando da averiguação do comprometimento cognitivo do idoso, tem-se que (p. 05) ele

> apresenta doença mental, transtorno afetivo bipolar, adquirido por volta de 1990. Considerando que o distúrbio mental referido se caracteriza por episódios de mania ou depressão, em cujas crises apresenta distúrbio de comportamento com gastos e atitudes imprevisíveis, não tem condições mentais para comprar ou vender bens de grande valor; não tem condições mentais de administrar, por si só, conta bancária, talão de cheques ou cartão de crédito, inclusive porque pode ser facilmente influenciado em detrimento do seu bem estar físico, mental, emocional e financeiro ou cair em tentação de comprar algo acima de suas posses.

Os autores da ação alegaram desconhecer os distúrbios mentais do idoso quando da prática da doação e da compra e venda, datadas de 2006 e 2008, o que causou estranheza ao Juízo da causa que, neste sentido (p. 05), dispôs:

> é forçoso reconhecer que o Autor, quando das doações firmadas em prol dos Requeridos, assim como da compra e venda, não ti-

---

20 TJSP. 0132952-17.2012.8.26.0100. Classe/Assunto: Apelação / Doação. Relator(a): GIFFONI FERREIRA. Comarca: São Paulo. Órgão julgador: 2ª Câmara de Direito Privado. Data do julgamento: 13/06/2017. Data de publicação: 14/06/2017. Data de registro: 14/06/2017. Decisão na íntegra inserida no presente trabalho como Anexo (Anexo 11).

> nha discernimento para os atos praticados, não sendo crível que os Apelantes, durante os 10 anos de convivência com ele, principalmente porque sempre o acompanharam nas consultas psiquiátricas, aleguem desconhecimento da insanidade mental que o acometia.

Desta forma, entendeu o Julgador (p. 05) que se trata de uma situação na qual o idoso encontra-se com "notória incapacidade para os atos da vida civil", motivo pelo qual "há de ser reconhecida a viciada manifestação de vontade exarada quando da formalização dos negócios jurídicos".

Complementou ainda (p. 06) ser "inquestionável que a gravidade da postura dos Requeridos que, aproveitando-se do estado de saúde do Apelado induziram-no a erro e privaram-no de todo o seu patrimônio, prejudicando sua própria subsistência", o que "fundamenta e justifica a indenização por dano moral" a favor do idoso prejudicado com a prática dos atos.

A decisão considerou o laudo pericial elaborado quando da análise do comprometimento cognitivo do idoso como elemento fundamental a comprovar sua ausência de capacidade para a prática dos atos de doação e de compra e venda tratados na ação, em consonância com o que determina o ordenamento vigente, já que o laudo pericial é a prova técnica de certificação quanto às mazelas que acometem determinada pessoa.

Nos autos a presença do curador se fez de maneira igualmente legalista, já que o idoso em questão, com suas especificidades, não poderia participar dos autos sem a sua presença.

O pleito, referente à arguição da prática de atos negociais e patrimoniais, mostra-se igualmente coeso quanto ao que dispõe a lei vigente, já que ao curador competem somente os atos relacionados aos direitos de natureza patrimonial e negocial.

Todavia, causa-nos espanto que uma decisão proferida em 2017 – dois anos após a entrada em vigor do Estatuto da Pessoa com Deficiência – LBI, de 2015 – ainda adote a terminologia "interdição". Isso vai no sentido contrário dos avanços buscados pela referida legislação, que visa proteger todos os direitos inerentes a quem tem os direitos por ele salvaguardados. Ao nos referirmos à temática utilizamos a expressão curatelado, já que interditado não nos soa condizente com os caminhos buscados pelas inovações trazidas pela LBI.

Conforme expusemos ao longo do presente trabalho, são muitos os avanços trazidos pela LBI. Eles precisam ser buscados com afinco, principalmente para que se concretize a eliminação de preconceitos implícitos em algumas terminologias ainda muito encontradas em textos jurídicos, como as decisões emanadas pelos Tribunais, mesmo depois de alguns anos de vigência do documento, no caso, a terminologia da interdição.

O ex-presidente do STF, Ministro Gilmar Mendes, em coautoria com Rodrigo de Bittencourt Mudrovitsch (2017, p. 121-122) endossa-nos o pensamento de que mudanças são necessárias quando diz:

> Com efeito, o aumento da população idosa, associado ao crescimento da expectativa de vida ao nascer e ao envelhecimento fisiológico tardio são fatos indispensáveis para que se pense qual grupo deve ser identificado como idoso e deva ser efetivamente amparado pelas garantias constitucionais.
>
> Isso porque as transformações sociais e demográficas da população brasileira podem conduzir a um quadro em que o termo etário – 60 anos – utilizado para definir o grupo em que devem incidir as especiais proteções constitucionais amplie garantias e confira tratamento diferenciado a grupos que não mais se caracterizam como idosos e prescindem do especial amparo constitucional. As mutações fáticas da população brasileira parecem indicar um caminho em que a amplitude conferida pela legislação constitucional ao grupo definido como idoso careça da necessária justificação constitucional, ocasionando, por conseguinte, em inconstitucional tratamento diferenciado a parte da população brasileira.

Assim, *data maxima venia*, para ser justa e acertada, uma decisão judicial deve – a nosso ver – respeitar o que dispõe a legislação vigente, lembrando que a terminologia adotada é parte integrante deste processo.

CONSIDERAÇÕES FINAIS

Quando analisadas as decisões judiciais relacionadas aos negócios jurídicos do casamento, da união estável e da disposição do patrimônio envolvendo idosos do ponto de vista do Direito Civil e da Gerontologia, à ótica a que nos propusemos, de maneira a refletirmos sobre autonomia e envelhecimento, de acordo com o que dispusemos, nos deparamos, de pronto, com um considerável número de decisórios proferidos de maneira taxativa e unânime, sem que sejam considerados os aspectos biopsicossociais daquele que envelhece.

Quem atinge 60 anos ou mais (em algumas situações) ou que alcança os 70 anos ou mais (em outras, segundo a legislação vigente a nortear os julgados), é visto apenas pelo critério cronológico de sua existência. A vida biográfica de todo aquele que envelhece é, muitas das vezes, ainda desconsiderada por absoluto.

Baseados apenas e tão somente em uma cronologia existencial, os Magistrados passam a decidir sobre ser ou não efetiva a autonomia inerente a cada uma das pessoas consideradas idosas, sem muitas considerações quanto à biografia de quem faz parte das demandas julgadas.

Na maioria dos casos, não há ponderação dos Julgadores quanto à individualidade. Da mesma forma, por parte da população, geralmente também não há respeito à autonomia de quem viveu mais.

Por esta razão, não tendo qualquer comprometimento cognitivo que o impeça de agir, de fazer o que lhe seria mais verdadeiramente desejado, em muitos dos casos judicializados o idoso acaba sendo arbitrariamente tolhido em sua autonomia apenas e tão somente porque o aspecto cronológico do envelhecimento ainda prevalece, refletindo uma relevante valoração de um ser que ainda é muito comumente visto como biológico, com uma simplicidade que não lhe cabe e com uma ausência de tecnicidade que precisa ser repensada e perseguida.

Se fosse diferente disso, não seriam tantas as ações relacionadas ao tema a que nos propusemos ou a tantas outras, relacionadas a outros temas, mas que igualmente envolvem idosos, perante qualquer outro Tribunal do país, por quem queira observar a forma como a autonomia e o envelhecimento são considerados, como por exemplo, nas relações de consumo, no contexto previdenciário, na efetivação de direitos personalíssimos etc..

Ao fazermos nossas análises, observamos que é necessário repensar acerca da rotulação genérica de idoso e de todas as implicâncias que ela traz consigo.

É inegável que se faz necessário um avanço aos marcos legislativos vigentes, a fim de que a proteção ao idoso perseguida pela Constituição Federal, pela Convenção da Organização das Nações Unidas ou por qualquer outra normatização, atinja seu objetivo com a maior abrangência possível e, se possível, com a maior brevidade possível, já que o número de idosos no Brasil é crescente e a realidade do envelhecimento, por esta mesma razão, irreversível.

Somente assim será possível se efetivar a dignidade e a autonomia daquele que, além de precisar ser tratado igualmente quando comparado os seus iguais, necessita ser protegido de forma efetiva e concreta pelo ordenamento vigente na medida de suas desigualdades, em detrimento à singularidade e à particularidade existencial de todo aquele que vive e que envelhece, exatamente por esta mesma e única razão.

A nosso ver, levar em conta apenas o aspecto cronológico do envelhecimento gera uma desigualdade relevante, já que estamos vivendo mais e, por isso mesmo, estamos aumentando o aspecto kairosiano de nossa existência.

Ao vivermos mais, aumentamos nossas histórias, agregamos valores à nossa existência e, em decorrência desta somatória, somos sujeitos cada vez mais únicos, complexos e singulares.

Definir de maneira taxativa um idoso, considerados apenas seus anos existenciais em decorrência dos aniversários completados, leva, muitas vezes, à supressão da autonomia e à impossibilidade de realização do que se deseja dentro de cada íntimo, pensamento que precisa ser considerado quando da prática jurisdicional.

Ainda não conhecemos o entendimento do Supremo Tribunal Federal sobre assuntos relacionados a esta temática já que, conforme as buscas por decisões deste Tribunal, os números encontrados não se mostraram representativos.

É possível que um dia, a Corte Máxima do ordenamento brasileiro, ao proferir seus decisórios, possa nortear os entendimentos dos demais Tribunais nacionais e passe a refletir as mudanças que hoje se mostram tão necessárias.

Para isso, seus Ministros precisarão ser os Julgadores a agir no sentido do que se faz necessário, ou seja, na medida em que os casos lhes sejam submetidos à apreciação, devem buscar da maneira mais contemplativa possível ponderar quem é sujeito considerado como idoso, assim como às suas respectivas peculiaridades.

Temos a mesma expectativa com relação ao Poder Legislativo, responsável pela elaboração de leis a serem aplicadas pelos Magistrados em suas decisões.

Acreditamos na total viabilidade da criação de leis que favoreçam os idosos, desde que tenham um enfoque social e contemplativo, o que é possível com um olhar que observe a individualidade de cada pessoa que vive mais.

As mudanças são necessárias, mas para que seus resultados sejam atingidos, uma única e exclusiva ciência não há de servir como mola propulsora ou força motriz.

Direito, gerontologia, psicologia, assistência social, medicina e todas as demais ciências que perpassam pela vida humana, e, em especial pelo envelhecimento de todo aquele que vive, precisam ser consideradas e sopesadas, a fim de construírem juntas um novo entendimento sobre que o passar dos anos traz com ele.

Acreditamos que do entrelaçamento destas ciências, em condições de igualdade e na busca pela construção de uma realidade futura, surgirão situações de ainda mais proteção ou de exclusão aos seres que vivem cada vez mais – e porque vivem mais tornam-se cada vez mais únicos.

No caminho de nossa individuação, e, enquanto somos tomados por uma realidade que nos evidencia uma urgente necessidade de mudanças, quedamo-nos com o grande questionamento que nos move, rumo a um futuro que, inevitavelmente nos fará envelhecer: da conjugação entre autonomia, envelhecimento e negócios jurídicos, quem decidirá sobre isso?

REFERÊNCIAS BIBLIOGRÁFICAS

ANDRADE, Ankilma do Nascimento et al. *Análise do conceito fragilidade em idosos.* Texto contexto – enferm. [online]. 2012, vol. 21, nº 4, pp. 748-756. ISSN 0104-0707. http://dx.doi.org/10.1590/S0104-07072012000400004. Disponível em http://www.scielo.br/scielo.php?pid=S0104-07072012000400004&script=sci_abstract&tlng=pt. Acesso em 02 mar. 2021.

ANSAI, Juliana Hotta; SERA, Celise Tiemi Nakagawa. *Percepção da autonomia de idosos longevos e sua relação com fatores sociodemográficos e funcionais.* São Paulo: Revista Kairós Gerontologia, 16 (5).

ARAÚJO, Denise, CÔRTE, Beltrina. Como a mídia, no Brasil, apresenta o mercado de trabalho para pessoas com 60+?. In: FONSECA, Suzana Carielo da (org.) O Envelhecimento Ativo e seus fundamentos. 1ª Edição. São Paulo: Portal Edições Envelhecimento, 2016.

ARAÚJO, Luiz Alberto David. *A proteção constitucional da pessoa com deficiência.* 4ª Edição. Revista, ampliada e atualizada. Ministério da Justiça. Secretaria de Estado de Direitos Humanos. Coordenadoria Nacional para proteção da Pessoa Portadora de Deficiência – CORDE. Brasília, 2011. Disponível em file:///C:/Users/Natalia%20C.%20Verdi/Desktop/MESTRADO%20GERONTO%20PUCSP/DISSERTA%C3%87%C3%83O/a-protecao-constitucional-das-pessoas-com-deficiencia_0.pdf. Acesso em 01 mar. 2021.

ARAUJO, Luiz Alberto David, NUNES, Vidal Serrano Junior. *Curso de Direito Constitucional.* 22ª edição, revista e atualizada até EC 99 de 14 de dezembro de 2017. São Paulo: Verbatim, 2018.

ARAUJO, Luiz Alberto David, PINHEIRO, Flávia de Campos. *A Pessoa Idosa com deficiência:* a dupla vulnerabilidade e a defesa em juízo. In: LEITE, George Salomão Leite (et al coords.). Manual dos direitos da pessoa idosa. São Paulo: Saraiva, 2017.

ASPECTOS BIOLÓGICOS DO ENVELHECIMENTO. Disponível em https://www.portaleducacao.com.br/conteudo/artigos/farmacia/aspectos-biologicos-do-envelhecimento/581. Acesso em 02 mar. 2021.

AYRES, José Ricardo C. M. *Uma concepção hermenêutica de saúde.* Physis [online]. 2007, vol. 17, nº 1, pp. 43-62. ISSN 0103-7331. http://dx.doi.org/10.1590/S0103-73312007000100004.Disponívelemhttp://www.scielo.br/scielo.php?pid=s0103-73312007000100004&script=sci_abstract&tlng=pt Acesso em 02 mar. 2021.

BARROS, Jurilza Maria, RAUTH, Jussara. *O Idoso Brasileiro e as Leis.* Garantindo Direitos, Conquistando Qualidade de Vida. In: FREITAS, Elizabete Viana de, PY, Ligia. Tratado de Geriatria e Gerontologia. 4ª Edição. Rio de Janeiro: Guanabara Koogan, 2016.

BIANCHINI, Alice. *Dos crimes em espécie contra o idoso.* In: LEITE, George Salomão Leite (et al coords.). Manual dos direitos da pessoa idosa. São Paulo: Saraiva, 2017.

BRASIL. Constituição Federal, de 05 de outubro de 1988.

BRASIL. Lei Federal nº 3.071, de 01º de janeiro de 1916.

BRASIL. Lei Federal nº 8.078, de 11 de setembro de 1990.

BRASIL. Lei Federal nº 8.742, de 07 de dezembro de 1993.

BRASIL. LeI Federal nº 8.842, de 04 de janeiro de 1994.

BRASIL. Lei Federal nº 10.257, de 10 de julho de 2001.

BRASIL. Lei Federal nº 10.406, de 01 de janeiro de 2002.

BRASIL. Lei Federal nº 10.741, de 01 de outubro de 2003.

BRASIL. Lei Federal nº 12.318, de 26 de agosto de 2010.

BRASIL. Lei Federal nº 12.344, de 09 de dezembro de 2010.

BRASIL. Lei Federal nº 13.105, de 16 de março de 2015.

BRASIL. Lei Federal nº 13.146, de 06 de julho de 2015.

BRASIL. Lei Federal nº 13.646, de 09 de abril de 2018.

CADA VEZ MAIS VELHA POPULAÇÃO BRASILEIRA CHEGA A 208 MILHÕES. Disponível em https://www1.folha.uol.com.br/cotidiano/2018/07/com-populacao-cada-vez-mais-velha-brasil-atinge-208-milhoes-de-pessoas.shtml. Acesso em 01 mar. 2021.

CANALI Filho, Armando. *Longevidade e Dignidade Humana.* 1ª Edição. Curitiba: Edição do Autor. 2011.

CARVALHO, Thais Araújo de Oliveira Pereira, ARAÚJO, Luiz Alberto. *O Conselho Nacional de Justiça e o envelhecimento*: a falta de uma política pública. In: FONSECA, Suzana Carielo da (org.) O Envelhecimento Ativo e seus fundamentos. 1ª Edição. São Paulo: Portal Edições Envelhecimento, 2016.

CENSO DA DEMOCRACIA: BRASIL TEM 147,9 MILHÕES DE ELEITORES APTOS A VOTAR NAS ELEIÇÕES 2020. Disponível em: https://www.tse.jus.br/imprensa/noticias-tse/2020/Agosto/brasil-tem-147-

-9-milhoes-de-eleitores-aptos-a-votar-nas-eleicoes-2020. Acesso em 01 mar. 2021.

COELHO, Fábio Ulhôa. *Curso de Direito Civil.* Parte Geral. 7ª Edição. São Paulo: Saraiva, 2014.

COGNIÇÃO. Definição disponível em https://pt.wikipedia.org/wiki/Cogni%C3%A7%C3%A3o. Acesso em 02 mar. 2021.

CÔRTE, Beltrina, GOLDFARB, Delia Catullo, LOPES, Ruth Gelehrter da Costa (orgs.). *Psicogerontologia.* Fundamentos e práticas. Volume 5. Curitiba: Juruá, 2009.

DADALTO, Luciana. *Testamento Vital.* 4ª Edição. Indaiatuba: Foco, 2018.

DECLARAÇÃO UNIVERSAL DOS DIREITOS HUMANOS. Disponível em https://www.ohchr.org/EN/UDHR/Documents/UDHR_Translations/por.pdf. Acesso em 01 mar. 2021.

DESLANDES, Suely Ferreira. *Pesquisa social:* teoria, método e criatividade. In: GOMES, Romeu, DESLANDES, Suely Ferreira, MINAYO, Maria Cecília de Souza (orgs.). 28ª ed. Petrópolis, RJ: Vozes, 2009.

DIAS, Maria Berenice. *Manual de Direito das Famílias.* 10ª Edição revista, atualizada e ampliada. São Paulo: Editora Revista dos Tribunais, 2015.

DOLL, Johannes. *O Campo Interdisciplinar da Gerontologia.* In: PY, Ligia et al.

(orgs.). Tempo de Envelhecer. 2. ed. Holambra: Setembro, 2006.

EHRHARDT Jr, Marcos. *A Incapacidade Civil e o Idoso.* In: LEITE, George Salomão Leite (et al coords.). Manual dos direitos da pessoa idosa. São Paulo: Saraiva, 2017.

ENVELHECIMENTO ATIVO: *Um Marco Político em Resposta à Revolução da Longevidade.* Centro Internacional de Longevidade Brasil. 1ª edição – Rio de Janeiro, RJ, Brasil. Disponível em: http://longevidade.ind.br/wp-content/uploads/2017/03/Envelhecimento-Ativo-Um-Marco-Pol-tico-ILC-Brasil_web.pdf .Acesso em 02 mar. 2021. p. 31.

FALLONE, Renata Aparecida, RODRIGUES, Rúbia Spirandelli. *A Perspectiva do direito de personalidade do idoso sob o fundamento da dignidade humana.* In: SIQUEIRA, Dirceu Pereira, AMARAL, Sérgio Tibiriçá (orgs.). Democracia, cidadania e os direitos da personalidade: uma perspectiva contemporânea. 1ª Edição. Birigui, São Paulo: Boreal, 2007.

FIGUEIREDO, Ana Cláudia Mendes de, GONZAGA, Eugênia Augusta. *Pessoas com Deficiência e seu direito fundamental à capacidade ci-*

vil. In: Ministério Público, Sociedade e a Lei Brasileira de Inclusão da Pessoa com Deficiência. Disponível em https://escola.mpu.mp.br/.../e.../ministerio-publico-sociedade-e...lei-brasileira-de-inclusao. Acesso em 01 mar. 2021.

FONTOURA, Daniele dos Santos, DOLL, Johannes, OLIVEIRA, Saulo Neves de. *O Desafio de Aposentar-se no mundo contemporâneo.* Revista Educação & Realidade, volume 40, número 1, p. 53-79, Porto Alegre, jan./mar. 2015. Disponível em: https://www.scielo.br/scielo.php?pid=S2175-62362015000100053&script=sci_abstract&tlng=pt.

FURLAN, Anderson, SAVARIS, José Antonio. *Políticas Públicas de Assistência Social.* In: LEITE, George Salomão Leite (et al coords.). Manual dos direitos da pessoa idosa. São Paulo: Saraiva, 2017.

GUERRA, Gustavo Rabay. *Direito Fundamental da Pessoa Idosa à acessibilidade:* do mínimo existencial à plena dignidade da coexistência intergeracional. In: LEITE, George Salomão Leite (et al coords.). Manual dos direitos da pessoa idosa. São Paulo: Saraiva, 2017.

KANT, Immanuel. *Fundamentação da Metafísica dos Costumes.* Tradução de Antonio Pinto de Carvalho. Companhia Editora Nacional. Disponível em http://www.dhnet.org.br/direitos/anthist/marcos/hdh_kant_metafisica_costumes.pdf. Acesso em 01 mar. 2021.

LASCA, Valéria Bellini. *Treinamento de memória no envelhecimento normal:* efeitos de um programa aplicado a idosos. Dissertação de Mestrado em Educação. Faculdade de Educação. Programa de Pós-Graduação em Gerontologia. Campinas, Universidade Estadual de Campinas, 2003.

LEITE, Flávia Piva Almeida, RIBEIRO, Lauro Luiz Gomes,COSTA Fiilho, Waldir Macieira da. (coords). *Comentários ao Estatuto da Pessoa com Deficiência.* São Paulo: Saraiva, 2016.

LUDOVICI, Flamínia Manzano Moreira, GUIDES, Ana Carla Nogueira de Souza. *O Idadismo/Ageísmo sob escuta dos idosos:* efeitos de sentidos e a utopia de um novo envelhecer. In: Envelhecimento e cuidados: uma chave para o viver. Flamínia Manzano Moreira Ludovici (org.). São Paulo: Portal do Envelhecimento, 2018.

MAIO, Iadya Gama. *O Instituto da Curatela.* Disponível em https://www.portaldoenvelhecimento.com.br/o-instituto-da-curatela/. Acesso em 01 mar. 2021.

MARTINELLI, Juliana. O processo de envelhecimento no nível celular. Disponível em https://idosos.com.br/envelhecimento-em-nivel-celular/. Acesso em 02 mar. 2021.

MARTINS, Joel. *Não somos cronos, somos Kairós.* Revista Kairós: Gerontologia/ Núcleo de Estudo e Pesquisa do Envelhecimento. Programa de Estudos Pós-Graduados em Gerontologia - PUC-SP. Ano 1, nº 1. (1998). São Paulo: EDUC, 1998.

MATTOS, Carlos Lopes de. *Vocabulário Filosófico.* São Paulo: Edições Leia, 1957.

MIGUEL Jr., Prof. Dr. Armando. *Genética do Envelhecimento.* Telomerase. Disponível em http://www.medicinageriatrica.com.br/2006/12/28/teorias-do-envelhecimento-celular/. Acesso em 01 mar. 2021.

MINISTÉRIO DA SAÚDE. *Diretrizes Para O Cuidado Das Pessoas Idosas no SUS:* Proposta De Modelo De Atenção Integral. XXX Congresso Nacional De Secretarias Municipais De Saúde. Maio. 2014.

NERY, Rosa Maria de Andrade, NERY Jr, Nelson. *Instituições de Direito Civil.* Volume III. Direitos da Personalidade (Direito de Humanidade). São Paulo: Editora Revista dos Tribunais, 2017.

OLIVEIRA, Rita de Cássia da Silva. *Terceira Idade*: do repensar dos limites aos sonhos possíveis. São Paulo: Paulinas, 2000.

PAPALÉO, Matheus Netto. *Estudo da Velhice.* Histórico. Definição do Campo e Termos Básicos. In: Freitas, Elizabete Viana de, PY, Ligia (org). 4ª Edição. Tratado de Geriatria e Gerontologia. Rio de Janeiro: Guanabara Koogan, 2016.

PROGÉRIA. Definição disponível em https://pt.wikipedia.org/wiki/Prog%C3%A9ria. Acesso em 02 mar. 2021.

PROJEÇÃO DA POPULAÇÃO DO BRASIL E DAS UNIDADES DA FEDERAÇÃO. Disponível em https://www.ibge.gov.br/apps/populacao/projecao/. Acesso em 01 mar. 2021.

RAMOS, Paulo Roberto Barbosa. *Fundamentos Constitucionais do Direito da Velhice.* Florianópolis: Livraria e Editora Obra Jurídica Ltda., 2002.

REALE, Miguel. *Lições Preliminares de Direito.* 27ª edição. 18ª Tiragem. São Paulo: Saraiva, 2016.

RODRIGUES, Nara da Costa. *Política Nacional do Idoso* – retrospectiva histórica. Disponível em: https://seer.ufrgs.br/RevEnvelhecer/article/viewFile/4676/2593. Acesso em 01 mar. 2021.

RODRIGUES, Silvio. *Direito Civil.* Dos Contratos e das Declarações Unilaterais de Vontade. De acordo com o novo Código Civil (Lei nº 10.406, de 10-1-2002). Volume 3. São Paulo: Saraiva, 2002.

SÁ, Renato Montans de. *Manual de Direito Processual Civil.* 2.a. edição. São Paulo: Saraiva, 2016.

SANTOS, Silvana Sidney Costa. *Gerontologia e os pressupostos de Edgard Morin.* Disponível em http://www.portaldoenvelhecimento.com/acervo/artieop/Geral/artigo15.htm. Acesso em 01 mar. 2021.

SCHNEIDER, Rodolfo Herberto, IRIGARAY, Tatiana Quarti. *O envelhecimento na atualidade:* aspectos cronológicos, biológicos, psicológicos e sociais. Disponível em http://www.scielo.br/pdf/estpsi/v25n4/a13v25n4.pdf. Acesso em 02 mar. 2021.

SCHREIBER, Anderson. *Manual de Direito Civil Contemporâneo.* São Paulo: Saraiva, 2018.

SILVA, José Maria. *Idoso:* curatela no Código Civil de 2002. In: LEITE, George Salomão Leite (et al coords.). Manual dos direitos da pessoa idosa. São Paulo: Saraiva, 2017.

SILVA, Luciano. *Teorias do envelhecimento* – A teoria imunológica. Disponível em https://sessentamais.blogspot.com.br/2016/03/teorias-do-envelhecimento-teoria.html. Acesso em 02 mar. 2021.

SILVA, Roberta Cruz. *Gratuidade em transporte coletivo e atendimento preferencial.* In: LEITE, George Salomão Leite (et al coords.). Manual dos direitos da pessoa idosa. São Paulo: Saraiva, 2017.

SOARES, Ricardo Mauricio Freire, BARBOSA, Charles Silva. *A Tutela da Dignidade da Pessoa Idosa no Sistema Jurídico Brasileiro.* In: LEITE, George Salomão Leite (et al coords.). Manual dos direitos da pessoa idosa. São Paulo: Saraiva, 2017.

STJ. REsp: 16858260/BA 2017/0127295-3. Relator: Ministra NANCY ANDRIGHI. Data de Julgamento: 19/09/2017. T3 - TERCEIRA TURMA. Data de Publicação: DJe 26/09/2017.

STJ. REsp 1318281/PE. RECURSO ESPECIAL 2012/0071382-0. Relator(a) Ministra MARIA ISABEL GALLOTTI. Órgão Julgador T4 - QUARTA TURMA. Data do Julgamento 01/12/2016. Data da Publicação/Fonte DJe 07/12/2016.

STJ. REsp 1292533/GO, Rel. Ministro RAUL ARAÚJO, Decisão Monocrática. Data da publicação: 09.03.2017.

STJ. REsp 1383624/MG. RECURSO ESPECIAL 2013/0146258-6. Ministro MOURA RIBEIRO. Terceira Turma. Data do Julgamento: 02/06/2015. Data de publicação/Fonte: DJe 12/06/2015.

STJ. REsp 1689152/SC. RECURSO ESPECIAL 2011/0235045-8. Ministro LUIS FELIPE SALOMÃO. 4ª Turma. Data do Julgamento: 24/10/2017. Data da publicação/fonte: 22/11/2017.

STJ. AgInt no AREsp 1210135/SP. Agravo Interno no Agravo em Recurso Especial 2017/0299292-2. Relator(a) Ministro PAULO DE TARSO SANSEVERINO. 3ª Turma. Data do Julgamento 05/06/2018. Data da Publicação/Fonte DJe 08/06/2018.

STJ. REsp 1735668/MT. RECURSO ESPECIAL. Ministra NANCY ANDRIGHI. Terceira Turma. Data do Julgamento: 11/12/2018.. Data de publicação/Fonte: DJe 14/12/2018.

TAMAOKI, Fabiana Junqueira, MENDES, Taiane da Rosa. *Os Reflexos da Curatela à luz do Estatuto da Pessoa com Deficiência.* In SIQUEIRA, Dirceu Pereira, AMARAL, Sérgio Tibiriçá (orgs.). Democracia, cidadania e os direitos da personalidade: uma perspectiva contemporânea. 1ª Edição. Birigui, São Paulo: Borea, 2007.

TAVARES, Mariza. *Velhice Não precisa ser sinônimo de fragilidade.* Disponível em http://g1.globo.com/bemestar/blog/longevidade-modo-de-usar/post/velhice-nao-precisa-ser-sinonimo-de-fragilidade.html. Acesso em 02 mar. 2021.

TEORIA DA MUTAÇÃO SOMÁTICA. Disponível em http://teoriasdoenvelhecimento.blogspot.com/2012/05/teoria-da-mutacao-somatica-teoria-da.html. Acesso em 02 mar. 2021.

TEORIAS DE USO E DESGASTE: ENVELHECIMENTO Disponível em https://www.portaleducacao.com.br/conteudo/artigos/educacao/teorias-de-uso-e-desgaste-envelhecimento/28055. Acesso em 01 mar. 2021.

TEORIAS DO ENVELHECIMENTO. Disponível em http://biobioenvelhecimento.blogspot.com/2008/06/teorias-do-envelhecimento.html. Acesso em 02 mar. 2021.

THE CURIOUS CASE OF BENJAMIN BUTTON. Descrição disponível em https://pt.wikipedia.org/wiki/The_Curious_Case_of_Benjamin_Button. Acesso em 02 mar. 2021.

TÓRTORA, Silvana. *Velhice:* uma estética de existência. São Paulo: EDUC: FAPESP, 2015.

TJSP. Processo nº 4003035-51.2013.8.26.0451. Classe/Assunto: Apelação / Pessoas naturais. Relator(a): CLAUDIO GODOY. Comarca: Piracicaba. Órgão julgador: 1ª Câmara de Direito Privado. Data do julgamento: 17/03/2015. Data de publicação: 19/03/2015. Data de registro: 19/03/2015.

TJSP. Processo nº 1006003-52.2016.8.26.0079. Classe/Assunto: Apelação / Condomínio. Relator(a): JOSÉ CARLOS FERREIRA ALVES Comarca: Botucatu. Órgão julgador: 2ª Câmara de Direito Privado. Data do julgamento: 13/03/2018. Data de publicação: 13/03/2018. Data de registro: 13/03/2018.

TJSP. Processo nº 0047477-64.2010.8.26.0100. Classe/Assunto: Apelação / Nulidade e Anulação de Testamento. Relator(a): VIVIANI NICOLAU. Comarca: São Paulo. Órgão julgador: 3ª Câmara de Direito Privado. Data do julgamento: 22/01/2015. Data de publicação: 22/01/2015. Data de registro: 22/01/2015.

TJSP. Processo nº 0001557-94.2014.8.26.0660. Classe/Assunto: Apelação / Promessa de Compra e Venda Relator(a): DONEGÁ MORANDINI. Comarca: Viradouro. Órgão julgador: 3ª Câmara de Direito Privado. Data do julgamento: 23/03/2017. Data de publicação: 23/03/2017. Data de registro: 23/03/2017.

TJSP. 0132952-17.2012.8.26.0100. Classe/Assunto: Apelação / Doação. Relator(a): GIFFONI FERREIRA. Comarca: São Paulo. Órgão julgador: 2ª Câmara de Direito Privado. Data do julgamento: 13/06/2017. Data de publicação: 14/06/2017. Data de registro: 14/06/2017.

VIANA, A.S., PAVARINI, S.C.I. *O ensino da avaliação cognitiva na graduação em Gerontologia.* São Paulo: Revista Kairós Gerontologia, 17(3).

WEBER, Tadeu. Ética e Filosofia do Direito. Autonomia e Dignidade da Pessoa Humana. Petrópolis: Editora Vozes, 2013.

WORLD HEALTH ORGANIZATION (2002). *Active Ageing* – A Policy Framework. A contribution of the World Health Organization to the Second United Nations World Assembly on Ageing, Madrid, Spain, April 2002. Disponível em http://apps.who.int/iris/bitstream/handle/10665/67215/WHO_NMH_NPH_02.8.pdf?sequence=1. Acesso em 02 mar. 2021.

WORLD HEALTH ORGANIZATION. Envelhecimento ativo: uma política de saúde. World Organization; tradução Suzana Gontijo. Brasília: Organização Pan-Americana de Saúde, 2005. Disponível em http://bvsms.saude.gov.br/bvs/publicacoes/envelhecimento_ativo.pdf. Acesso em 02 mar. 2021.

https://esaj.tjsp.jus.br/cjsg/consultaCompleta.do.

https://www.direitonet.com.br/dicionario/exibir/825/Prodigo.

http://www.stj.jus.br/SCON/.

ANEXOS

RECURSO ESPECIAL Nº 1.685.826 - BA (2017/0127295-3)

RELATORA: MINISTRA NANCY ANDRIGHI RECORRENTE: MINISTÉRIO PÚBLICO DO ESTADO DA BAHIARECORRIDO: M A DE J - CURADOR ADVOGADO: EUVALDO SANTOS AZEVEDO FILHO - BA005264INTERES.: M M F P

EMENTA

CIVIL E PROCESSUAL CIVIL. RECURSO ESPECIAL. EMBARGOS DE DECLARAÇÃO. OMISSÕES. NÃO OCORRÊNCIA. VIOLAÇÃO AO ART.437 DO CPC/73. NÃO OCORRÊNCIA. INTERDIÇÃO. LAUDO DO ART. 1183 DO CPC/73. REALIZAÇÃO SEM A FORMA E O CONTEÚDO EXIGIDOS. DIVERGÊNCIA SOBRE A EXISTÊNCIA DE INCAPACIDADE DO INTERDITANDO, BEM COMO SOBRE A SUA EXTENSÃO. NULIDADE RECONHECIDA.

Ação distribuída em 18/3/1997. Recurso especial interposto em 18/8/2015 eatribuído à Relatora em 26/6/2017.

O propósito recursal, além de determinar se houve negativa de prestação jurisdicional, é definir se deveria ter sido deferida a realização de segunda perícia e,ainda, se o exame realizado por médico psiquiatra nomeado como perito peloJuízo, mas não reduzido a termo com forma e conteúdo de laudo pericial, atende àregra prevista no art. 1.183 do CPC/73, especialmente diante de divergência entre o relatório médico e o interrogatório do interditando.

Devidamente analisada e discutida a questão relacionada ao art. 437 do CPC/73, e fundamentado suficientemente o acórdão recorrido, não há que se falarem violação do art. 535, II, do CPC/73.

Inexistência de decisão acerca da aplicação do art. 9º, I, do CPC/73. Ausência de prequestionamento. Aplicação da Súmula 211/STJ.

Não há que se falar em violação ao art. 437 do CPC/73 quando o acórdão local indica fundamentadamente os motivos que formaram a sua convicção e declina os motivos pelos quais entendeu ser desnecessária a realização da segundaperícia.

O laudo pericial não pode ser substituído por mero relatório médico, especialmente quando há divergência entre o conteúdo do relatório em confronto com os demais elementos de prova produzidos no processo.

Nas hipóteses de interdição, é imprescindível que o exame médico resulte emlaudo pericial fundamentado, no qual deverão ser examinadas todas ascircunstâncias relacionadas à existência da patologia do interditando, bem como a sua extensão e limites. Inteligência do art. 1.183, "caput", do CPC/73.

Recurso especial parcialmente conhecido e, nessa parte, provido, para anular asentença e determinar a realização de novo laudo pericial.

ACÓRDÃO

Vistos, relatados e discutidos estes autos, acordam os Ministros da Terceira Turma do Superior Tribunal de Justiça, na conformidade dos votos e das notas taquigráficasconstantes dos autos, por unanimidade, conhecer em parte do recurso especial e, nesta parte,dar-lhe provimento, nos termos do voto da Sra. Ministra Relatora. Os Srs. Ministros Paulo deTarso Sanseverino, Ricardo Villas Bôas Cueva, Marco Aurélio Bellizze e Moura Ribeiro votaramcom a Sra. Ministra Relatora.

Brasília (DF), 19 de setembro de 2017(Data do Julgamento)

MINISTRA NANCY ANDRIGHI
Relatora

RECURSO ESPECIAL Nº 1.685.826 - BA (2017/0127295-3)
RELATORA: MINISTRA NANCY ANDRIGHI
RECORRENTE: MINISTÉRIO PÚBLICO DO ESTADO DA BAHIA
RECORRIDO: M A DE J - CURADOR
ADVOGADO: EUVALDO SANTOS AZEVEDO FILHO - BA005264
INTERES.: M M F P

RELATÓRIO

A EXMA. SRA. MINISTRA NANCY ANDRIGHI (Relatora):

Cuida-se de recurso especial interposto pelo MINISTÉRIO PÚBLICO DO ESTADO DA BAHIA, fundamentado no art. 105, III, alínea "a", da Constituição Federal.

Recurso especial interposto em: 18/08/2015.

Atribuído ao gabinete em: 26/06/2017.

Ação: de interdição de M M F P, ajuizada por M A DE J.

Sentença: julgou procedente o pedido inicial formulado, decretando ainterdição de M M F P e declarando-o absolutamente incapaz, além de nomear como curadora do interditado M A DE J, com fulcro no art. 1.177, II, do CPC/73.

Acórdão: o TJ/BA negou provimento ao recurso de apelaçãointerposto pelo *parquet* estadual, nos termos assim ementados (e-STJ, fl. 142):

> "APELAÇÃO. DIREITO CIVIL, DIREITO PROCESSUAL CIVIL, AÇÃO INTERDIÇÃO. DESIGNAÇÃO DE REALIZAÇÃO DE PERÍCIA MÉDICA. RELATÓRIO APRESENTADO POR MÉDICO PSIQUIATRA QUE ATESTA A INCAPACIDADE DO INTERDITANDO. DESNECESSIDADE DE REALIZAÇÃO DE NOVA PERÍCIA. APELAÇÃOIMPROVIDA, SENTENÇA MANTIDA.
>
> No presente caso a Julgadora, como posto na sentença, formou seu juízo devalor quando da realização da Audiência designada para interroga-

tório do Interditando e pelo que consta do relatório apresentado pelo perito, restando convencida da incapacidade do Interditando. Sendo as provas apresentadas conclusivas no sentido de que a patologia que acomete o Interditando o incapacitapara o exercício dos atos da vida civil, mostra-se cabível a pretendida interdição,sendo desnecessária a realização de nova perícia, que só teria o intuito protelatório."

Embargos de declaração: opostos pelo Ministério Público do Estado da Bahia foram, por unanimidade, rejeitados.

Recurso especial: alega ofensa aos arts. 437, 535, II, e 1.183, "caput", do CPC/73. Sustenta, em síntese, que *"a realização de nova perícia se mostra mais necessária quando, como no caso sub examine, o documento usado em substituição ao necessário laudo apresenta indiscutível desconformidade com o interrogatório do interditando"* (e-STJ, fl. 227).

É o relatório.

RECURSO ESPECIAL Nº 1.685.826 - BA (2017/0127295-3)
RELATORA: MINISTRA NANCY ANDRIGHI
RECORRENTE: MINISTÉRIO PÚBLICO DO ESTADO DA BAHIA
RECORRIDO: M A DE J - CURADOR
ADVOGADO: EUVALDO SANTOS AZEVEDO FILHO - BA005264
INTERES.: M M F P

VOTO

A EXMA. SRA. MINISTRA NANCY ANDRIGHI (Relatora):

O propósito recursal, além de definir se houve negativa de prestação jurisdicional, é determinar se deveria ter sido deferida a realização de segunda perícia e, ainda, se o exame realizado por médico psiquiatra nomeado como perito pelo Juízo, mas não reduzido a termo com forma e com conteúdo de laudo pericial, atende à regra prevista no art. 1.183 do CPC/73, especialmente diante da alegada divergência entre o relatório médico e o interrogatório do interditando.

I - Das omissões no acórdão recorrido

Verifica-se que o Tribunal de origem, no tocante a alegada violação ao art. 437 do CPC/73, pronunciou-se precisamente sobre os motivos pelos quais entendia ser desnecessária a realização de nova prova pericial e, ainda, declinou exatamente os fundamentos que justificariam a dispensa de resposta aos quesitos formulados pelas partes ao profissional médico designado pela perícia, de modo que não há, nesse particular, vulneração ao artigo 535, II, do CPC/73.

No tocante a alegada omissão quanto ao art. 9º, I, do CPC/73, verifica-se a ausência de decisão acerca do dispositivo legal indicado como violado, não obstante a interposição de embargos de declaração, o que impede o conhecimento do recurso especial nesse particular. Aplica-se, portanto, a Súmula 211/STJ.

II - Da alegada violação ao art. 437 do CPC/73

Dispõe o art. 437 do CPC/73 que a realização de nova perícia, quenão substitui a primeira, poderá ser determinada de ofício ou deferida a requerimento da parte especificamente quando a matéria não estiver, sob a óticado julgador, suficientemente esclarecida.

Examinada a sentença e o acórdão recorrido, observa-se não haver dúvida ou situação de inesclarecibilidade fática na fundamentação de ambas as decisões judiciais, o que justificaria a determinação de realização de nova perícia. Ao contrário, verifica-se que em ambos os graus de jurisdição há a convicção dos julgadores de que a interdição é medida que se impõe, sendo certo que a revisão deste entendimento implicaria reexame de fatos e provas, expediente vedado pela Súmula 7/STJ.

- Da alegada violação ao art. 1.183, "caput", do CPC/73

No particular, é preciso realizar a síntese fática acerca dos eventos relacionados ao exame pericial do interditando, bem como analisar a fundamentação adotada pelo acórdão recorrido nesse aspecto:

> A perícia foi determinada através do despacho de fls. 16, quando foi nomeado o perito e intimadas as partes para oferecem quesitos, tendo a Autora apresentados os seus quesitos mediante petição de fl. 17 e o Ministério Público defl. 18.
> Em razão do médico nomeado anteriormente para atuar como perito não mais residir na Comarca, foi designado novo perito pelo despacho de fl. 44, tendosido o mesmo oficiado da sua nomeação (fl. 45) para proceder o exame de sanidade mental do interditando e fornecer o competente laudo.
> Intimada para apresentar o laudo correspondente a perícia, a Apelada acostou aos autos o Relatório Médico acostado à fl. 50, que foi impugnado peloApelante através do arrazoado de fls. 54/56, no qual requereu a realização de exame pericial complementar, bem como fosse encaminhado ao médico nomeadoos quesitos formulados pelas partes para serem respondidos.
> Insurge-se o Apelante justamente contra o não deferimento desse seu pleito.
> Como mencionado acima, o artigo 1.183 do Código de Processo Civil é expresso quanto à necessidade de realização de perícia do interditando, o que foideferido pela julgadora.
> Entretanto, casos há em que o estado mental do sujeito é tão evidente, que pode ser comprovado pela só análise presencial, esta sim realmente necessária eimprescindível para firmar o convencimento do Julgador, pois é a oportunidadeque tem para verificar pessoalmente o estado do Interditando. Então, nada obstaque seja decertada a intervenção com a dispensa da apresentação de um laudo pericial onde conste respostas detalhadas aos quesitos.
> Verifico que no presente caso a Julgadora, como posto na sentença, formouseu juízo de valor quando da realização da Audiência designada

> para interrogatório do Interditando (fl. 14), e pelo que consta do relatório apresentadopelo perito (fl. 50), restando convencida da incapacidade do Interditando quandoassevera:
>
> > "... Os elementos probatórios carreados aos autos evidenciam que deve prosperar o pedido da exordial, visto que o Interditando é, efetivamente, portador de deficiência que o torna incapaz de praticar os atos da vida civil, consoante atestado médico acostado aos autos e do quanto verificado por ocasião do interrogatório. O laudo pericial acostado à fl. 50 é contundente ao confirmar a incapacidade do Interditando para a prática dos atos da vida civil, atestando que o mesmo é portador de Retardo Mental Profundo CID10 F.73.(fl. 67)".
>
> Como as provas do processo prestam-se ao convencimento do Julgador e a ele são estas direcionadas, se pode ele ser convencido pela simples análise presencial, esta inquestionavelmente necessária, nada obsta que decreta a intervenção, com a dispensa de respostas aos quesitos formulados pelas partes pelo profissional médico designado para a realização da perícia".

A jurisprudência do STJ já se posicionou no sentido de que a constatação da incapacidade por meio de laudo pericial extrajudicial e por intermédio de outros meios de prova, inclusive o interrogatório do interditando, torna despicienda a realização de nova perícia, porquanto se trata, na hipótese, de formalidade dispensável e que não acarreta nulidade (REsp 253.733/MG, Quarta Turma, DJ 05/04/2004).

Naquele julgado, constata-se que o interditando já havia sido periciado pelo INSS na fase pré-processual, dispensando-se apenas a renovaçãodo exame e da prova pericial em juízo (que seria realizada pelo próprio INSS), inclusive porque as demais provas colacionadas aos autos (inclusive o interrogatório previsto no art. 1.181) eram uníssonas no sentido de reconhecer a incapacidade absoluta do interditando.

Ocorre que a situação examinada neste recurso é substancialmente distinta, na medida em que, além de não ter sido produzido laudo pericial (ou seja, não foram respondidos os quesitos ofertados pelas partes), também há contradição entre o interrogatório judicial (segundo o qual o Interditando conseguiu responder aos questionamentos que lhe foram dirigidos, ainda que com dificuldades) e o relatório médico do perito do juízo (segundo o qual o Interditando sequer reúne condições de pronunciar palavras).

O laudo pericial, portanto, é indispensável na hipótese, seja porquehá divergência na prova colhida nas instâncias ordinárias, seja porque apenas o laudo pericial poderá identificar, precisamente, a extensão, a gravidade e a eventual reversibilidade da incapacidade do Interditando, o que, inclusive, consta expressamente da quesitação adicional formulada pelo recorrente.

Não se pode olvidar que a interdição é medida grave e excepcional, somente justificável nas hipóteses em que se faça comprovadamente necessária e, ainda assim, na medida exata e nos limites da incapacidade que for aferida em relação ao interditando.

Essa exigência, já implicitamente existente na vigência do CPC/73, fica ainda mais clara após a nova legislação processual, por força do art. 753, §2º, do CPC/2015, que estabelece que *"o laudo pericial indicará especificadamente,se for o caso, os atos para os quais haverá a necessidade de curatela"*. Trata-sede dispositivo que melhor disciplina a questão e que permite aferir, inclusive, se seria admissível a conversão do procedimento de interdição para o procedimentode tomada de decisão apoiada previsto no art. 1.783-A do Código Civil.

Forte em tais razões, reconhecendo a violação ao art. 1.183 do CPC/73, CONHEÇO em parte do recurso especial e, na parte conhecida, DOU-LHE PROVIMENTO, para o fim de anular a sentença anteriormente prolatada e determinar a realização de novo laudo pericial.

Invertida a sucumbência, deverá a recorrida arcar com o pagamento das custas processuais, observado o benefício da justiça gratuita deferido em 1º grau de jurisdição.

CERTIDÃO DE JULGAMENTOTERCEIRA TURMA

Número Registro: 2017/0127295-3
PROCESSO ELETRÔNICO REsp 1.685.826 / BA
Números Origem: 0000033-84.1997.8.05.0032 00000338419978050032 13952 139521997 1395297 338419978050032 62303592005
PAUTA: 19/09/2017
JULGADO: 19/09/2017
SEGREDO DE JUSTIÇA
Relatora: Exma. Sra. Ministra **NANCY ANDRIGHI**
Presidente da Sessão: Exmo. Sr. Ministro MARCO AURÉLIO BELLIZZE
Subprocuradora-Geral da República: Exma. Sra. Dra. LINDÔRA MARIA ARAÚJO
Secretária: Bela. MARIA AUXILIADORA RAMALHO DA ROCHA

AUTUAÇÃO

RECORRENTE: MINISTÉRIO PÚBLICO DO ESTADO DA BAHIARECORRIDO :
M A DE J - CURADOR
ADVOGADO: EUVALDO SANTOS AZEVEDO FILHO - BA005264INTERES.: M M F P
ASSUNTO: DIREITO CIVIL - Família - Tutela e Curatela

CERTIDÃO

Certifico que a egrégia TERCEIRA TURMA, ao apreciar o processo em epígrafe nasessão realizada nesta data, proferiu a seguinte decisão:

A Terceira Turma, por unanimidade, conheceu em parte do recurso especial e, nesta parte, deu-lhe provimento, nos termos do voto da Sra. Ministra Relatora.

Os Srs. Ministros Paulo de Tarso Sanseverino, Ricardo Villas Bôas Cueva, MarcoAurélio Bellizze (Presidente) e Moura Ribeiro votaram com a Sra. Ministra Relatora.

RECURSO ESPECIAL Nº 1.318.281 - PE (2012/0071382-0)

RELATORA: MINISTRA MARIA ISABEL GALLOTTI
RECORRENTE: G V M
ADVOGADO: MARIA DO CARMO CAITANO - PE012428
RECORRIDO: I S M
ADVOGADO: WASHINGTON LUIZ MAGALHÃES DE MELO - AL004445

EMENTA

RECURSO ESPECIAL. DIREITO CIVIL. FAMÍLIA. MATRIMÔNIO CONTRAÍDO POR PESSOA COM MAIS DE 60 ANOS. REGIME DE SEPARAÇÃO OBRIGATÓRIA DE BENS. CASAMENTO PRECEDIDO DE LONGA UNIÃO ESTÁVEL INICIADA ANTES DE TAL IDADE. RECURSO ESPECIAL NÃO PROVIDO.

O artigo 258, parágrafo único, II, do Código Civil de 1916, vigente à época dos fatos, previa como sendo obrigatório o regime de separação total de bens entre os cônjuges quando o casamento envolver noivo maior de 60 anos ou noiva com mais de 50 anos.

Afasta-se a obrigatoriedade do regime de separação de bens quando o matrimônio é precedido de longo relacionamento em união estável, iniciado quando os cônjuges não tinham restrição legal à escolha do regime de bens, visto que não há que se falar na necessidade de proteção do idoso em relação a relacionamentos fugazes por interesse exclusivamente econômico.

Interpretação da legislação ordinária que melhor a compatibiliza com o sentido do art. 226, §3º, da CF, segundo o qual a lei deve facilitar a conversão da união estável em casamento.

Recurso especial a que se nega provimento.

ACÓRDÃO

A Quarta Turma, por unanimidade, negou provimento ao recurso especial, nos termos do voto da Sra. Ministra Relatora. Os Srs. Ministros Antonio Carlos Ferreira, Marco Buzzi, Luis Felipe Salomão e Raul Araújo votaram com a Sra. Ministra Relatora.

Brasília (DF), 1º de dezembro de 2016(Data do Julgamento)

MINISTRA MARIA ISABEL GALLOTTI
Relatora

CERTIDÃO DE JULGAMENTO
QUARTA TURMA

Número Registro: 2012/0071382-0
PROCESSO ELETRÔNICO REsp 1.318.281 / PE
Números Origem: 00023686020068171250 00100652620118170000 2043625 204362500 204362501 PAUTA: 06/10/2016
JULGADO: 06/10/2016
SEGREDO DE JUSTIÇA
Relatora: Exma. Sra. Ministra **MARIA ISABEL GALLOTTI**
Presidente da Sessão: Exma. Sra. Ministra MARIA ISABEL GALLOTTI
Subprocurador-Geral da República: Exmo. Sr. Dr. ROGÉRIO DE PAIVA NAVARRO
Secretária: Dra. TERESA HELENA DA ROCHA BASEVI

AUTUAÇÃO

RECORRENTE: G V M
ADVOGADO: MARIA DO CARMO CAITANO - PE012428
RECORRIDO: I S M
ADVOGADO: WASHINGTON LUIZ MAGALHÃES DE MELO - AL004445
ASSUNTO: DIREITO CIVIL - Família - Casamento

CERTIDÃO

Certifico que a egrégia QUARTA TURMA, ao apreciar o processo em epígrafe na sessão realizada nesta data, proferiu a seguinte decisão:

O presente feito foi retirado de pauta por indicação da Sra. Ministra Relatora.

RECURSO ESPECIAL Nº 1.318.281 - PE (2012/0071382-0)

RELATÓRIO

MINISTRA MARIA ISABEL GALLOTTI: Trata-se de recurso especial interposto por G V M, com fundamento na alínea "a" do inciso III do artigo 105 da Constituição Federal, contra acórdão proferido pelo Tribunal de Justiça do Estado de Pernambuco, assim ementado (fl. 169 e-STJ):

> CIVIL. CASAMENTO. MAIOR DE 60 ANOS. REGIME DE BENS. POSSIBILIDADE DE PACTO ANTENUPCIAL DE COMUNHÃO UNIVERSAL DE BENS. APLICAÇÃO DO PRINCÍPIO DA DIGNIDADE DA PESSOA HUMANA E INTERPRETAÇÃO ATUALIZADA DO INCISO II, DO PARÁGRAFO ÚNICO DO ARTIGO 258 DO CÓDIGO CIVIL DE 1916.

> UNIÃO ESTÁVEL POR 15 ANOS ANTES DO MATRIMÔNIO. APELAÇÃO DESPROVIDA. DECISÃO UNÂNIME.
> - O Direito deve ser interpretado, no mínimo numa perspectiva tridimensional de fato, valor e norma.
> - Nos termos dessa interpretação dinâmica, sistemática e atualizada do inciso II, do parágrafo único do artigo 258 do Código Civil de 1916, se dá validade ao pacto antenupcial de comunhão de bens firmado entre os cônjuges, sendo que o marido tinha 61 anos de idade.
> - É de se levar em consideração que os cônjuges antes de contraírem matrimônio viveram em união estável por 15 anos, quando o varão ainda não possuía idade superior a 60 anos.

Rejeitados os embargos de declaração opostos (fls. 25/35 e-STJ).

Em suas razões do recurso, a parte recorrente alegou violação ao artigo 258, parágrafo único, II, do Código Civil de 1916, e aos artigos 166, 1641, 1645 e 2039, do Código Civil atual, em virtude da obrigatoriedade do regime de separação total de bens nos casamentos celebrados envolvendo pessoa com mais de 60 anos, razão pela qual deve ser declarado nulo o pacto antenupcial estabelecendo o regime de comunhão universal.

Juízo positivo de admissibilidade proferido às fls. 67/68 e-STJ.

O Ministério Público Federal, em seu parecer, opinou pelo não conhecimento do recurso especial. (fls. 87/91 e-STJ).

É o relatório.

RECURSO ESPECIAL Nº 1.318.281 - PE (2012/0071382-0)

VOTO

MINISTRA MARIA ISABEL GALLOTTI (Relatora): Inicialmente, cumpre destacar que o acórdão recorrido foi publicado antes da entrada em vigor da Lei 13.105 de 2015.

Para a devida compreensão da controvérsia, destaco o seguinte trecho do acórdão recorrido (fl. 170 e-STJ):

> "A apelada e o falecido Geraldo Marques Ramos viveram em união estável por 15 anos, desde o ano de 1984 até 29 de julho de 1999, quando contraíram matrimônio pelo regime de comunhão total de bens através de pacto antenupcial e dessa união resultou o nascimento de dois filhos. Vale ressaltar que não há contrariedade a alegação da união estável nos autos, não tendo a parte a quem caberia contestar a existência do alegado relacionamento (apelante) repudiado tal informação. Na época do matrimônio, o falecido Geraldo Ramos tinha 61 anos de idade e possuía também outros filhos, dentre eles a apelante Geane Vieira Marques."

O artigo 258, parágrafo único, II, do Código Civil de 1916, vigente à época dos fatos, previa como sendo obrigatório o regime de separação total de bens quando o casamento envolvesse noivo maior de sessenta ou noiva maior de cinquenta anos.

A restrição foi também estabelecida no artigo 1641, II, do atual diploma civil, para nubentes de ambos os sexos maiores de sessenta anos, posteriormente alterada pela Lei nº 12.334/10 para alcançar apenas os maiores de setenta anos.

Como sabido, a intenção do legislador foi proteger o idoso e seus herdeiros necessários dos casamentos realizados por interesse estritamente econômico.

Em que pese a existência de controvérsia doutrinária e jurisprudencial acerca da constitucionalidade do artigo ora em comento, mencionada no voto condutor do acórdão recorrido, tema de competência do Supremo Tribunal Federal, penso que o caso em análise demanda apenas a sua interpretação teleológica, de modo a compatibilizar o sentido da lei com os princípios dispostos no ordenamento jurídico, à luz do caso concreto.

Assim sendo, é incontroverso nos autos que antes do matrimônio, em 29/7/99, quando o falecido contava com 61 anos, os então nubentes já conviviam em união estável por 15 anos, desde 1984, não havendo que se falar, portanto, na necessidade de proteção do idoso em relação a relacionamentos havidos de última hora por interesse exclusivamente econômico.

Noutros termos, quando da celebração do pacto antenupcial estabelecendo o regime de comunhão universal de bens, o falecido e a recorrida já possuíam vida em comum há 15 anos.

Destaca-se, ainda, que acatar a fundamentação esposada nas razões do recurso especial, além de ir de encontro à teleologia do instituto, acarretaria incoerência jurídica e, também, lógica, dado que, durante o período de convivência em união estável, o regime vigente era o de comunhão parcial, de modo que, ao optar pela contração do matrimônio, não faria sentido impor regime mais gravoso, qual seja, o da separação, sob pena de estimular a permanência na relação informal e penalizar aqueles que buscassem maior reconhecimento e proteção por parte do Estado, impossibilitando a oficialização do matrimônio.

Ressalto que a lei ordinária deve merecer interpretação compatível com a Constituição. No caso, decidir de modo diverso contrariaria o sentido da Constituição Federal de 1988, em seu artigo 226, § 3°, a qual privilegia, incentiva e, principalmente, facilita a conversão da união estável em casamento, *in verbis*:

> Art. 226. A família, base da sociedade, tem especial proteção do Estado.
> § 3º Para efeito da proteção do Estado, é reconhecida a união estável entre o homem e a mulher como entidade familiar, devendo a lei facilitar sua conversão em casamento.

Lembro que esse é o entendimento consolidado sob o enunciado nº 261, da III Jornada de Direito Civil:

> 261 – Art. 1.641: A obrigatoriedade do regime da separação de bens não se aplica a pessoa maior de sessenta anos, quando o casamento for precedido de união estável iniciada antes dessa idade.

Nesse sentido, cito os seguintes precedentes da 3ª Turma desta Corte, posteriores aos precedentes invocados no recurso especial:

> CIVIL. FAMÍLIA. RECURSO ESPECIAL. REGIME DE BENS. SEPARAÇÃO OBRIGATÓRIA. DOAÇÃO ANTERIOR AO MATRIMÔNIO. VIGÊNCIA DE UNIÃO ESTÁVEL. DOAÇÃO NA CONSTÂNCIA DO CASAMENTO. REQUISITOS FORMAIS. ARTIGOS ANALISADOS: ARTS. 258, PARÁGRAFO ÚNICO, II; 312 DO CC/16.
>
> 1. Inventário de bens em razão de falecimento, cuja abertura foi requerida em 31.03.2003. Recurso especial concluso ao Gabinete em 01.06.2011.
> 2. Discussão relativa à validade de doações efetuadas pelo de cujus à sua consorte, antes e após o casamento, realizado sob o regime da separação obrigatória de bens.
> 3. A ausência de decisão sobre os dispositivos legais supostamente violados, não obstante a interposição de embargos de declaração, impede o conhecimento do recurso especial. Incidência da Súmula 211/STJ.
> 4. O reexame de fatos e provas em recurso especial é inadmissível.
> 5. Não obstante, de acordo com a boa regra de hermenêutica, as normas que limitam o exercício de direitos devam ser interpretadas restritivamente, a mera utilização de outro instrumento, que não a escritura de pacto antenupcial para formalização do negócio, não é suficiente para conferir-lhe validade.
> 6. **Se tivesse sido, desde logo, celebrado o casamento, quando iniciado o relacionamento entre as partes, o qual perdurou, no total, por mais de 30 anos, não haveria a obrigatoriedade da adoção do regime da separação obrigatória de bens, pois o de cujus ainda não completara 60 anos de idade.**
> 7. **Mesmo não sendo expresso, naquela época (1978), o princípio segundo o qual a Lei deverá reconhecer as uniões estáveis, fomentando sua conversão em casamento (art. 226,** §3º, da CF), não havia - e não há - sentido em se admitir que o matrimônio do de cujus e da recorrida tenha implicado, para eles, restrição de direitos, ao invés de ampliar proteções.
> 8. Ausente qualquer outro vício que macule a doação anterior ao casamento; e advinda incontroversamente da parte disponível do doador, a doação realizada na constância da união estável das partes, iniciada quando não havia qualquer impedimento ao casamento ou restrição à adoção do regime patrimonial de bens, não se reveste de nulidade somente porque algum tempo depois, as partes celebraram matrimônio sob o regime da separação obrigatória de bens.
> 9. Re curso especial conhecido em parte e, nesta parte, provido.
>
> (REsp 1254252/SC, Rel. Ministra NANCY ANDRIGHI, TERCEIRA TURMA, julgado em 22/04/2014, DJe 29/04/2014)

DIREITO DE FAMÍLIA E SUCESSÕES. RECURSO ESPECIAL. ALIENAÇÕES FEITAS PELO CÔNJUGE VARÃO, FALECIDO, EM NOME DE SUA ESPOSA. MORTE DO VARÃO SEM DEIXAR PATRIMÔNIO. INVASÃO DA LEGÍTIMA. RECURSO PROVIDO. VOTO VENCIDO.
1. Hipótese em que o de cujus, casado pela terceira vez, destina parte significativa de seu patrimônio para adquirir, em nome de sua nova esposa e dos filhos desta, bens imóveis e um automóvel e que, em função disso, faleceu sem patrimônio algum. Os filhos propõem ação visando à declaração de ineficácia dessas aquisições, de modo que delas constem o falecido como adquirente. Argumenta-se que o de cujus colocou os bens em nome de terceiros para desviar o patrimônio das constantes investidas de sua segunda esposa.
(...)
7. O reconhecimento da existência de união estável anterior ao casamento é suficiente para afastar a norma, contida no CC/16, que ordenava a adoção do regime da separação obrigatória de bens nos casamentos em que o noivo contasse com mais de sessenta, ou a noiva com mais de cinquenta anos de idade, à época da celebração. As idades, nessa situação, são consideradas reportando-se ao início da união estável, não ao casamento.
8. O requisito do prequestionamento demanda que a matéria, como um todo, tenha sido enfrentada pelo Tribunal de origem. Eventual anulação do processo com base na ofensa ao art. 535 do CPC apenas para que o Tribunal se manifeste expressamente quanto a um tema que foi debatido em todo o processo implicaria ofensa ao princípio da razoável duração do processo (art. 5º, LXXVII, da CF/88).
9. Em tese, para que se reconheça a invasão das legítimas em decorrência de eventual doação promovida pelo de cujus, seria necessária a prova do patrimônio total do doador, em comparação com o bem doado. Entretanto, numa hipótese em que o pai dos recorrentes falece sem deixar patrimônio algum, naturalmente essa prova pode ser dispensada. Não há duvida da ocorrência de doações inoficiosas.
10. Se a viúva jamais acumulara capital para adquirir bens imóveis até o momento em que se uniu ao de cujus, não é razoável supor que ela tivesse passado a ter condições de acumular vultoso patrimônio, por esforço próprio, após a união. Do mesmo modo, se o de cujus sempre adquiriu bens, conforme sugere o fato de ele ter atravessado duas separações com partilhas disputadas, também não é razoável pensar que ele deixou de ter possibilidade de comprar qualquer coisa depois de se unir à ré. Deve-se, portanto, reconhecer que os bens controvertidos foram adquiridos pelo de cujus e concomitantemente doados à viúva. Há, portanto, doação inoficiosa de 50% do patrimônio total.
11. Recurso especial conhecido e provido.
(REsp 918.643/RS, Rel. Ministro MASSAMI UYEDA, Rel. p/ Acórdão Ministra NANCY ANDRIGHI, TERCEIRA TURMA, julgado em 26/04/2011, DJe 13/05/2011)

Observo, por fim, que os precedentes invocados no recurso especial, notadamente o REsp. 646.259/RS, 4ª Turma, de relatoria do Ministro Luís Felipe Salomão, não se aplicam ao caso ora em análise, pois não contemplaram situação em que houve união estável precedente ao casamento, iniciada em data anterior ao aniversário de sessenta anos do nubente. Ao contrário. No REsp. 646.259/RS, a união estável iniciou-se quando o varão contava sessenta e quatro anos de idade. Nos demais acórdãos mencionados no recurso especial não há referência à circunstância, determinante para a solução do caso ora em julgamento, de haver ou não união estável iniciada antes da idade em que a lei civil estabelecia a restrição.

Em face do exposto, nego provimento ao recurso especial. É como voto.

CERTIDÃO DE JULGAMENTO QUARTA TURMA

Número Registro: 2012/0071382-0
PROCESSO ELETRÔNICO REsp 1.318.281 / PE
Números Origem: 00023686020068171250 00100652620118170000 2043625 204362500 204362501
PAUTA: 01/12/2016
JULGADO: 01/12/2016
SEGREDO DE JUSTIÇA
Relatora: Exma. Sra. Ministra **MARIA ISABEL GALLOTTI**
Presidente da Sessão: Exma. Sra. Ministra MARIA ISABEL GALLOTTI
Subprocurador-Geral da República: Exmo. Sr. Dr. EUGÊNIO JOSÉ GUILHERME DE ARAGÃO
Secretária: Dra. TERESA HELENA DA ROCHA BASEVI

AUTUAÇÃO

RECORRENTE: G V M
ADVOGADO: MARIA DO CARMO CAITANO - PE012428
RECORRIDO: I S M
ADVOGADO: WASHINGTON LUIZ MAGALHÃES DE MELO - AL004445
ASSUNTO: DIREITO CIVIL - Família - Casamento

CERTIDÃO

Certifico que a egrégia QUARTA TURMA, ao apreciar o processo em epígrafe na sessão realizada nesta data, proferiu a seguinte decisão:

A Quarta Turma, por unanimidade, negou provimento ao recurso especial, nos termos do voto da Sra. Ministra Relatora.

Os Srs. Ministros Antonio Carlos Ferreira, Marco Buzzi, Luis Felipe Salomão e Raul Araújo votaram com a Sra. Ministra Relatora.

RECURSO ESPECIAL Nº 1.292.533 - GO (2011/0268169-6)

RELATOR: MINISTRO RAUL ARAÚJO
RECORRENTE: M E DA S
ADVOGADOS: LUIZ MAURO PIRES E OUTRO(S) - GO004232
LUIZ FERNANDO F PIRES E OUTRO(S) - GO021500
RECORRENTE: G C
ADVOGADO: ONILDO ALVES DA SILVA E OUTRO(S) - GO002278 RECORRIDO: OS MESMOS

DECISÃO

Trata-se de recursos especiais interpostos por M. E. DA S. e G. C., ambos com fundamento no art. 105, III, alíneas "a" e "c", da Constituição Federal, contra acórdão proferido pelo Tribunal de Justiça do Estado de Goiás, assim ementado:

> *"Apelações Cíveis. Ação de separação litigiosa. 1 - Regime de separação obrigatória de bens. Doação na constância do casamento. De acordo com entendimento do STJ, é válida a doação de um cônjuge ao outro na constância da sociedade conjugal, ainda que sob o regime da separação obrigatória de bens. 2 - Separação. Partilha dos bens doados. As doações realizadas na constância do matrimônio não integram a partilha quando da separação litigiosa, posto não serem revogadas como fim da sociedade conjugal. 3 - Partilha de bens. Súmula 377 do STF. Necessidade de prova do esforço comum dos cônjuges. Em que pese o enunciado de Súmula nº 377 do STF não fazer qualquer referência ao esforço comum dos cônjuges na aquisição do patrimônio, deve o mesmo ser provado, sob pena de revogação do regime de separação obrigatória e instituição da comunhão parcial de bens. 4 - Alimentos. Desnecessidade da alimentante. A exigibilidade da prestação alimentar pressupõe que o titular do direito não possa manter-se por si mesmo, ou com o seu próprio patrimônio. Verificada a desnecessidade da alimentante, não há falar em alimentos. 5 - Ônus de sucumbência. Averiguação em separado. As custas e despesas processuais, bem como os honorários advocatícios devem ser sopesados em cada ação em separado, levando-se em consideração as particularidades de cada uma. 6 - Litigância de má-fé. Direito de recorrer. Não configuração. Não há falar em litigância de má-fé quando a parte, ao interpor recurso, agiu apenas em busca de seus interesses.*
> *Apelos conhecidos e providos em parte, por maioria de votos." (e-STJ, fls. 2.203/2.204)*

Opostos embargos de declaração pelas partes, foram rejeitados os de G. C. e parcialmente acolhidos os de M. E. DA S., "somente para registrar que nas ações de anulação de ato jurídico (desconstituição de escritura pública de união estável) e declaratória de nulidade das doações, julgadas improcedentes, os honorários advocatícios são arbitrados em R$ 1.000,00 (um mil reais) para cada processo" (e-STJ, fl. 2.281).

Em suas razões recursais, M. E. DA S. aponta, além de divergência jurisprudencial, violação aos arts. 20, § 3º, e 535 do CPC/73. Além de negativa de prestação jurisdicional, alega que, no regime de separação legal de bens, o patrimônio adquirido durante o casamento deve ser partilhado, não importando se foi resultado, ou não, do esforço comum. Afirma que a Súmula 377 do STF não exige a prova da co-participação, devendo-se presumi-la em favor da recorrente. Insurge-se contra os valores fixados, aleatoriamente, a título de honorários advocatícios. Afirma que a recorrente não foi sucumbente em nenhuma ação.

Por sua vez, em suas razões recursais, G. C. alega ofensa ao arts. 165, 458, II, e 535, II, do CPC/73; 248, parágrafo único, e 312 do Código Civil de 1916; 152, 166, VI, 544, 884, 1.641, II, 1.655, 2.003 e 2.039 do Código Civil de 2002; 2º e 107 da Lei nº 10.741/2003 (Estatuto do Idoso); bem como divergência jurisprudencial. Sustenta a nulidade do acórdão recorrido, por deficiência na prestação jurisdicional. Afirma serem nulas as doações implementadas pelo recorrente em favor da esposa no curso da união, justamente por serem burla ao regime legal de bens. Sucessivamente, aduz que os bens doados, ao menos, deveriam ser partilhados. Assevera que, ao atestar perfeita higidez mental do recorrente, o acórdão recorrido deixou de assegurar a proteção integral ao idoso, nos termos da Lei nº 10.741/2003 (Estatuto do Idoso).

O Ministério Público Federal opinou pelo parcial conhecimento e desprovimento dos recursos (e-STJ, fls. 2.584/2.598).

É o relatório. Passo a decidir.

De início, cumpre salientar que os recursos serão examinados à luz do Enunciado 2 do Plenário do STJ: "*Aos recursos interpostos com fundamento no CPC/1973 (relativos a decisões publicadas até 17 de março de 2016) devem ser exigidos os requisitos de admissibilidade na forma nele prevista, com as interpretações dadas, até então, pela jurisprudência do Superior Tribunal de Justiça*".

<u>Do recurso especial interposto por M. E. DA S.</u>

No que se refere à negativa de prestação jurisdicional, não se vislumbra a alegada violação ao art. 535 do CPC/73, na medida em que a eg. Corte de origem dirimiu, fundamentadamente, as questões que lhe foram submetidas. De fato, inexiste qualquer omissão, obscuridade ou contradição no aresto recorrido, porquanto o Tribunal local, malgrado não ter acolhido os argumentos suscitados pela recorrente, manifestou-se expressamente acerca dos temas necessários à integral solução da lide.

Impende ressaltar que "*se os fundamentos do acórdão recorrido não se mostram suficientes ou corretos na opinião do recorrente, não quer dizer que eles não existam. Não se pode confundir ausência de motivação com fundamentação contrária aos interesses da parte*" (AgRg no Ag 56.745/SP, Relator o eminente Ministro **CESAR ASFOR ROCHA**, DJ de 12.12.1994). Nesse sentido, confiram-se os seguintes julgados: REsp 209.345/SC, Relator o eminente Ministro **JOÃO OTÁVIO DE NORONHA**, DJ de 16.05.2005; REsp 685.168/RS, Relator o eminente Ministro **JOSÉ DELGADO**, DJ de 02.05.2005.

Acrescente-se que, conforme a jurisprudência do Superior Tribunal de Justiça, o magistrado não está obrigado a se pronunciar sobre todos os pontos abordados pelas partes, mormente quando já tiver decidido a controvérsia sob outros fundamentos (EDcl no REsp 202.056/SP, 3ª Turma, Rel. Min. **CASTRO FILHO**, DJ de 21.10.2001).

Na origem, trata-se de ações de separação litigiosa e de alimentos ajuizada por M. E. DA S. em face de G. C. e ações declaratórias de nulidade de doação, separação de corpos, nulidade de escritura de reconhecimento de união estável e arrolamento de bens ajuizadas por G. C. contra M.E. DA S.

Extrai-se dos autos que o casal começou a conviver em união estável no ano de 2000, firmaram escritura pública de declaração de união estável em 26/11/2001 e se casaram em 23/04/2002, sob o regime de separação legal de bens, uma vez que o cônjuge varão contava com mais de sessenta anos de idade.

O MM. Juiz de Direito proferiu sentença única, nos seguintes termos: a) julgou extinto, sem resolução do mérito, o processo de separação de corpos; b) julgou improcedente o pedido de anulação de escritura pública de declaração de união estável; c) julgou improcedente o pedido de declaração de nulidade das doações feitas por G. C. em favor de M. E. DA S.; d) julgou extinto o pedido de arrolamento de cautelar de bens; e) julgou improcedente o pedido reconvencional relativo à nulidade do casamento em razão da decadência; f) julgou improcedente o pedido reconvencional relativo à declaração de culpa pelo fim do casamento; g) julgou procedente o pedido de separação judicial, determinando a partilha do valor decorrente da reforma havida na Galeria 85, de propriedade do requerido G. C., bem como do valor decorrente da construção das unidades componentes do Residencial Gauthier Cardoso, cabendo ao cônjuge virago 50% do valor a ser apurado em liquidação de sentença, indeferindo a partilha de outros bens; h) julgou improcedente o pedido de alimentos.

As partes apelaram, sendo que o Tribunal de Justiça do Estado de Goiás, por maioria, deu parcial provimento ao recurso de G. C. para excluir da partilha o imóvel denominado Residencial Gauthier Cardoso e deu parcial provimento ao recurso de M. E. DA S. para individualizar os ônus sucumbenciais de cada uma das ações propostas.

A recorrente M. E. DA S. insurge-se, nesta oportunidade, contra a exclusão da partilha do bem denominado Residencial Gauthier Cardoso.

Tal bem fora inicialmente incluído na partilha, seguindo-se apelação na qual G. C. alegou não ter a ex-esposa participado efetivamente da construção do condomínio.

No ponto em questão, assim decidiu o Tribunal de origem:

> *"Entendo que, nesse mister, razão assiste ao apelante, não devendo tal condomínio ser partilhado.*
> *É cediço que o casamento entre os litigantes foi contraído sob o regime de separação legal de bens, por expressa disposição legal, visto contar o apelante com mais de (60) sessenta anos de idade na data da celebração das núpcias. Sob esse regime, não existe a comunhão de bens adquiridos na constância do casamento, pertencendo a cada cônjuge seus bens particulares.*

De se registrar que, visando diminuir os rigores da lei, foi editada a Súmula 377 do Supremo Tribunal Federal, que enuncia: 'No regime de separação legal de bens, comunicam-se os adquiridos na constância do casamento.'
Em que pese ter sido redigida sob a égide do Código Civil de 1916, é o supratranscrito enunciado de aplicação inequívoca à espécie, porquanto não se pode favorecer o enriquecimento ilícito de um cônjuge em detrimento do outro.
Apesar de a referida Súmula não condicionar a realização da partilha à prova efetiva da contribuição dos cônjuges para aquisição do patrimônio em comum, os tribunais superiores e a doutrina vêm entendendo ser o patrimônio conjugal formado a partir do trabalho e economia de ambos os nubentes.
Destarte, deve haver prova do esforço conjunto dos mesmos na aquisição do patrimônio, sob pena de revogação do regime de separação obrigatória e instituição da comunhão parcial de bens.
(...)
Consta dos autos ter o 1º recorrente vendido suas participações acionárias nas empresas NAVESA, CIAASA, Viação Luwasa Ltda, Cabram Agropecuári a Ltda, Transbram Tranipostes Ltda, Rodobram Transportes Ltda, Arabel Araguaia Bebidas Ltda, Cerbel Distribuidora de Bebidas Ltda, BR Transportes Ltda, Gynsol Goiânia Sorvetes Ltda, Dibrasul Distribuidora de Bebidas Ltda, Unibram Distribuidora de Bebidas Ltda, Transbeer Transportes Ltda, Rodosul Transportes Ltda e Trans-Sol Transportadora de Bebidas Ltda. Participações estas contemporâneas ao primeiro casamento do apelante.
Registre-se que, em matéria de comunicação dos bens no casamento regido pela separação legal, os bens que vierem substituir um outro bem *particular não serão da comunhão, de modo que* ***os bens adquiridos em subrrogação dos particulares não se consideram adquiridos na constância da união.***
Assim, ***a construção do Residencial Gauthier Cardoso deriva de subrrogação de bens anteriores do cônjuge varão que foram vendidos, razão pela qual não deve ser partilhado.***
A participação alegada pela 2º apelante nas obras da edificação não restou devidamente comprovada nos autos, nos quais constam apenas meras emissões de opinião a respeito de detalhes do empreendimento, não configurando, desta feita, esforço conjunto dos nubentes.
Corroborando com o pensamento acima esposado estão os depoimentos das testemunhas David Pires Maciel e Juliana Queiroz Araújo Navarro, respectivamente:

> 'nunca recebeu nenhuma orientação por parte da autora quando da construção do Condomínio Gauthier Cardoso (...), já que tudo era feito pelo arquiteto, pelo engenheiro e pelo próprio requerido (...) a primeira vez que a autora foi à obra, em companhia do requerido, (...) a obra já estava na fase de cobertura'. (fls. 1.410/1.411)

'que certa vez o casal pediu opinião da declarante sobre uma luminária para o condomínio, sendo que ele tinha o hábito de pedir opinião para as filhas e netas.' (fls. 1.41211.413)

De tal sorte, temerário seria concluir-se pelo esforço e efetiva participação da 2ª recorrente na obra, sob pena de enriquecimento indevido do cônjuge virago em detrimento do cônjuge varão.

Ademais, vale lembrar: 'O casamento não é forma de aquisição de propriedade.' (TJRS. Ac 596191205. DJ em 05/06/1997).

Por fim, insta mencionar que a 2ª apelante foi aquinhoada pelo apelado, no curto período de tempo de convivência (pouco mais de um ano de união estável e cinco anos de casamento), com um luxuoso apartamento, no valor de R$ 468.000,00 (quatrocentos e sessenta e oito mil reais) e um veículo CHRYSLER PT-CRUISER, adquirido pelo montante de R$ 90.000,00 (noventa mil reais).

Dessa forma, ***não há falar em comunicabilidade do Residencial Gauthier Cardoso, posto que advindo pelo esforço de um só dos consortes****, inaplicando-se, pois, o Enunciado da Súmula 377 do Colendo Supremo Tribunal Federal.*" (e-STJ, fls. 2.192/2.196, grifou-se)

No regime da separação legal de bens comunicam-se os aquestos adquiridos na constância do casamento pelo esforço comum dos cônjuges (art. 259 CC/1916). A propósito, confiram-se:

"CIVIL E PROCESSUAL. RECURSO ESPECIAL. PREQUESTIONAMENTO LIMITADO. DISSÍDIO NÃO APRESENTADO. INVENTÁRIO. CASAMENTO CONTRAÍDO NA ÁUSTRIA. REGIME DA SEPARAÇÃO DE BENS, CONSOANTE A LEI DAQUELE PAÍS, POR FALTA DE PACTO ANTENUPCIAL EM SENTIDO CONTRÁRIO. VINDA PARA O BRASIL. AQUISIÇÃO DE PATRIMÔNIO AO LONGO DA VIDA EM COMUM.

FALECIMENTO DO CÔNJUGE VARÃO. DECLARAÇÃO DE BENS, CONSTANDO APENAS AQUELES EM NOME DO DE CUJUS. IMPUGNAÇÃO PELA FILHA DO PRIMEIRO CASAMENTO. AQÜESTOS. COMUNICAÇÃO. RESSALVA QUANTO AOS HAVIDOS PELO ESFORÇO EXCLUSIVO/DOAÇÃO/HERANÇA DA CÔNJUGE MULHER. LICC, ART. 7º, § 4º CC, ART. 259. SÚMULA N. 377-STF.

Apesar de o casamento haver sido contraído pelo regime da separação de bens *no exterior,* ***os bens adquiridos na constância da vida comum****, quase à totalidade transcorrida no Brasil,* ***devem se comunicar, desde que resultantes do esforço comum.***

Exclusão, portanto, do patrimônio existente em nome da viúva, obtido pelo labor individual, doação ou herança, incorporando-se os demais ao espólio do cônjuge varão, para partilha e meação, a serem apurados em ação própria.

Recurso especial conhecido em parte e parcialmente provido."

(REsp 123.633/SP, Rel. Ministro ALDIR PASSARINHO JUNIOR, QUARTA TURMA, julgado em 17/03/2009, DJe 30/03/2009, grifou-se)

> *"CIVIL. REGIME DE BENS. SEPARAÇÃO OBRIGATÓRIA. AQÜESTOS. ESFORÇO COMUM. COMUNHÃO. SÚMULA 377/STF. INCIDÊNCIA.*
> ***No regime da separação legal de bens comunicam-se os adquiridos na constância do casamento pelo esforço comum dos cônjuges** (art. 259 CC/1916).*
> *Precedentes.*
> *Recurso especial conhecido e provido."*
> (REsp 442.629/RJ, Rel. Ministro FERNANDO GONÇALVES, QUARTA TURMA, julgado em 02/09/2003, DJ 15/09/2003, p. 324, REPDJ 17/11/2003, p.
> 332, grifou-se)

É de se ver que o Tribunal *a quo* bem decidiu toda a controvérsia posta em debate com amparo no contexto fático-probatório dos autos, concluindo que o imóvel em questão (Residencial Gauthier Cardoso) foi adquirido pelo esforço exclusivo do cônjuge varão, como resultado de subrrogação de outros bens particulares adquiridos anteriormente à união (participações acionárias).

Dessa forma, para rever o entendimento acima, de que não ficou configurado o esforço comum, seria necessário reexaminar o conjunto fático-probatório dos autos, providência vedada no âmbito estreito do recurso especial, a teor do disposto no enunciado da Súmula 7 do STJ.

No tópico relativo à sucumbência, o Tribunal Estadual deu parcial provimento à apelação de M. E. DA S. para individualizar os ônus sucumbenciais de cada uma das ações propostas nos seguintes termos: a) na ação de separação de corpos, julgada extinta sem resolução do mérito, as custas e despesas processuais serão suportadas por G. C., sem o arbitramento de honorários, por não ter a relação processual sido triangularizada; b) nas ações de anulação de ato jurídico (desconstituição de escritura pública de união estável) e declaratória de nulidade das doações, julgadas improcedentes, o autor (G. C.) foi condenando ao pagamento de custas e despesas processuais e honorários advocatícios fixados em R$ 1.000,00 (um mil reais) para cada processo; c) na ação de separação judicial, julgada parcialmente procedente, o réu (G. C.) sucumbiu na maior parte dos pedidos, devendo responder pelas custas e despesas processuais e pelos honorários advocatícios arbitrados em R$ 4.000,00 (quatro mil reais), na proporção de 70%, ficando os outros 30% a cargo da autora (M. E. DA S.); d) na reconvenção, proposta por G. C., julgada parcialmente procedente, os ônus sucumbenciais devem ser rateados na proporção de 80% para o reconvinte e 20% para a reconvinda, ficando a verba honorária fixada em R$ 2.000,00 (dois mil reais); e) na ação de alimentos, julgada improcedente, o pagamento das custas e dos honorários advocatícios devem ficar a cargo da autora (M. E. DA S.), estes fixados no montante de R$ 1.500,00 (um mil e quinhentos reais).

Esta Corte consolidou o entendimento de que a fixação da sucumbência está sujeita a critérios de valoração previstos na lei processual, como ato próprio dos juízos das instâncias ordinárias. Assim, o reexame dos critérios fáticos, sopesados de forma equitativa e levados em consideração para fixar os honorários advocatícios, em princípio, é inviável em sede de recurso especial. Isso porque a discussão acerca dos percentuais, para concluir ou não pela sucumbência mínima, e dos valores da condenação, para concluir se foram adequados ou não, somente se sujeita ao controle do Superior Tribunal de Justiça em circunstâncias excepcionais, as quais não se identificam no caso em apreço.

Nesse sentido:

> *"PROCESSUAL CIVIL. SUCUMBÊNCIA. DIMENSIONAMENTO. AFERIÇÃO. VALORES E PERCENTUAIS. REEXAME DE PROVAS. SÚMULA 7-STJ.*
> *1 - Em sede especial, não é dado aferir percentuais e valores da condenação para concluir ou não pela sucumbência em parte mínima do pedido, tampouco há espaço para fixação minuciosa do quantum de custas e de honorários advocatícios, pois são intentos que demandam inegável incursão na seara fático-probatória de cada demanda, vedada pela súmula 7-STJ.*
> *2 - Agravo regimental improvido."* (AgREsp 488.149/RS, Rel. Min. FERNANDO GONÇALVES, DJU de 16/06/2003)

> *"PROCESSUAL CIVIL. TRIBUTÁRIO. RECURSO ESPECIAL REPRESENTATIVO DE CONTROVÉRSIA. ART. 543-C, DO CPC. AUXÍLIO CONDUÇÃO. IMPOSTO DE RENDA. NÃO-INCIDÊNCIA. TRIBUTO SUJEITO A LANÇAMENTO POR HOMOLOGAÇÃO. PRESCRIÇÃO.*
> *TERMO INICIAL. PAGAMENTO INDEVIDO. ARTIGO 4º, DA LC 118/2005. DETERMINAÇÃO DE APLICAÇÃO RETROATIVA. DECLARAÇÃO DE INCONSTITUCIONALIDADE. CONTROLE DIFUSO. CORTE ESPECIAL. RESERVA DE PLENÁRIO. MATÉRIA DECIDIDA PELA 1ª SEÇÃO, NO RESP 1002932/SP, JULGADO EM 25/11/09, SOB O REGIME DO ART. 543-C DO CPC. MAJORAÇÃO DOS HONORÁRIOS. SÚMULA 07 DO STJ.*
> *(...)*
> *7. O reexame dos critérios fáticos, sopesados de forma equitativa e levados em consideração para fixar os honorários advocatícios, nos termos das disposições dos parágrafos 3º e 4º do artigo 20, do CPC, em princípio, é inviável em sede de recurso especial, nos termos da jurisprudência dominante desta Corte. Isto porque a discussão acerca do quantum da verba honorária encontra-se no contexto fático-probatório dos autos, o que obsta o revolvimento do valor arbitrado nas instâncias ordinárias por este Superior Tribunal de Justiça. (Precedentes: REsp 638.974/SC, DJ 15.04.2008; AgRg no REsp 941.933/SP, DJ 31.03.2008 ; REsp 690.564/BA, DJ 30.05.2007).*
> *8. Recurso especial da União Federal desprovido. Acórdão submetido ao regime do art. 543-C do CPC e da Resolução STJ 08/2008.*
> *9. Recurso especial da parte autora parcialmente conhecido e, nesta parte provido, tão-somente para determinar a aplicação da prescrição decenal, nos termos da fundamentação expendida."*
> (REsp 1096288/RS, Rel. Ministro LUIZ FUX, PRIMEIRA SEÇÃO, julgado em 09/12/2009, DJe 08/02/2010)

"ADMINISTRATIVO E PROCESSUAL CIVIL. AGRAVO REGIMENTAL NO AGRAVO EM RECURSO ESPECIAL. RESPONSABILIDADE CIVIL DO ESTADO. ACIDENTE DE TRÂNSITO. VIOLAÇÃO DO ART. 535. INEXISTÊNCIA. EXISTÊNCIA DE RESPONSABILIDADE. SÚMULA 7/STJ. REVISÃO DO VALOR DA INDENIZAÇÃO. SÚMULA 7/STJ. HONORÁRIOS ADVOCATÍCIOS. REVISÃO. SÚMULA 7/STJ.
(...)
4. Rever o valor dos honorários advocatícios faz-se imperiosa a análise das normas previstas nas alíneas do § 3º do art. 20 do CPC, quais sejam, o grau de zelo do profissional, o lugar da prestação do serviço, a natureza e importância da causa, o trabalho realizado pelo advogado e o tempo exigido para o seu serviço. E o recurso especial, como já mencionado anteriormente, não se presta à análise de aspectos de ordem fática pelo óbice do enunciado n. 7 da Súmula desta Corte.
5. Agravo regimental a que se nega provimento."
(AgRg no AREsp 792.611/PR, Rel. Ministra DIVA MALERBI (DESEMBARGADORA CONVOCADA TRF 3ª REGIÃO), SEGUNDA TURMA, julgado em 15/12/2015, DJe 18/12/2015)

"AGRAVO REGIMENTAL NOS EMBARGOS DE DECLARAÇÃO NO AGRAVO EM RECURSO ESPECIAL. VIOLAÇÃO DO ART. 535 DO CPC. INEXISTÊNCIA. INTERPRETAÇÃO DE CLÁUSULA E REEXAME DE PROVA. SÚMULAS NºS 5 E 7/STJ. INVIABILIDADE. HONORÁRIOS

ADVOCATÍCIOS. VALOR. RAZOABILIDADE. (...)
3. O Superior Tribunal de Justiça, afastando a incidência da Súmula nº 7/STJ, tem reexaminado o montante fixado pelas instâncias ordinárias a título de honorários advocatícios apenas quando irrisório ou abusivo, circunstâncias inexistentes no presente caso.
4. Agravo regimental não provido."
(AgRg nos EDcl no AREsp 532.774/RJ, Rel. Ministro RICARDO VILLAS BÔAS CUEVA, TERCEIRA TURMA, julgado em 03/12/2015, DJe 14/12/2015)

Do recurso especial interposto por G. C.

Com relação aos artigos 248, parágrafo único, do Código Civil de 1916, 152, 166, VI, 544, 884, 1.655, 2.003 e 2.039 do Código Civil de 2002, 2º e 107 da Lei nº 10.741/2003 (Estatuto do Idoso), o Tribunal de origem, apesar da oposição de embargos declaratórios, não decidiu acerca das questões ventiladas nos referidos dispositivos legais, o que inviabiliza o seu julgamento. Aplica-se, neste caso, o enunciado da Súmula 211/STJ.

Quanto à deficiência na prestação jurisdicional, a pretensão também não merece prosperar. Não configura ofensa aos artigos 165, 458, II, e 535, II, do Código de Processo Civil de 1973 o fato de o Tribunal de origem, embora sem examinar individualmente cada um dos argumentos suscitados, adotar fundamentação contrária à pretensão da parte recorrente, suficiente para decidir integralmente a controvérsia.

Destaca-se que os embargos de declaração são cabíveis para apontar a existência de omissão, contradição ou obscuridade a respeito de questão jurídica de especial relevância para a solução da lide, o que não se verificou no presente caso. Assim, não configura contradição afirmar a falta de prequestionamento e afastar indicação de afronta ao art. 535 do CPC/73. É perfeitamente possível o julgado apresentar-se devidamente fundamentado sem, no entanto, ter decidido a causa à luz dos preceitos jurídicos desejados pela postulante, pois a tal não está obrigado (AgInt no REsp 974.125/RS, Rel. Ministro ANTONIO SALDANHA PALHEIRO, SEXTA TURMA, julgado em

30/06/2016, DJe de 1º/08/2016; AgRg no REsp 1.452.911/PB, Rel. Ministro HUMBERTO MARTINS, SEGUNDA TURMA, julgado em 27/10/2015, DJe de 13/11/2015).

No tocante à nulidade das doações feitas pelo recorrente à ex-esposa, reputadas legítimas pelas instâncias ordinárias, bem como ao pleito de partilha dos bens doados, colhe-se do acórdão recorrido a seguinte fundamentação:

> *"No tocante à irresignação do recorrente com a improcedência do pedido de nulidade das doações feitas à 2ª recorrente, ao fundamento de ter a juíza de piso analisado o assunto com fulcro no Código Civil vigente (2002), tenho que tal argumento não pode prosperar, ainda que tivesse a magistrada aplicado à espécie o Código Civil de 1916.*
> *Vale lembrar que a doação se constitui em ato de liberalidade, através do qual o doador transfere do seu patrimônio, bens ou vantagens para o de outra pessoa (art. 538, Código Civil).*
> *Dessume-se dos autos terem os litigantes convivido maritalmente entre 26/11/2001 e 23/04/2002, data na qual contraíram núpcias pelo regime da separação legal de bens, por ter o apelante idade superior a 60 (sessenta) anos.*
> *Sobre tal regime de bens, o Código Civil de 2002 trouxe a regra inserta no inciso II, do artigo 1.641, segundo a qual 'é obrigatório o regime da separação de bens no casamento da pessoa maior de sessenta anos'.*
> *Reproduzindo parte da regra que vigia no artigo 248, parágrafo único, inciso II, do Código Civil de 1916, o legislador civilista limitou a possibilidade de escolha do idoso quanto ao regime de casamento, impondo ao mesmo, a separação de bem.*
> *Esta imposição nitidamente envolve questão econômica, seja com relação à proteção dos herdeiros, seja pela proteção da pessoa que adquiriu um considerável patrimônio e possa eventualmente vir a sofrer perda por simples interesse de terceiro. A justificativa seria a tentativa de evitar que pessoas se aproximem dos idosos com o mero intuito de se aproveitarem de suas fortunas amealhadas ao longo da* vida, o que vários estudiosos entendem ser inconstitucional.
> ***No caso em apreço, as doações impugnadas foram realizadas em 15/12/2004 (apartamento) e 31/10/2005 (automóvel), ou seja, na constância do casamento, que se deu em 23/04/2002.***

> *Em recente julgamento, o Superior Tribunal de Justiça, no Resp 4711.958/RS, tendo como Relatora a ministra Nancy Andrighi, entendeu serem válidas as doações promovidas na constância do casamento por cônjuges que contraíram matrimônio pelo regime da separação de bens, já que o Código Civil/1916 não as vedava, fazendo-o apenas com relação às doações antenupciais.*
> *Ressaltou a Relatora que o fundamento que justificava a restrição dos atos praticados por homens maiores de 60 e mulheres acima de 50 anos, presente à época em que promulgado o Código Civil/1916, não mais se justifica nos dias de hoje, de modo que a manutenção de tais restrições representa ofensa ao princípio da dignidade da pessoa humana.*
> *(...)*
> *Assim,* ***reconhecida a perfeita higidez mental do cônjuge varão, o que inclusive fora ressalvado pelo Parquet e pela magistrada singular, motivos inexistem a invalidar as doações realizadas.***
> *Quanto ao pleito de partilha dos bens doados, melhor sorte não assiste ao recorrente.*
> *É cediço que uma pessoa pode, mediante doação, dispor de seu patrimônio, seja para transferir a propriedade dele para terceiros seja para renunciar a direitos. O que não pode acontecer é a disposição sobre mais da metade do patrimônio do doador, caso este tenha herdeiros necessários, sob pena de tal doação revelar-se inoficiosa, na parte que ultrapassar a metade disponível.*
> *No caso dos autos, o que aconteceu foi a homologação de acordo lícito entre as partes maiores e capazes, sobre a transferência de patrimônio de um para o outro.*
> *Em tendo sido o apelante vencido na parte de anulação das doações efetuadas, não há falar em partilha de tais bens, devendo a doação produzir seus efeitos normalmente."* (e-STJ, fls. 2.189/2.192, grifou-se)

Segundo o entendimento do Superior Tribunal de Justiça, são válidas as doações promovidas, na constância do casamento, por cônjuges que contraíram matrimônio pelo regime da separação legal de bens. É de se observar que o Código Civil de 1916 não veda tais doações, fazendo-no apenas com relação às doações antenupciais. Outrossim, o fundamento que amparava a restrição aos atos praticados por homens maiores de sessenta anos ou mulheres maiores que cinqüenta, presente à época em que promulgado o Código Civil de 1916, já não se justifica nos dias de hoje, devendo ser observado o princípio da dignidade da pessoa humana.

Nesse sentido, confiram-se os seguintes julgados:

> "CIVIL. FAMÍLIA. RECURSO ESPECIAL. REGIME DE BENS. SEPARAÇÃO OBRIGATÓRIA. DOAÇÃO ANTERIOR AO MATRIMÔNIO. VIGÊNCIA DE UNIÃO ESTÁVEL. DOAÇÃO NA CONSTÂNCIA DO CASAMENTO. REQUISITOS FORMAIS. ARTIGOS ANALISADOS: ARTS. 258, PARÁGRAFO ÚNICO, II; 312 DO CC/16.

1. Inventário de bens em razão de falecimento, cuja abertura foi requerida em 31.03.2003. Recurso especial concluso ao Gabinete em 01.06.2011.
2. Discussão relativa à validade de doações efetuadas pelo de cujus à sua consorte, antes e após o casamento, realizado sob o regime da separação obrigatória de bens.
3. A ausência de decisão sobre os dispositivos legais supostamente violados, não obstante a interposição de embargos de declaração, impede o conhecimento do recurso especial. Incidência da Súmula 211/STJ.
4. O reexame de fatos e provas em recurso especial é inadmissível.
5. Não obstante, de acordo com a boa regra de hermenêutica, as normas que limitam o exercício de direitos devam ser interpretadas restritivamente, a mera utilização de outro instrumento, que não a escritura de pacto antenupcial para formalização do negócio, não é suficiente para conferir-lhe validade.
6. Se tivesse sido, desde logo, celebrado o casamento, quando iniciado o relacionamento entre as partes, o qual perdurou, no total, por mais de 30 anos, não haveria a obrigatoriedade da adoção do regime da separação obrigatória de bens, pois o de cujus ainda não completara 60 anos de idade.
7. Mesmo não sendo expresso, naquela época (1978), o princípio segundo o qual a Lei deverá reconhecer as uniões estáveis, fomentando sua conversão em casamento (art. 226, §3º, da CF), não havia - e não há - sentido em se admitir que o matrimônio do de cujus e da recorrida tenha implicado, para eles, restrição de direitos, ao invés de ampliar proteções.
8. Ausente qualquer outro vício que macule a doação anterior ao casamento; e advinda incontroversamente da parte disponível do doador, a doação realizada na constância da união estável das partes, iniciada quando não havia qualquer impedimento ao casamento ou restrição à adoção do regime patrimonial de bens, não se reveste de nulidade somente porque algum tempo depois, as partes celebraram matrimônio sob o regime da separação obrigatória de bens.
9. Recurso especial conhecido em parte e, nesta parte, provido."
(REsp 1254252/SC, Rel. Ministra NANCY ANDRIGHI, TERCEIRA TURMA, julgado em 22/04/2014, DJe 29/04/2014, grifou-se)

"DIREITO CIVIL. AGRAVO REGIMENTAL EM RECURSO ESPECIAL. DOAÇÃO REALIZADA POR CÔNJUGE NA CONSTÂNCIA DO CASAMENTO. VIGÊNCIA DO CÓDIGO CIVIL DE 1916. REGIME DE SEPARAÇÃO LEGAL DE BENS. DOADOR COM IDADE SUPERIOR A 60 ANOS. VALIDADE. PRECEDENTE.
***1. São válidas as doações promovidas, na constância do casamento, por cônjuges que contraíram matrimônio pelo regime da separação legal de bens,** por três motivos: '(i) o CC/16 não as veda,*

fazendo-no apenas com relação às doações antenupciais; (ii) o fundamento que justifica a restrição aos atos praticados por homens maiores de sessenta anos ou mulheres maiores que cinqüenta, presente à época em que promulgado o CC/16, não mais se justificam nos dias de hoje, de modo que a manutenção de tais restrições representam ofensa ao princípio da dignidade da pessoa humana; (iii) nenhuma restrição seria imposta pela lei às referidas doações caso o doador não tivesse se casado com a donatária, de modo que o Código Civil, sob o pretexto de proteger o patrimônio dos cônjuges, acaba fomentando a união estável em detrimento do casamento, em ofensa ao art. 226, §3º, da Constituição Federal.' (REsp 471958/RS, Rel. Min. NANCY ANDRIGHI, TERCEIRA TURMA, julgado em 18/12/2008, DJe de 18/02/2009).

2. Agravo regimental a que se nega provimento."

(AgRg no REsp 194.325/MG, Rel. Ministro VASCO DELLA GIUSTINA (DESEMBARGADOR CONVOCADO DO TJ/RS), TERCEIRA TURMA, julgado em 08/02/2011, DJe 01/04/2011, grifou-se)

"Processual civil. Recurso especial. Ação de conhecimento sob o rito ordinário. ***Casamento. Regime da separação legal de bens. Cônjuge com idade superior a sessenta anos. Doações realizadas por ele ao outro cônjuge na constância do matrimônio. Validade.***

- ***São válidas as doações promovidas, na constância do casamento, por cônjuges que contraíram matrimônio pelo regime da separação legal de bens, por três motivos: (i) o CC/16 não as veda, fazendo-no apenas com relação às doações antenupciais; (ii) o fundamento que justifica a restrição aos atos praticados por homens maiores de sessenta anos ou mulheres maiores que cinqüenta, presente à época em que promulgado o*** CC/16, não mais se justificam nos dias de hoje, de modo que a manutenção de tais restrições representam ofensa ao princípio da dignidade da pessoa humana; (iii) nenhuma restrição seria imposta pela lei às referidas doações caso o doador não tivesse se casado com a donatária, de modo que o Código Civil, sob o pretexto de proteger o patrimônio dos cônjuges, acaba fomentando a união estável em detrimento do casamento, em ofensa ao art. 226, §3º, da Constituição Federal.

Recurso especial não conhecido."

(REsp 471.958/RS, Rel. Ministra NANCY ANDRIGHI, TERCEIRA TURMA,
julgado em 18/12/2008, DJe 18/02/2009, grifou-se)

Na espécie, verificada pelas instâncias ordinárias a perfeita higidez mental do cônjuge varão, bem como a ausência de invasão das legítimas, a validade das doações efetuadas deve ser mantida. Conclusão diversa demandaria o reexame de matéria fático-probatória dos autos, inviável em sede de recurso especial, nos termos do enunciado da Súmula 7 do STJ. Reconhecida a validade das doações, o indeferimento da partilha de tais bens revela-se como consequência lógica, devendo a doação produzir seus efeitos normalmente.

Diante do exposto, nos termos do art. 255, § 4º, II, do RISTJ, nego provimento aos recursos especiais.

Publique-se.

Brasília, 21 de fevereiro de 2017.

MINISTRO **RAUL ARAÚJO**
Relator

RECURSO ESPECIAL Nº 1.383.624 - MG (2013/0146258-6)

RELATOR: MINISTRO MOURA RIBEIRO
RECORRENTE: H G P
ADVOGADOS: MITZI EDUARDA GRUBE PEREIRA / BRENO GRUBE PEREIRA
RECORRENTE: C G G
ADVOGADO: BERNARDO GOSLING
RECORRIDO: OS MESMOS

EMENTA

CIVIL. RECURSO ESPECIAL. DIREITO DE FAMÍLIA. UNIÃO ESTÁVEL. CONTRATO DE CONVIVÊNCIA. 1) ALEGAÇÃO DE NULIDADE DO CONTRATO. INOCORRÊNCIA. PRESENÇA DOS REQUISITOS DO NEGÓCIO JURÍDICO. ART. 104 E INCISOS DO CC/02. SENILIDADE E DOENÇA INCURÁVEL, POR SI, NÃO É MOTIVO DE INCAPACIDADE PARA O EXERCÍCIO DE DIREITO. AUSÊNCIA DE ELEMENTOS INDICATIVOS DE QUE NÃO TINHA O NECESSÁRIO DISCERNIMENTO PARA A PRÁTICA DO NEGÓCIO JURÍDICO. AFIRMADA AUSÊNCIA DE MANIFESTAÇÃO DE VONTADE. INCIDÊNCIA DA SÚMULA Nº 7 DO STJ. DEFICIÊNCIA NA FUNDAMENTAÇÃO. INCIDÊNCIA DA SÚMULA Nº 284 DO STF. REGIME OBRIGATÓRIO DE SEPARAÇÃO DE BENS NO CASAMENTO. INCISO II DO ART. 1.641 DO CC/02. APLICAÇÃO NA UNIÃO ESTÁVEL. AFERIÇÃO DA IDADE. ÉPOCA DO INÍCIO DO RELACIONAMENTO. PRECEDENTES. APONTADA VIOLAÇÃO DE SÚMULA. DESCABIMENTO. NÃO SE ENQUADRA NO CONCEITO DE LEGISLAÇÃO FEDERAL. PRECEDENTES. DISSÍDIO JURISPRUDENCIAL NÃO DEMONSTRADO. RECURSO ESPECIAL DO EX-COMPANHEIRO NÃO PROVIDO. 2) PRETENSÃO DE SE ATRIBUIR EFEITOS RETROATIVOS A CONTRATO DE CONVIVÊNCIA. IMPOSSIBILIDADE. RECURSO ESPECIAL DA EX-COMPANHEIRA NÃO PROVIDO.

1. A condição de idoso e o acometimento de doença incurável à época da celebração do contrato de convivência, por si, não é motivo de incapacidade para o exercício de direito ou empecilho para contrair obrigações, quando não há elementos indicativos da ausência de discernimento para compreensão do negócio jurídico realizado.

2. Com o aumento da expectativa de vida do povo brasileiro, conforme pesquisa do IBGE, com a notória recente melhoria na qualidade de vida dos idosos e, com os avanços da medicina, não é razoável afirmar que a pessoa maior de 60 anos não tenha capacidade para praticar os atos da vida civil. Afirmar o contrário afrontaria diretamente o princípio da dignidade da pessoa humana e o da igualdade.

3. A alteração da conclusão do Tribunal *a quo,* com base nos elementos probatórios de que não existia um mínimo de prova indicando que não houve livre manifestação da vontade e de que não se comprovou alteração no estado emocional ou ausência de capacidade para a formalização

do ajuste, não é possível de ser feita em recurso especial, em razão do óbice contido na Súmula nº 7 do STJ.
A deficiência na fundamentação do recurso especial no que tange à alegada ofensa aos arts. 1.641, II, 104, 145 e 171 do CC/02 atrai a incidência da Súmula nº 284 do STF.
Apesar do inciso II do art. 1.641 do CC/02 impor o regime da separação obrigatória de bens somente no casamento da pessoa maior de 60 anos (70 anos após a vigência da Lei nº 12.344/2010), a jurisprudência desta egrégia Corte Superior estendeu essa limitação à união estável quando ao menos um dos companheiros contar tal idade à época do início do relacionamento, o que não é o caso. Precedentes.
O fato do convivente ter celebrado acordo com mais de sessenta anos de idade não torna nulo contrato de convivência, pois os ex-companheiros, livre e espontaneamente, convencionaram que as relações patrimoniais seriam regidas pelo regime da separação total de bens, que se assemelha ao regime de separação de bens. Observância do disposto no inciso II do art. 1.641 do CC/02.
A jurisprudência desta Corte firmou o entendimento de que o apelo nobre não constitui via adequada para análise de eventual ofensa a enunciado sumular por não estar ele compreendido na expressão "lei federal" constante da alínea *a* do inciso III do art. 105 da CF. Precedentes. Some-se o fato da ausência de demonstração e comprovação do dissídio jurisprudencial na forma legal exigida.
No curso do período de convivência, não é lícito aos conviventes atribuírem por contrato efeitos retroativos à união estável elegendo o regime de bens para a sociedade de fato, pois, assim, se estar-se-ia conferindo mais benefícios à união estável que ao casamento.
Recursos especiais não providos.

ACÓRDÃO

Vistos, relatados e discutidos os autos em que são partes as acima indicadas, acordam os Senhores Ministros da Terceira Turma do Superior Tribunal de Justiça, por unanimidade, em negar provimento aos recursos especiais, nos termos do voto do Sr. Ministro Relator.

Os Srs. Ministros João Otávio de Noronha, Ricardo Villas Bôas Cueva (Presidente) e Marco Aurélio Bellizze votaram com o Sr. Ministro Relator.

Ausente, ocasionalmente, o Sr. Ministro Paulo de Tarso Sanseverino. Brasília (DF), 02 de junho de 2015(Data do Julgamento)

MINISTRO MOURA RIBEIRO
Relator

RECURSO ESPECIAL Nº 1.383.624 - MG (2013/0146258-6)

RELATOR: MINISTRO MOURA RIBEIRO
RECORRENTE: H G P
ADVOGADOS: MITZI EDUARDA GRUBE PEREIRA / BRENO GRUBE PEREIRA
RECORRENTE: C G G
ADVOGADO: BERNARDO GOSLING
RECORRIDO: OS MESMOS

RELATÓRIO

O EXMO. SR. MINISTRO MOURA RIBEIRO (Relator):

Trata-se de recurso especial interposto por H. G. P. e C. G. G. com fundamento no art. 105, III, *a* e *c*, do permissivo constitucional contra acórdão do Tribunal de Justiça de Minas Gerais com a seguinte ementa:

> AÇÃO DE RECONHECIMENTO E DISSOLUÇÃO DE UNIÃO ESTÁVEL - PARTILHA - REGIME - ACORDO - LITIGÂNCIA DE MÁ-FÉ AFASTADA.
> O acordo extrajudicial firmado pelo casal durante a convivência é válido, nos moldes do art. 104 do Código Civil, surtindo, contudo, efeitos a partir da sua formalização para frente, não se podendo estender efeitos pretéritos, sob pena de se estar a permitir a modificação do regime no curso do relacionamento, o que necessita de análise pelo Judiciário.
> *Não há que se falar em condenação nas penalidades relativas à litigância de má-fé se não restou comprovada a atitude dolosa da parte caracterizadora do ilícito processual permissivo a que se faça incidir a prescrição do art. 17 do Código de Processo Civil* (e-STJ, fl. 223).

A primeira recorrente, H.G.P., ex-companheira, alega ofensa aos arts. 104 e 1.725 do CC/02.

Afirma, em síntese, que o acórdão recorrido usurpou a competência do legislador quando concluiu que o contrato de convivência que celebrou tinha o condão de regular situações posteriores à sua assinatura, pois limitou o alcance da norma do art. 1.725 do CC/02.

Argumenta que o legislador não limitou o alcance da aludida norma a partir da elaboração e assinatura do referido contrato, mas sim que deixou a cargo das partes a liberdade de contratar, nos limites previstos no art. 104 do CC/02, que exige agente capaz, objeto lícito e forma prescrita ou não defesa em lei, requisitos que estavam presentes.

Assevera que se o contrato foi assinado pelos ex-companheiros com previsão de regular período de união estável anterior à sua assinatura é porque esse era o desejo deles e nada há de ilegal nisso.

Sustenta que a melhor interpretação do art. 1.725 do CC/02 é a *que permite a criação de contrato pelos companheiros para regular seus patrimônios dentro do período em que perdurar a união estável, com efeito anterior e posterior à assinatura do contrato desde dentro do período em que perdurar a união estável* (e-STJ, fl. 272).

Ao final, pede a reforma do acórdão recorrido para que se reconheça que o contrato celebrado tenha validade para regular todo o período da união estável e não somente aplicado aos atos posteriores à sua assinatura.

O segundo recorrente, C.G.G., ex-companheiro, alega ofensa aos arts. 104, 145, 171 e 1.641 do CC/02, ao art. 226, *caput*, e § 3º, da CF/88 e à Súmula nº 377 do STF, além de dissídio jurisprudencial.

Afirma, em síntese, que o acórdão recorrido negou vigência aos arts. 104, 145 e 171 e 1.641 do CC/02 ao retirar o atributo de norma cogente, pois entendeu pela prevalência da autonomia da vontade, não obstante possuir 63 anos de idade e estar acometido de câncer quando celebrou o ajuste de união estável.

Argumenta que o art. 1.641 do CC/02 visa a proteção do idoso estabelecendo rede de garantia patrimonial imune a qualquer espécie de negócio jurídico.

Declara, ainda, que a Súmula nº 377 do STF impõe a divisão do patrimônio comum nas uniões de idosos, razão pela qual o referido contrato de convivência não é válido. Diz que o acórdão impugnado diverge de precedente do STJ.

Contrarrazões do recurso especial (e-STJ, fls. 290/302).

O Ministério Público Federal opinou pelo não conhecimento dos recursos especiais (e-ST, fls. 318-324).

É o relatório.

RECURSO ESPECIAL Nº 1.383.624 - MG (2013/0146258-6)

RELATOR: MINISTRO MOURA RIBEIRO
RECORRENTE: H G P
ADVOGADOS: MITZI EDUARDA GRUBE PEREIRA / BRENO GRUBE PEREIRA
RECORRENTE: C G G
ADVOGADO: BERNARDO GOSLING
RECORRIDO: OS MESMOS

EMENTA

CIVIL. RECURSO ESPECIAL. DIREITO DE FAMÍLIA. UNIÃO ESTÁVEL. CONTRATO DE CONVIVÊNCIA. 1) ALEGAÇÃO DE NULIDADE DO CONTRATO. INOCORRÊNCIA. PRESENÇA DOS REQUISITOS DO NEGÓCIO JURÍDICO. ART. 104 E INCISOS DO CC/02. SENILIDADE E DOENÇA INCURÁVEL, POR SI, NÃO É MOTIVO DE INCAPACIDADE PARA O EXERCÍCIO DE DIREITO. AUSÊNCIA DE ELEMENTOS INDICATIVOS DE QUE NÃO TINHA O NECESSÁRIO DISCERNIMENTO PARA A PRÁTICA DO NEGÓCIO JURÍDICO. AFIRMADA AUSÊNCIA DE MANIFESTAÇÃO DE VONTADE. INCIDÊNCIA DA SÚMULA Nº 7 DO STJ. DEFICIÊNCIA NA FUNDAMENTAÇÃO. INCIDÊNCIA DA SÚMULA Nº 284 DO STF. REGIME OBRIGATÓRIO DE SEPARAÇÃO DE BENS NO CASAMENTO. INCISO II DO ART. 1.641 DO CC/02. APLICAÇÃO NA UNIÃO ESTÁVEL. AFERIÇÃO DA IDADE. ÉPOCA DO INÍCIO DO RELACIONAMENTO. PRECEDENTES. APONTADA VIOLAÇÃO DE SÚMULA. DESCABIMENTO. NÃO SE

ENQUADRA NO CONCEITO DE LEGISLAÇÃO FEDERAL. PRECEDENTES. DISSÍDIO JURISPRUDENCIAL NÃO DEMONSTRADO. RECURSO ESPECIAL DO EX-COMPANHEIRO NÃO PROVIDO. 2) PRETENSÃO DE SE ATRIBUIR EFEITOS RETROATIVOS A CONTRATO DE CONVIVÊNCIA. IMPOSSIBILIDADE. RECURSO ESPECIAL DA EX-COMPANHEIRA NÃO PROVIDO.

1. A condição de idoso e o acometimento de doença incurável à época da celebração do contrato de convivência, por si, não é motivo de incapacidade para o exercício de direito ou empecilho para contrair obrigações, quando não há elementos indicativos da ausência de discernimento para compreensão do negócio jurídico realizado.

2. Com o aumento da expectativa de vida do povo brasileiro, conforme pesquisa do IBGE, com a notória recente melhoria na qualidade de vida dos idosos e, com os avanços da medicina, não é razoável afirmar que a pessoa maior de 60 anos não tenha capacidade para praticar os atos da vida civil. Afirmar o contrário afrontaria diretamente o princípio da dignidade da pessoa humana e o da igualdade.

3. A alteração da conclusão do Tribunal *a quo,* com base nos elementos probatórios de que não existia um mínimo de prova indicando que não houve livre manifestação da vontade e de que não se comprovou alteração no estado emocional ou ausência de capacidade para a formalização do ajuste, não é possível de ser feita em recurso especial, em razão do óbice contido na Súmula nº 7 do STJ.

4. A deficiência na fundamentação do recurso especial no que tange à alegada ofensa aos arts. 1.641, II, 104, 145 e 171 do CC/02 atrai a incidência da Súmula nº 284 do STF.

5. Apesar do inciso II do art. 1.641 do CC/02 impor o regime da separação obrigatória de bens somente no casamento da pessoa maior de 60 anos (70 anos após a vigência da Lei nº 12.344/2010), a jurisprudência desta egrégia Corte Superior estendeu essa limitação à união estável quando ao menos um dos companheiros contar tal idade à época do início do relacionamento, o que não é o caso. Precedentes.

6. O fato do convivente ter celebrado acordo com mais de sessenta anos de idade não torna nulo contrato de convivência, pois os ex-companheiros, livre e espontaneamente, convencionaram que as relações patrimoniais seriam regidas pelo regime da separação total de bens, que se assemelha ao regime de separação de bens. Observância do disposto no inciso II do art. 1.641 do CC/02.

7. A jurisprudência desta Corte firmou o entendimento de que o apelo nobre não constitui via adequada para análise de eventual ofensa a enunciado sumular por não estar ele compreendido na expressão "lei federal" constante da alínea *a* do inciso III do art. 105 da CF. Precedentes. Some-se o fato da ausência de demonstração e comprovação do dissídio jurisprudencial na forma legal exigida.

8. No curso do período de convivência, não é lícito aos conviventes atribuírem por contrato efeitos retroativos à união estável elegendo o

regime de bens para a sociedade de fato, pois, assim, se estar-se-ia conferindo mais benefícios à união estável que ao casamento.
9. Recursos especiais não providos.

RECURSO ESPECIAL Nº 1.383.624 - MG (2013/0146258-6)

RELATOR: MINISTRO MOURA RIBEIRO
RECORRENTE: H G P
ADVOGADOS: MITZI EDUARDA GRUBE PEREIRA / BRENO GRUBE PEREIRA
RECORRENTE: C G G
ADVOGADO: BERNARDO GOSLING
RECORRIDO : OS MESMOS

VOTO

O EXMO. SR. MINISTRO MOURA RIBEIRO (Relator):

Trata-se de ação de reconhecimento e dissolução de união estável cumulada com partilha dos bens adquiridos onerosamente por ex-conviventes, durante a convivência, ajuizada por C.G.G. contra sua ex-companheira, H.G.P.

O autor alegou, em síntese, que a convivência abrangeu o período de novembro de 1999 a novembro de 2010, bem como afirmou ter direito à meação dos seguintes bens: **(a)** um veículo VW, modelo Polo, ano 2007; e, **(b)** um título do clube Minas Tênis Clube.

O pedido foi julgado parcialmente procedente em primeiro grau para reconhecer e dissolver a união estável entre as partes. No que diz respeito à partilha dos bens do casal, o magistrado consignou:

> *Relativamente aos bens adquiridos na constância da união, não obstante se verifique a existência do documento de fls. 64/70, o pacto nele contido não pode prosperar, uma vez que, sendo a União Estável um instituto constitucionalmente equiparado ao casamento, está submetido à regra do artigo 1.641 do Código Civil, cuja interpretação teleológica leva à ilação de que o objetivo da norma foi proteger o idoso, através da garantia do seu patrimônio, contra possíveis casamentos com o precípuo interesse financeiro, evitando-se que ele pudesse perder o que construiu com seu próprio esforço e dividindo o que foi adquirido através do esforço comum.*
> *Pois bem, da mesma forma se dá o raciocínio oposto, considerando que o varão, ao estabelecer com a esposa o referido pacto, já possuía 62 anos, idade superior à estabelecida no art. 1.641 do Código Civil à época do negócio jurídico praticado, e já se encontrava enfermo, inclusive com câncer (conforme demonstram os documentos juntados pela própria requerida de fls. 42/82), podendo o mesmo, realmente, não estar em condições emocionais suficientes para renunciar ao patrimônio*

> *constituído pelo casal, que até então era gerido pelo regime legal estabelecido às Uniões Estáveis pelo art. 1.725 do Código Civil.*
> *Ora, se a previsão do art. 1.641 se deu exatamente no sentido de estabelecer a separação dos bens do idoso como forma de evitar o seu perecimento através do casamento, obstaculizando, por conseguinte, a liberdade das partes quanto ao regime de bens, da mesma maneira, considerando a finalidade de lei, não pode ele, já aos 62 anos, estabelecer retroativamente, em contrato particular, regime de bens capaz de exaurir o direito patrimonial constituído ao longo dos anos, que não foi renunciado enquanto a Lei concedia tal liberalidade.*
> *Neste raciocínio, poderia-se considerar os efeitos 'ex nunc' da referida escritura, visto que a partir de 2008 o pacto estaria acorde com o aludido artigo 1.641 do Código Civil, não fosse a disposição vinculante da Súmula 377 do STF, que pelo mesmo objetivo de proteção, determina a divisão do patrimônio comum nas uniões de pessoas idosas, inviabilizando o pacto realizado, quanto aos efeitos futuros.*
> ***Sendo assim, tendo como inválido o negócio jurídico praticado pelo casal através da escritura de fls. 59/61, eis que praticado em desacordo com a finalidade da Lei, especificamente o dispositivo do art. 1.641 do Código Civil, motivo pelo qual, tenho que união havida pautou-se no regime legal de bens estabelecido pelo art. 1.725 do Código Civil.***
> (e-STJ, fls. 165/166, sem destaque no original).

A requerida, H.G.P., apelou (e-STJ, fls. 181/201), tendo sustentado a validade do contrato celebrado por instrumento público que disciplinou o regime de bens que vigoraria na constância da união estável. Invocou, também, os princípios da autonomia da vontade, do consensualismo e o da obrigatoriedade da convenção.

O Tribunal *a quo* deu parcial provimento ao recurso para permitir somente a partilha do veículo, sob o fundamento de que o regime de comunhão parcial de bens para a união estável não prevalecia diante da estipulação em contrário pelas partes em contrato escrito, e que este, celebrado em cartório, se mostrou válido, pois não havia comprovação de nenhum vício de consentimento ou de ilegalidade capaz de macular o que lá ficou ajustado. No entanto, conferiu-lhe efeitos a partir de sua formalização, sob pena de se permitir a modificação do regime no curso do relacionamento, o que necessitaria da intervenção do Judiciário.

Passa-se a examinar, primeiro, o recurso de C.G.G., ex-companheiro, segundo recorrente, pois, na eventual hipótese de acolhimento da alegação de nulidade do contrato de união estável, o recurso especial da ex-companheira ficaria prejudicado, na medida em que não mais importaria saber se o instrumento contratual teria efeitos retroativos.

De início, a afirmação de ofensa ao art. 226, *caput*, e § 3º, da CF/88 não pode ser tratada em recurso especial, pois eventual violação de dispositivo constitucional deve ser discutida pelo STF, falecendo, portanto, competência ao STJ.

Analisa-se, agora, o argumento de que o contrato de união estável seria nulo, por viciada manifestação de vontade, por força da idade e da doença do ex-companheiro.

O acórdão recorrido concluiu que, apesar de C.G.G. contar com 62 anos quando celebrou o contrato de união estável, o instrumento se mostrou válido, porque se observaram os requisitos do art. 104 do CC/02, bem como não havia nenhum vício de consentimento e o objeto do acordo era de cunho patrimonial e disponível. Acrescentou ainda:

> *O autor deixou de comprovar que não detinha capacidade para a formalização do auto, visto que o câncer não lhe confere incapacidade, tampouco a ingestão de bebida alcoólica, já que não consta tenha sido interditado.*
>
> *[...]*
>
> *Destarte, não havendo elementos que permitam a desconstituição do ato deve ser privilegiada a segurança jurídica das relações, prevalecendo, in hipothesi, a declaração de vontade manifestada no documento de fls. 64/70, notadamente, por atender, rogando vênia ao entendimento manifestado pelo Magistrado singular, do disposto no art. 1.641 do Código Civil, que determina a obrigatoriedade de separação de bens, para o casamento de maiores de setenta anos.*
>
> (e-STJ, fls. 229/230).

Como visto, o acórdão impugnado afirmou que os requisitos do negócio jurídico foram observados e que a condição de idoso e o acometimento de enfermidade (câncer) do ex-companheiro não macularam a sua manifestação de vontade.

A validade do contrato de união estável celebrado entre as partes, assim como os negócios jurídicos em geral, se sujeitam à observância dos elementos essenciais previstos no art. 104 do CC/02, quais sejam: agente capaz, objeto lícito e forma prescrita ou não defesa em lei, como bem observou o Tribunal *a quo*.

O elemento *agente capaz*, como sabido, se refere à aptidão que a pessoa tem para adquirir direitos e contrair obrigações. Porém, sob determinadas circunstâncias previstas na lei, as pessoas naturais podem não possuir capacidade ou tê-la limitada, como por questões relativas à idade (inciso I do art. 3º; e inciso I do 4º, ambos, do CC/02) ou à saúde física ou mental (inciso II do art. 3º; e inciso II, do art. 4º do CC/02).

A condição de idoso do recorrente (62 anos), à época da celebração do contrato de convivência, por si, não é motivo de incapacidade para o exercício de direitos ou empecilho para contrair obrigações, até porque não há elementos indicativos de que ele não tivesse discernimento para entender o negócio jurídico que estava realizando.

Nos dias atuais, com o aumento da expectativa de vida do povo brasileiro para 74,6 anos em 2012 (fonte: sítio eletrônico do IBGE), com a notória recente melhoria na qualidade de vida dos idosos e, com os avanços da medicina, não é razoável afirmar que a pessoa maior de 60 anos não tenha plena capacidade para realizar os atos da vida civil, até porque, com a facilidade do acesso à informação eles não são mais suscetíveis a serem enganados facilmente. Afirmar o contrário afrontaria diretamente o princípio da dignidade da pessoa humana e o da igualdade.

No que tange à enfermidade incurável do ex-companheiro, compartilho do entendimento do Tribunal *a quo* de que o câncer não lhe conferia incapacidade, porque ausente qualquer informação nos autos indicando que ele não tinha o necessário discernimento para a prática do aludido negócio jurídico.

Não bastasse, o acórdão recorrido concluiu, com base nos elementos probatórios, que não existia um mínimo de prova indicando que não houve livre manifestação da vontade por parte do recorrente, bem como afirmou que ele não comprovou alteração no seu estado emocional ou que não tinha capacidade para a formalização do ajuste. Desse modo, a revisão de tal entendimento demandaria necessariamente o reexame do conjunto fático-probatório dos autos, o que não é possível de ser feito em recurso especial, em razão do óbice contido na Súmula nº 7 do STJ.

Diante do exposto, não há nenhum vício que invalide ou que torne nulo o pacto de convivência celebrado entre as partes, pois estavam presentes os seus requisitos de validade previstos no art. 104 do CC/02, e não houve comprovação de nenhum vício de consentimento ou de qualquer defeito.

De outra parte, o ex-companheiro diz que é necessário fazer exame da cláusula nona do contrato de convivência à luz do inciso II do art. 1.641 do CC/02, que diz que *é obrigatório o regime da separação de bens no casamento da pessoa da pessoa maior de 70 anos.*

A referida cláusula dispõe que:

> *Cláusula 9ª - Assim, tendo em vista o início da união estável em 02/11/1999, que persistirá ainda por tempo indeterminado,* ***considerando a permissão legal contida no art. 1.725 do Código Civil, os contratantes decidiram que o regime de bens a regular o pretérito e o por vir do relacionamento, independentemente da sua configuração, será o da separação total de bens, sejam passados, presentes ou futuros, aquestos ou sub-rogados, havidos em seu nome pessoal ou de qualquer de seus filhos, por causa onerosa ou gratuita, seja por compra e venda, doação, dação, compensação, sucessão hereditária, usucapião, acessão, tradição, permuta, assessoramento, ou ainda qualquer outra causa aquisitiva antes ou no curso da união, como os móveis de qualquer natureza, estejam ou não submetidos a regime de registro próprio*** (e-STJ, fl. 79, sem destaque no original).

O ex-companheiro sustenta que o acórdão, ao considerar válida a aludida cláusula, contrariou o conteúdo normativo do art. 1.641 do CC/02, pois tinha 62 anos quando celebrou o pacto de convivência, e a norma veda *a elaboração de pacto com efeitos ex tunc, mercê do qual o recorrente renunciou ao patrimônio constituído pelo casal* (e-STJ, fls. 284). Acrescenta que isso não pode prosperar sob a ótica da Súmula nº 377 do STF, que impõe a comunicabilidade dos bens adquiridos na constância do casamento sob a égide do regime da separação legal obrigatória.

De início, registra-se a deficiência da fundamentação do recurso especial no que tange à alegada ofensa ao inciso II do art. 1.641 do CC/02, pois não está claro, nas razões recursais, como o acórdão recorrido violou tal dispositivo legal. Incide, no ponto, a Súmula nº 284 do STF, *verbis*: *é inadmissível o recurso extraordinário, quando a deficiência na sua fundamentação não permitir a exata compreensão da controvérsia*. O mesmo entendimento se aplica à alegação de ofensa aos arts. 104, 145 e 171 do CC/02, porque não se demonstrou como eles foram ofendidos.

Por outro lado, por ocasião da lavratura da ata notarial declaratória de união estável (e-STJ, fls. 77/83), ou seja, aos 3/10/2008, estava em vigor a redação original do art. 1.641, II, do CC/02, que estabelecia que **era obrigatório o regime de separação de bens no casamento da pessoa maior de 60 anos**. Como a Lei nº 12.344/2010 majorou a idade que obriga a adoção do regime de separação legal para 70 anos, essa circunstância não se aplica ao caso, pois a vida em comum do casal teve fim antes da entrada em vigor da referida norma (*tempus regit actum*).

Não obstante a lei (inciso II do art. 1.641 do CC/02) **imponha o regime da separação obrigatória de bens somente no casamento** da pessoa maior de 60 anos (70 anos após a vigência da Lei nº 12.344/2010), a jurisprudência desta egrégia Corte **estendeu essa limitação à união estável** em que ao menos um dos companheiros seja sexagenário. A respeito do tema, esta Turma, no julgamento do Recurso Especial nº 1.090.722-SP, da relatoria do Ministro MASSAMI UYEDA, consignou que:

> *Em que pese as justificadas críticas da doutrina quanto à legalidade, e mesmo constitucionalidade do art. 1.641, II, do Código Civil, já que o fato de o indivíduo atingir a idade de sessenta anos não consubstanciaria motivo idôneo para impedi-lo de, por via transversa, dispor de seus bens, mormente em se tratando de genuíno direito patrimonial,* ***é certo que tal preceito legal, também sob o motivado argumento de que se trata de norma protetiva (ainda que por presunção legal), de caráter cogente, vige e aplica-se integralmente ao casamento****.*
>
> *Nessa linha de raciocínio, se, para o casamento, que é modo tradicional, solene, formal e jurídico de constituir uma família (ut EREsp nº 736.627/Pr, Relator Ministro Fernando Gonçalves, - Segunda Seção , DJe 01/07/2008) - portanto, cercado, desde seu início, de segurança jurídica - há a limitação legal, esta consistente na imposição do regime da separação de bens para o indivíduo sexagenário que pretende contrair núpcias, com muito mais razão tal regramento deve ser estendido à união estável, que, a exemplo do casamento, consubstancia-se em forma de constituição da família, legal e constitucionalmente protegida, mas que, inequivocadamente, carece das formalidade legais e do imediato reconhecimento da família pela sociedade.*
>
> *Em última análise, a não extensão do regime da separação obrigatória de bens, em razão da senilidade do de cujus à união estável equivaleria ao desestímulo ao casamento, o que, certamente, discrepa da finalidade arraigada no ordenamento jurídico nacional, o qual, como visto, propõe-se a facilitar a convolação da união estável em casamento, e não o contrário. Nesse diapasão, poder-se-ia cogitar a hipótese do indivíduo que, contando com mais de sessenta anos e tendo por propósito, ou sendo levado a tal, a adotar a comunhão parcial de bens como o regime regente de seu relacionamento, certamente deixaria de se casar para se manter em união estável, situação, é certo, não almejada pelas leis postas.* (sem destaques no original).

Nesse sentido, os seguintes precedentes orientam que as mesmas limitações para o casamento se estendem para a união estável quando ao menos um dos companheiros contar mais de sessenta anos **à época do início do relacionamento**:

> *CIVIL. AÇÃO DE RECONHECIMENTO E DISSOLUÇÃO DE UNIÃO ESTÁVEL C/C PARTILHA DE BENS. COMPANHEIRO SEXAGENÁRIO. ART. 1.641, II, DO CÓDIGO CIVIL (REDAÇÃO ANTERIOR À DADA PELA LEI 12.344/2010). REGIME DE BENS. SEPARAÇÃO LEGAL. IMPOSSIBILIDADE DE SE PRESTIGIAR A UNIÃO ESTÁVEL EM DETRIMENTO DO CASAMENTO. NECESSIDADE DE PROVA DO ESFORÇO COMUM. INEXISTÊNCIA. BENFEITORIA EXCLUÍDA DA PARTILHA. RECURSO DESPROVIDO.*
> ***1. Devem ser estendidas, aos companheiros, as mesmas limitações previstas para o casamento, no caso de um dos conviventes já contar com mais de sessenta anos à época do início do relacionamento, tendo em vista a impossibilidade de se prestigiar a união estável em detrimento do casamento.***
> *2. De acordo com o art. 1.641, inciso II, do Código Civil, com a redação anterior à dada pela Lei 12.344/2010 (que elevou essa idade para setenta anos, se homem), ao nubente ou companheiro sexagenário, é imposto o regime de separação obrigatória de bens.*
> *3. Nesse caso, ausente a prova do esforço comum para a aquisição do bem, deve ele ser excluído da partilha.*
> *4. Recurso especial desprovido.*
> (REsp nº 1.369.860/PR, Rel. Ministro SIDNEI BENETI, Rel. p. acórdão Ministro JOÃO OTÁVIO DE NORONHA, Terceira Turma, julgado aos 19/8/2014, DJe de 4/9/2014, sem destaque no original).

> *DIREITO DE FAMÍLIA. UNIÃO ESTÁVEL. COMPANHEIRO SEXAGENÁRIO. SEPARAÇÃO OBRIGATÓRIA DE BENS. ART. 258, § ÚNICO, INCISO II, DO CÓDIGO CIVIL DE 1916.*
> ***1. Por força do art. 258, § único, inciso II, do Código Civil de 1916 (equivalente, em parte, ao art. 1.641, inciso II, do Código Civil de 2002), ao casamento de sexagenário, se homem, ou cinquentenária, se mulher, é imposto o regime de separação obrigatória de bens. Por esse motivo, às uniões estáveis é aplicável a mesma regra, impondo-se seja observado o regime de separação obrigatória, sendo o homem maior de sessenta anos ou mulher maior de cinquenta.***
> *2. Nesse passo, apenas os bens adquiridos na constância da união estável, e desde que comprovado o esforço comum, devem ser amealhados pela companheira, nos termos da Súmula n.º 377 do STF.*
> *3. Recurso especial provido.*
> (REsp nº 646.259/RS, Rel. Ministro LUIS FELIPE SALOMÃO, Quarta Turma, julgado aos 22/6/2010, DJe de 24/8/2010, sem destaque no original).

> *RECURSO ESPECIAL. CIVIL E PROCESSUAL CIVIL. DIREITO DE FAMÍLIA. AÇÃO DE RECONHECIMENTO E DISSOLUÇÃO DE UNIÃO ESTÁVEL. PARTILHA DE BENS. COMPANHEIRO SEXAGENÁRIO. ART. 1.641, II, DO CÓDIGO CIVIL (REDAÇÃO ANTERIOR À LEI Nº 12.344/2010). REGIME DE BENS. SEPARAÇÃO LEGAL. NECESSIDADE DE PROVA DO ESFORÇO COMUM. COMPROVAÇÃO. BENFEITORIA E CONSTRUÇÃO INCLUÍDAS NA PARTILHA. SÚMULA Nº 7/STJ.*
> ***1. É obrigatório o regime de separação legal de bens na união estável quando um dos companheiros, no início da relação, conta com mais de sessenta anos, à luz da redação originária do art. 1.641, II, do Código Civil, a fim de realizar a isonomia no sistema, evitando-se prestigiar a união estável no lugar do casamento.***
> *2. No regime de separação obrigatória, apenas se comunicam os bens adquiridos na constância do casamento pelo esforço comum, sob pena de se desvirtuar a opção legislativa, imposta por motivo de ordem pública.*
> *3. Rever as conclusões das instâncias ordinárias no sentido de que devidamente comprovado o esforço da autora na construção e realização de benfeitorias no terreno de propriedade exclusiva do recorrente, impondo-se a partilha, demandaria o reexame de matéria fático-probatória, o que é inviável em sede de recurso especial, nos termos da Súmula nº 7 do Superior Tribunal de Justiça.*
> *4. Recurso especial não provido.*
> (REsp nº 1.403.419/MG, Rel. Ministro RICARDO VILLAS BÔAS CUEVA, Terceira Turma, julgado aos 11/11/2014, DJe de 14/11/2014, sem destaque no original).

Nessa toada, verifica-se que, no caso, **por ocasião do início da união estável**, ou seja, **aos 2/11/1999**, o ex-companheiro C.G.G. não contava com sessenta anos. Tinha bem menos, **54 anos**, de modo que, à luz da orientação jurisprudencial citada, não incidia a imposição do regime da separação obrigatória de bens à sua união estável.

Não bastasse, considerando ainda o disposto no inciso II do art. 1.641 do CC/02, o fato do contrato de convivência ter sido celebrado após 8 anos de convivência, ou seja, quando o recorrente já contava com 62 anos de idade, não o torna nulo, pois os ex-conviventes livre e espontaneamente convencionaram que as relações patrimoniais seriam regidas pelo regime **da separação total de bens.** Dessa forma, houve observância do aludido dispositivo legal que impõe um regime obrigatório da separação de bens para proteção do nubente (convivente) idoso contra o enriquecimento sem causa do outro.

Finalmente, no que tange à alegada ofensa à Súmula nº 377 do STF, a jurisprudência desta Corte firmou o entendimento de que o apelo nobre não constitui via adequada para análise de eventual ofensa a enunciado sumular por não estar este compreendido na expressão "lei federal" constante da alínea a do inciso III do art. 105 da CF.

Nesse sentido, confira-se o seguinte precedente:

> *PROCESSO CIVIL. RECURSO ESPECIAL. VIOLAÇÃO DE ENUNCIADO SUMULAR. DESCABIMENTO. FALÊNCIA. HABILITAÇÃO. CLASSIFICAÇÃO*

> *DE CRÉDITO. ART. 43, III, DA LEI N. 4.591/1964. INTERPRETAÇÃO ESTRITA.*
> ***1. Não é cabível recurso especial com base em alegação de violação a enunciado sumular, porquanto tal ato normativo não se encontra encartado no conceito de legislação federal veiculado no art. 105, III, "a", da Constituição da República. Precedentes.***
> *[...].*
> *5. Recurso especial não provido.*
> (REsp nº 1.185.336/RS, Rel. Ministro LUIS FELIPE SALOMÃO, Quarta Turma, DJe de 25/9/2014, sem destaque no original).

No mesmo sentido: AgRg no REsp nº 1.272.760/RJ, Rel. Ministro ANTÔNIO CARLOS FERREIRA, Quarta Turma, DJe de 2/12/2014 e AgRg no AREsp nº 523.164/SP, Rel. Ministro JOÃO OTÁVIO DE NORONHA, Terceira Turma, DJe de 18/11/2014.

Some-se que o alegado dissídio jurisprudencial não ficou caracterizado na forma legal exigida (RISTJ, art. 255, §§ 1º e 2º, e CPC, art. 541, parágrafo único), porque o ex-companheiro se limitou apenas a colacionar ementa de um acórdão, sem realizar o indispensável cotejo analítico entre ele e o acórdão recorrido, de modo a demonstrar que os arestos confrontados partiram de situações fático-jurídicas idênticas e adotaram conclusões divergentes.

Esta egrégia Corte Superior tem orientação pacífica de que, para a comprovação do dissídio jurisprudencial, não basta a simples transcrição de ementas, mas a demonstração do dissídio nos moldes apontados. A exemplo: AgRg no EREsp nº 660.310/DF, minha relatoria, Terceira Seção, DJe de 20/8/2014; AgRg no AREsp nº 370.317/GO, Rel. Ministro RICARDO VILLAS BOAS CUEVA, Terceira Turma, DJe de 16/06/2014; e, AgRg no AREsp nº 322.580/RS, Rel. Ministro LUIS FELIPE SALOMÃO, Quarta Turma, DJe de 8/8/2014.

Com esses fundamentos, NEGO PROVIMENTO ao recurso especial de C.G.G.

Passa-se a examinar o recurso de H.G.P, ex-companheira, a qual afirma que o art. 1.725 do CC/02 autoriza a formalização do contrato pelos companheiros para regular seus patrimônios dentro do período em que perdurar a união estável, com previsão de efeitos anteriores e posteriores à sua celebração.

O inconformismo não merece prosperar pelos fundamentos a seguir.

Os recorrentes mantiveram união estável, que se iniciou em novembro de 1999 e se prolongou até dezembro de 2010. Em outubro de 2008 (e-STJ, fls. 77/83), por contrato escrito firmado em cartório, eles optaram pelo regime da separação total de bens, com incomunicabilidade absoluta dos bens e rendas, inclusive com efeito retroativo ao início da convivência (novembro de 1999), acordo esse que ela pretende que seja declarado válido totalmente, de modo que o seu ex-convivente nada tem a receber na partilha.

A lei reconhece e a CF/88 elevou ao estado de entidade familiar a união estável entre o homem e a mulher, com convivência duradoura, pública e contínua, estabelecida com o objetivo de constituição da família. Por ser uma relação de fato informal, não depende de nenhuma solenidade ou celebração para produzir efeitos legais, como ocorre com o casamento.

A regulamentação das suas relações pessoais e patrimoniais pode-se efetivar por contrato escrito, público ou particular, desde que as suas cláusulas não ofendam os direitos pessoais dos conviventes, nem os princípios gerais de direito, nem o interesse público ou os de terceiros.

A união estável, como situação de fato não se sujeita a nenhuma solenidade. Normalmente, concretizar-se-á com o decorrer do tempo, pois não há como saber previamente se ela será duradoura e estável. Dessa forma, eventual contrato de convivência pode ser formalizado a qualquer momento, seja na sua constância seja previamente ao seu início. Isso se justifica, pois, como não se submetem às solenidades e rigores do casamento, os conviventes possuem maior liberdade para decidir o momento em que vão celebrar o contrato. Além disso, o que não é proibido ou contrário à lei, presume-se permitido.

A propósito, MARIA BERENICE DIAS, lecionando a respeito do contrato de convivência, diz que ele pode ser celebrado e alterado a qualquer tempo e *acrescenta que a singeleza com que a lei refere à possibilidade de os conviventes disciplinarem o regime de bens, facultando a elaboração de contrato escrito, denota a ampla liberdade que têm os companheiros de estipularem tudo o que quiserem, não só questão de ordem patrimonial, mas também de ordem pessoal* (**Manual de Direito de Família.** 3ª ed. São Paulo: Ed. Revista dos Tribunais, 2005. p. 158).

No caso, como o contrato de convivência foi celebrado oito anos após o início da união estável, o Tribunal *a quo*, a partir de interpretação dos arts. 1.641 e 1.725 do CC/02, concluiu que o ajuste era válido, mas que somente geraria efeitos para o futuro, ou seja, não admitiu a atribuição de efeitos pretéritos. Confira-se a fundamentação do acórdão:

> *Todavia, não se pode deixar de considerar que a sua validade é da data de sua formalização para frente, já que não se pode permitir os efeitos pretéritos do ato, sob pena de se permitir que ocorra a modificação do regime de comunhão parcial que até então vigorava na união estável, para o de separação total, sem o crivo do Judiciário.*
> *Imprescindível observar que apesar de a união das partes ter tido início no ano de 1999, quando o autor contava com 54 anos, a sua formalização ocorreu em 2008, afigurando-se, por isso, correto o regime adotado, qual seja, de separação de bens, em consonância com os artigos 1641 e 1725 do Código Civil, permitindo-se, contudo, repita-se a sua validade do ano 2008 em diante* (e-STJ, fls. 230-231).

Acerca dos efeitos do contrato de união estável, registro que doutrinadores renomados, como MARIA BERENICE DIAS (*opus cit*, **Manual de Direito das Famílias.** p. 199) e FRANCISCO JOSÉ CAHALI (**Contrato de Convivência na União Estável**, São Paulo: Ed. Saraiva, 2002. p. 76-77), sustentam que na união estável é possível a alteração a qualquer tempo das disposições de caráter patrimonial, inclusive com efeitos retroativos, mediante singelo acordo despido de caráter patrimonial, sob o argumento de que deve prevalecer o princípio da autonomia da vontade.

Não obstante a tese trazida pela ex-companheira encontrar respaldo na doutrina, entendo que o art. 1.725 do CC/02 (*na união estável, salvo contrato escrito entre os companheiros, aplica-se às relações patrimoniais, no que couber, o regime da comunhão parcial de bens*), não comporta o alcance por ela pretendido.

O dispositivo legal autoriza que os conviventes formalizem suas relações patrimoniais e pessoais por meio de contrato e que somente na ausência dele aplicar-se-á, no que couber, o regime de comunhão parcial. Numa palavra: enquanto não houver a formalização da união estável, vigora o regime da comunhão parcial, no que couber.

O contrato de convivência, no entanto, não pode conceder mais benefícios à união estável do que ao casamento, pois o legislador constitucional, não obstante reconhecer os dois institutos como entidade familiar e lhes conferir proteção, não os colocou no mesmo patamar, pois expressamente dispôs que a lei facilitará a conversão daquele neste (§ 3º do art. 226 da CF).

Nessa linha de pensamento, como no casamento o regime de bens entre os cônjuges começa a vigorar desde a data do casamento (§ 1º do art. 1.639 do CC/02) e a sua modificação somente é permitida mediante autorização judicial requerida por ambos os cônjuges, apurada a procedência das razões invocadas e ressalvado o direito de terceiros (§ 3º do art. 1.639 do CC/02), não vejo como o contrato de convivência poderia reconhecer uma situação que o legislador, para o casamento, prevê a intervenção do Judiciário.

É a situação dos autos, pois durante oito anos de convivência e diante da ausência de contrato presume-se que vigia entre o casal o regime da comunhão parcial de bens. Após, com a superveniência do ajuste, modificou-se o regime para o da separação total de bens e lhe conferiu efeitos retroativos, como se o outro jamais tivesse existido e produzido efeitos jurídicos. Admitir essa situação seria conferir, sem dúvida, mais benefícios à união estável do que ao matrimônio civil, bem como teria o potencial de causar prejuízo a direito de terceiros que porventura tivessem contratado com eles. Essa pode ter sido a vontade do legislador quando produziu a norma em análise.

Diante do exposto, NEGO PROVIMENTO ao recurso especial de H.G.P. Nessas condições, pelo meu voto, **NEGO PROVIMENTO** aos recursos especiais.

CERTIDÃO DE JULGAMENTO TERCEIRA TURMA

Número Registro: 2013/0146258-6
PROCESSO ELETRÔNICO REsp 1.383.624 /MG
Números Origem: 01981408520118130024 024110198140 10024110198140 10024110198140001 10024110198140002 10024110198140003 198140852011 1981408520118130024 24110198140
PAUTA: 02/06/2015 JULGADO: 02/06/2015
SEGREDO DE JUSTIÇA
Relator: Exmo. Sr. Ministro **MOURA RIBEIRO**
Presidente da Sessão: Exmo. Sr. Ministro RICARDO VILLAS BÔAS CUEVA
Subprocurador-Geral da República: Exmo. Sr. Dr. MÁRIO PIMENTEL ALBUQUERQUE
Secretária: Bela. MARIA AUXILIADORA RAMALHO DA ROCHA

AUTUAÇÃO

RECORRENTE: H G P
ADVOGADOS: MITZI EDUARDA GRUBE PEREIRA / BRENO GRUBE PEREIRA
RECORRENTE: C G G
ADVOGADO: BERNARDO GOSLING
RECORRIDO: OS MESMOS
ASSUNTO: DIREITO CIVIL - Família - União Estável ou Concubinato - Reconhecimento / Dissolução

CERTIDÃO

Certifico que a egrégia TERCEIRA TURMA, ao apreciar o processo em epígrafe na sessão realizada nesta data, proferiu a seguinte decisão:

A Terceira Turma, por unanimidade, negou provimento aos recursos especiais, nos termos do voto do Sr. Ministro Relator.

Os Srs. Ministros João Otávio de Noronha, Ricardo Villas Bôas Cueva (Presidente) e Marco Aurélio Bellizze votaram com o Sr. Ministro Relator.

Ausente, ocasionalmente, o Sr. Ministro Paulo de Tarso Sanseverino.

RECURSO ESPECIAL Nº 1.689.152 - SC (2011/0235045-8)

RELATOR: MINISTRO LUIS FELIPE SALOMÃO
RECORRENTE: H H H - ESPÓLIO REPR.
POR: A O H
ADVOGADO: EDUARDO FIEGENBAUM - SC016592
RECORRIDO: M D M
ADVOGADO: NILTON CÉSAR RIGONI - SC014059B

EMENTA

RECURSO ESPECIAL. DISSOLUÇÃO DE UNIÃO ESTÁVEL. PARTILHA DE BENS. COMPANHEIRO SEXAGENÁRIO. SÚMULA 377 DO STF. BENS ADQUIRIDOS NA CONSTÂNCIA DA UNIÃO ESTÁVEL QUE DEVEM SER PARTILHADOS DE FORMA IGUALITÁRIA. NECESSIDADE DE DEMONSTRAÇÃO DO ESFORÇO COMUM DOS COMPANHEIROS PARA LEGITIMAR A DIVISÃO. PRÊMIO DE LOTERIA (LOTOMANIA). FATO EVENTUAL OCORRIDO NA CONSTÂNCIA DA UNIÃO ESTÁVEL. NECESSIDADE DE MEAÇÃO.

1. Por força do art. 258, parágrafo único, inciso II, do Código Civil de 1916 (equivalente, em parte, ao art. 1.641, inciso II, do Código Civil de 2002), ao casamento de sexagenário, se homem, ou cinquentenária, se mulher, é imposto o regime de separação obrigatória de bens (recentemente, a Lei 12.344/2010 alterou a redação do art. 1.641, II, do CC, modificando a idade protetiva de 60 para 70 anos). Por esse motivo, às uniões estáveis é aplicável a mesma regra, impondo-se seja observado o regime de separação obrigatória, sendo o homem maior de sessenta anos ou a mulher maior de cinquenta. Precedentes.

2. A *ratio legis* foi a de proteger o idoso e seus herdeiros necessários dos casamentos realizados por interesse estritamente econômico, evitando que este seja o principal fator a mover o consorte para o enlace.

3. A Segunda Seção do STJ, seguindo a linha da Súmula n.º 377 do STF, pacificou o entendimento de que "apenas os bens adquiridos onerosamente na constância da união estável, e desde que comprovado o esforço comum na sua aquisição, devem ser objeto de partilha" (EREsp 1171820/PR, Rel. Ministro Raul Araújo, Segunda Seção, julgado em 26/08/2015, DJe 21/09/2015).

4. Nos termos da norma, o prêmio de loteria é bem comum que ingressa na comunhão do casal sob a rubrica de "bens adquiridos por fato eventual, com ou sem o concurso de trabalho ou despesa anterior" (CC/1916, art. 271, II; CC/2002, art. 1.660, II).

5. Na hipótese, o prêmio da lotomania, recebido pelo ex-companheiro, sexagenário, deve ser objeto de partilha, haja vista que: i) se trata de bem comum que ingressa no patrimônio do casal, independentemente da aferição do esforço de cada um; ii) foi o próprio legislador quem esta-

beleceu a referida comunicabilidade; iii) como se trata de regime obrigatório imposto pela norma, permitir a comunhão dos aquestos acaba sendo a melhor forma de se realizar maior justiça social e tratamento igualitário, tendo em vista que o referido regime não adveio da vontade livre e expressa das partes; iv) a partilha dos referidos ganhos com a loteria não ofenderia o desiderato da lei, já que o prêmio foi ganho durante a relação, não havendo falar em matrimônio realizado por interesse ou em união meramente especulativa.
Recurso especial parcialmente provido.

ACÓRDÃO

Vistos, relatados e discutidos estes autos, os Ministros da Quarta Turma do Superior Tribunal de Justiça acordam, na conformidade dos votos e das notas taquigráficas, por unanimidade, dar parcial provimento ao recurso especial, nos termos do voto do Sr. Ministro Relator. Os Srs. Ministros Antonio Carlos Ferreira (Presidente), Marco Buzzi e Lázaro Guimarães (Desembargador convocado do TRF 5ª Região) votaram com o Sr. Ministro Relator.

Ausente, justificadamente, a Sra. Ministra Maria Isabel Gallotti.

Brasília (DF), 24 de outubro de 2017(Data do Julgamento)

MINISTRO LUIS FELIPE SALOMÃO
Relator

CERTIDÃO DE JULGAMENTO QUARTA TURMA

Número Registro: 2011/0235045-8
PROCESSO ELETRÔNICO REsp 1.689.152 / SC
Números Origem: 20080638102000100 20080638102000201 46070012445
PAUTA: 17/10/2017
JULGADO: 17/10/2017
SEGREDO DE JUSTIÇA
Relator: Exmo. Sr. Ministro **LUIS FELIPE SALOMÃO**
Presidente da Sessão: Exmo. Sr. Ministro ANTONIO CARLOS FERREIRA
Subprocurador-Geral da República: Exmo. Sr. Dr. NICOLAO DINO DE CASTRO E COSTA NETO
Secretária: Dra. TERESA HELENA DA ROCHA BASEVI

AUTUAÇÃO

RECORRENTE: H H H - ESPÓLIO
REPR. POR: A O H
ADVOGADO: EDUARDO FIEGENBAUM - SC016592

RECORRIDO: M D M
ADVOGADO: NILTON CÉSAR RIGONI - SC014059B
ASSUNTO: DIREITO CIVIL - Família - União Estável ou Concubinato - Reconhecimento / Dissolução

CERTIDÃO

Certifico que a egrégia QUARTA TURMA, ao apreciar o processo em epígrafe na sessão realizada nesta data, proferiu a seguinte decisão:

Adiado para a próxima sessão por indicação do Sr. Ministro Relator

RECURSO ESPECIAL Nº 1.689.152 - SC (2011/0235045-8)

RECORRENTE: H H H - ESPÓLIO REPR.
POR: A O H
ADVOGADO: EDUARDO FIEGENBAUM - SC016592
RECORRIDO: M D M
ADVOGADO: NILTON CÉSAR RIGONI - SC014059B

RELATÓRIO

O SENHOR MINISTRO LUIS FELIPE SALOMÃO (Relator):

1. M.D.M. ajuizou ação de dissolução de sociedade de fato em face de H. H. H., alegando que viveu em regime de união estável, entre 13/08/1993 e meados de 2006, advindo da relação o nascimento de uma filha. A relação dos dois começou a ruir quando o requerido foi sorteado em concurso lotérico (ganhou o importe de R$ 74.763,68). Em razão disso, requereu a definição da guarda da menor, o arbitramento da pensão alimentícia e a partilha dos bens, dentre os quais o prêmio da Lotomania.

O magistrado de piso julgou parcialmente procedentes os pedidos para: a) decretar a dissolução da união estável; b) definir o regime da separação legal (já que o ex-companheiro tinha mais de 60 anos na data do início da união); c) determinar a partilha dos bens em que houve a efetiva comprovação do esforço comum, deixando, porém, de dividir o prêmio da loteria, por não ser possível se "afirmar que tal monta foi produto da concorrência de esforços das partes, senão obra do acaso em favor do réu"; d) deferir a guarda da menor em favor da autora; e) fixar os alimentos na proporção de 20% do seu benefício previdenciário, mediante desconto; f) conceder ao réu o direito de visitas livres à sua filha (fls. 218-226).

Interposta apelação pela autora, o Tribunal de Justiça do Estado de Santa Catarina deu parcial provimento ao recurso, em acórdão assim ementado:

> DISSOLUÇÃO DE UNIÃO ESTÁVEL. PARTILHA DE BENS. COMPANHEIRO SEXAGENÁRIO. EXEGESE DOS ARTS. 258, PARÁGRAFO ÚNICO, INCISO II

> DO CÓDIGO CIVIL DE 1916 E 1.641, INCISO II DO CÓDIGO CIVIL ATUAL. SÚMULA 377 DO STF. BENS ADQUIRIDOS NA CONSTÂNCIA DA UNIÃO ESTÁVEL QUE DEVEM SER PARTILHADOS DE FORMA IGUALITÁRIA. DESNECESSIDADE DE PERQUIRIR SOBRE O ESFORÇO COMUM DOS COMPANHEIROS PARA LEGITIMAR A DIVISÃO.
> Na união estável, a partilha de bens em que um dos companheiros é sexagenário recai sobre aqueles amealhados durante a convivência, sendo bastante a prova de que foram adquiridos na sua constância, descabendo perquirir acerca do esforço comum.
> PRÊMIO DE LOTERIA RECEBIDO POR UM DOS COMPANHEIROS. BEM ADQUIRIDO POR FATO EVENTUAL DURANTE A UNIÃO ESTÁVEL. EXEGESE DO ART. 1660, III, DO CÓDIGO CIVIL. BEM PARTILHÁVEL.
> No regime de comunhão parcial, aplicável à união estável, os bens adquiridos por fato eventual, do que são exemplo os prêmios de loteria, a divisão do valor se impõe se o aumento do patrimônio ocorreu durante o período de existência da entidade familiar.
> RECONVENÇÃO. CONEXÃO POR IDENTIDADE DO OBJETO. PARTES QUE PRETENDEM A DISSOLUÇÃO DA SOCIEDADE POR FUNDAMENTOS DIVERSOS. POSSIBILIDADE DE PROCESSAMENTO.
> Quando houver conexão entre a reconvenção e ação principal por identidade do objeto, é de ser ela processada.
> ASSISTÊNCIA JUDICIÁRIA. REMUNERAÇÃO DO ASSISTENTE JUDICIÁRIO NÃO FIXADA NA SENTENÇA. VITÓRIA PARCIAL DA BENEFICIÁRIA DA BENESSE. VENCIDO QUE TEM CONDIÇÕES DE PAGAMENTO DA VERBA SUCUMBENCIAL. ART. 17, I, DA LEI COMPLEMENTAR ESTADUAL 155/97. IMPOSSIBILIDADE DE FIXAÇÃO. PRECEDENTES.
> Quando o beneficiário da assistência judiciária é vencedor da demanda, descabe, a teor do art. 17, I, da Lei Complementar Estadual 155/97, a fixação de URH-'s em favor do Assistente Judiciário.

Os embargos declaratórios foram desacolhidos, com aplicação de multa (fls. 286-290).

Irresignado, o Espólio de H. H. H. interpõe recurso especial com fundamento nas alíneas "a" e "c" do permissivo constitucional, por vulneração aos arts. 258, parágrafo único, inciso II, e 273 do Código Civil de 1916 (arts. 1641, II, e 1.662 do CC/2002) e art. 230 da Constituição Federal.

Aduz que os bens do sexagenário são incomunicáveis, aplicando-se "o regime da 'separação legal de bens', comunicando-se apenas aqueles adquiridos na constância do casamento, contudo, apenas se comprovado que a aquisição se deu pelo esforço comum dos cônjuges, efetiva e comprovadamente".

Sustenta, em relação à loteria, que este é "fruto de aposta suportada apenas pelo extinto separando [...] à ele é que pertence, também com exclusividade, o resultado do prêmio" (fl. 450).

Interpôs, também, recurso extraordinário (fls. 296-314).

É o relatório.

RECURSO ESPECIAL Nº 1.689.152 - SC (2011/0235045-8)

RELATOR: MINISTRO LUIS FELIPE SALOMÃO
RECORRENTE : H H H - ESPÓLIO
REPR. POR: A O H
ADVOGADO: EDUARDO FIEGENBAUM - SC016592
RECORRIDO: M D M
ADVOGADO: NILTON CÉSAR RIGONI - SC014059B

EMENTA

RECURSO ESPECIAL. DISSOLUÇÃO DE UNIÃO ESTÁVEL. PARTILHA DE BENS. COMPANHEIRO SEXAGENÁRIO. SÚMULA 377 DO STF. BENS ADQUIRIDOS NA CONSTÂNCIA DA UNIÃO ESTÁVEL QUE DEVEM SER PARTILHADOS DE FORMA IGUALITÁRIA. NECESSIDADE DE DEMONSTRAÇÃO DO ESFORÇO COMUM DOS COMPANHEIROS PARA LEGITIMAR A DIVISÃO. PRÊMIO DE LOTERIA (LOTOMANIA). FATO EVENTUAL OCORRIDO NA CONSTÂNCIA DA UNIÃO ESTÁVEL. NECESSIDADE DE MEAÇÃO.

1. Por força do art. 258, parágrafo único, inciso II, do Código Civil de 1916 (equivalente, em parte, ao art. 1.641, inciso II, do Código Civil de 2002), ao casamento de sexagenário, se homem, ou cinquentenária, se mulher, é imposto o regime de separação obrigatória de bens (recentemente, a Lei 12.344/2010 alterou a redação do art. 1.641, II, do CC, modificando a idade protetiva de 60 para 70 anos). Por esse motivo, às uniões estáveis é aplicável a mesma regra, impondo-se seja observado o regime de separação obrigatória, sendo o homem maior de sessenta anos ou a mulher maior de cinquenta. Precedentes.

2. A *ratio legis* foi a de proteger o idoso e seus herdeiros necessários dos casamentos realizados por interesse estritamente econômico, evitando que este seja o principal fator a mover o consorte para o enlace.

3. A Segunda Seção do STJ, seguindo a linha da Súmula n.º 377 do STF, pacificou o entendimento de que "apenas os bens adquiridos onerosamente na constância da união estável, e desde que comprovado o esforço comum na sua aquisição, devem ser objeto de partilha" (EREsp 1171820/PR, Rel. Ministro Raul Araújo, Segunda Seção, julgado em 26/08/2015, DJe 21/09/2015).

4. Nos termos da norma, o prêmio de loteria é bem comum que ingressa na comunhão do casal sob a rubrica de "bens adquiridos por fato eventual, com ou sem o concurso de trabalho ou despesa anterior" (CC/1916, art. 271, II; CC/2002, art. 1.660, II).

5. Na hipótese, o prêmio da lotomania, recebido pelo ex-companheiro, sexagenário, deve ser objeto de partilha, haja vista que: i) se trata de bem comum que ingressa no patrimônio do casal, independentemente da aferição do esforço de cada um; ii) foi o próprio legislador quem estabeleceu a referida comunicabilidade; iii) como se trata de regime obri-

gatório imposto pela norma, permitir a comunhão dos aquestos acaba sendo a melhor forma de se realizar maior justiça social e tratamento igualitário, tendo em vista que o referido regime não adveio da vontade livre e expressa das partes; iv) a partilha dos referidos ganhos com a loteria não ofenderia o desiderato da lei, já que o prêmio foi ganho durante a relação, não havendo falar em matrimônio realizado por interesse ou em união meramente especulativa.
6. Recurso especial parcialmente provido.

VOTO

O SENHOR MINISTRO LUIS FELIPE SALOMÃO (Relator):

2. De plano, afasto a alegação de deserção aventada em sede de contrarrazões. Compulsando os autos, verifica-se que tanto o especial como o correspondente preparo foram apresentados, simultaneamente, no momento da interposição do recurso, em 11/10/2010 (fls. 433, 590-593).

3. A controvérsia principal dos autos está em definir se, numa dissolução de união estável de companheiro sexagenário, é necessário, para fins de partilha, a prova do esforço comum, bem como se o prêmio de loteria, ganho no período da relação conjugal, é comunicável ao parceiro.

O Tribunal de Justiça, modificando a sentença de piso, reconheceu o direito de meação dos bens, inclusive dos ganhos com a Lotomania, independentemente da prova do esforço comum:

> **2. A controvérsia principal se prende aos bens a serem partilhados pelo casal.**
> Antes de adentrar na questão específica da partilha, é de se fixar o tempo que perdurou a união estável entre as partes. Para tanto, a apelante aduziu que a união estável perdurou desde 13 de agosto de 1993 até meados de 2006. O apelado, de revés, afirma que o período de convivência foi interrompido em 2004, quando as partes resolveram pôr fim à união estável, sendo que somente tempos depois ela foi retomada, terminando, então, em 2006.
> Do contexto probatório, tenho que a ruptura se deu por breve tempo, já que em junho de 2005 estavam novamente vivendo em união estável, segundo ressai do instrumento particular de confissão de dívida de fls. 63/66, bastando que se veja quais bens foram adquiridos na constância da união.
> **Quanto à partilha de bens, verifico que as partes efetivamente viviam em união estável, tanto que a isto não se controverteu nos autos.**
> **Entendo, tal como fez o Magistrado sentenciante, que, considerando que o apelado contava mais de 60 anos ao tempo em que foi**

estabelecida a entidade familiar, é de se aplicar ao caso o disposto no art. 258, parágrafo único, inciso II do CC de 1916, correspondente ao art. 1.641, inciso II, do atual Código Substantivo Civil, que obriga ao regime de separação obrigatória de bens, aos cônjuges maiores de sessenta anos.

Faço isto escorado no entendimento de que, com a promulgação da Constituição de 1988 e a elevação da união estável à condição de entidade familiar para conferir-lhe maior proteção do Estado, pode-se falar que a família é gênero, de que são espécies o casamento e a união estável.

Daí que, se ao casamento de pessoas maiores de sessenta anos de idade impõe-se o regime legal de separação de bens, motivos não há para se dar tratamento jurídico diferenciado a esta outra espécie de entidade familiar que, no plano fático, apresenta inumeráveis características comuns.

A se aplicar esta teoria, é de primacial importância ressaltar que a partilha se dará sobre os bens adquiridos na constância da união estável, não necessária, no entanto, ao revés do que entendeu o Magistrado sentenciante, a prova de esforço comum.

Para se chegar a tal conclusão é de se destacar o ponto principal da questão, a saber, o alcance dos artigos de lei que preconizam a separação total de bens para consortes sexagenários.

Bem de ver, o assunto é tratado pela Súmula 377 do STF, que determina a divisão dos aqüestos, mesmo no regime de separação total de bens. O raciocínio para se chegar a tal interpretação é o de que nem o art. 258, § único, inciso II do CC de 1916, tampouco o art. 1.641 do atual Diploma Material Civil regulam os aqüestos. Irrepreensível, portanto, a idéia de que, como a Lei não regulou o destino a ser dado aos bens adquiridos durante a constância da união ou do casamento (aqüestos), e considerando a existência de comunhão de interesses nestas relações, o patrimônio assim amealhado é de ser dividido em partes iguais.

Evoluindo-se na interpretação da Súmula, o seu alcance social então, no sentido de determinar a divisão dos bens angariados na constância da unidade familiar a que se aplica o regime de separação legal de bens, seria no sentido de proteger o patrimônio anterior à constituição desta mesma entidade (casamento ou união estável, por analogia constitucional), não assim aquele angariado durante a sua existência.

Neste sentido, a jurisprudência:

[...]

Tudo isto considerado, é de ser divididos os bens amealhados durante a constância da união estável, inclusive como forma de evitar o empobrecimento indevido de quem eventualmente contribuiu de forma efetiva para amealhar bens e, por ocasião da ruptura da relação, por estarem os bens registrados em nome do outro companheiro, acaba por sofrer revés em seu patrimônio.

Mais que isto, a correta interpretação da Súmula importa o reconhecimento da desnecessidade da prova do esforço comum na formação do patrimônio para que seja ele dividido entre os companheiros.
A contribuição para a formação do patrimônio, é de se ponderar, pode ser direta ou indireta. A dinâmica da vida em comum espelha atitudes e comportamentos de solidariedade, amor, ajuda mútua que dão o esteio necessário à formação do patrimônio do casal, não se podendo entender correta a alegação de que só a contribuição financeira pode ser legitimadora da divisão, pois que não é só ela que determina o aumento dos bens.
É bem verdade que existe o entendimento de que a solução presente poderia gerar burlas à lei, já que um casal sexagenário poderia escolher viver em união estável para ter seus bens divididos sem o esforço comum, apenas com a convivência. Pondera-se ainda que isto poderia gerar injustiças, pois que um casal sexagenário que optasse pelo casamento teria que obrigatoriamente usar o regime de separação absoluta, com direito a partilha desde que comprovado o esforço comum, enquanto que um casal sexagenário que optasse pela união estável nada teria que comprovar, aplicando-se o regime simples da união estável, que exige apenas a prova de sua existência.
No entanto, para rebater esta tese, basta que se diga que o objetivo da legislação, aprumada pela Súmula 377 do STF, pretende proteger o patrimônio anterior à formação da entidade familiar, não assim aquele formado ao depois, pois que aí estaríamos entrando no perigoso terreno do enriquecimento ilícito, vedado pela legislação civil.
Desta forma, pondero que o entendimento ora esposado não malfere o art. 258, parágrafo único do CC de 1916, nem assim seu atual correspondente, o art. 1.641, inciso II, dando perfeita vazão à sua verdadeira intenção, qual seja, a de proteger os bens que o sexagenário já possuía ao contrair a união estável ou o casamento, sendo passíveis de divisão aqueles amealhados durante a união.
Mais um reforço ao presente entendimento:

> Em princípio, creio ser a posição agasalhada pela Terceira Turma a que melhor se ajusta ao casamento. De fato, como assinalado no Acórdão recorrido, a jurisprudência passou a considerar que a convivência gera uma participação comum para a manutenção da vida familiar, admitindo-se, assim, que o esforço comum não fique concentrado na mera contribuição econômica, sendo suficiente a existência de contribuição indireta, própria da vida de casado, tal e qual construiu a jurisprudência no caso das antigas sociedades de fato, hoje, sob o regime da união estável.
> Não vislumbro que essa interpretação colida com a regra do art. 276, que, seguramente, não implica considerar dentro do regime da separação os bens adquiridos durante a convivência. É certo que a interpretação fica sem sentido se houver estipula-

ção específica sobre a matéria, como permite o art. 256 do mesmo Código, respeitadas as ressalvas do art. 258, e a nulidade estampada no parágrafo único do art. 256. (REsp nº 208.640/RS, DJ de 28/5/01).

Em síntese, quanto à divisão dos bens, o regime da separação obrigatória em nada difere da união estável, pois nesta, segundo o art. 1.725 do Código Civil, o que já era estabelecido pelo art. 5º da Lei nº 9.278/96, tudo o que for adquirido a título oneroso durante a união deve ser dividido em 50% para cada um dos companheiros, mesmo na hipótese de estar em nome somente de um deles. Não se comunicam os havidos a título gratuito ou herança, nem mesmo aqueles havidos de sub-rogação de bens particulares (vende um bem particular e adquire outro com o mesmo dinheiro durante a união).

Pois bem! Tudo isto sopesado, à apreciação do pedido de partilha dos bens que foram objeto do recurso, nos seguintes termos:

A) Referente ao imóvel registrado sob o nº 9.330 (fls. 09), foi adquirido durante a união estável mantida entre as partes, devendo ser partilhado à base de 50% para cada companheiro.

B) Relativamente ao prêmio da Lotomania recebido pelo apelado, tenho que deva ser objeto de partilha. Não há comprovação nos autos de que o apelado pagou metade do valor à apelante, não se prestando a isto o recibo de fl. 08, já que não assinado.

Pondero, neste particular, que o prêmio de Loteria deve ser considerado o aumento patrimonial decorrente de 'fato eventual' de que fala o Código Civil, no seu art. 1660, II.

É de sua leitura:

> **"Art. 1.660. Entram na comunhão:**
>
> **[...]**
>
> **II - os bens adquiridos por fato eventual, com ou sem o concurso de trabalho ou despesa anterior".**

Neste sentido, a doutrina:

> O inciso II trata dos bens adquiridos por fato eventual. Nesse caso, não se leva em consideração se houve concurso de trabalho ou despesa anterior de qualquer cônjuge. São exemplos os bens havidos por aluvião (art. 1.250), por descoberta (art. 1233), os tesouros (art. 1.264), a aposta e a loteria" (Código Civil Comentado. Regina Beatriz Tavares da Silva et all. 6ª ed. Saraiva. p. 1810).

A Desembargadora Maria Berenice Dias partilha deste mesmo entendimento, senão vejamos:

> O casamento gera a comunicabilidade dos bens em face da presunção de que houve conjugação de esforços para sua aquisição. Inobstante tal possa não ser verdadeiro, ou seja, mesmo que não tenha havido a participação de ambos, ainda assim se instala o estado condominial. Para não deixar dúvidas, explicita a lei algumas hipóteses (CC, art. 1.660). Assim, apesar de adquirido por só um

> dos cônjuges, e em nome próprio, o bem passa a ser dos dois (CC, art. 1.660, I). Também se torna comum o que é amealhado por fato eventual com ou sem o concurso de trabalho ou despesa anterior (CC, art. 1.660, II). O exemplo que sempre vem à mente é o prêmio de loteria: mesmo adquirido o bilhete antes do casamento, ocorrendo a contemplação depois das núpcias, o prêmio pertence a ambos os cônjuges. (retirado do site http://www.lexuniversal.com/pt/articles/1167, em 10 de março de 2010, às 18:30 horas).
>
> **Diante de tudo isto, determino a divisão dos bens, nos termos acima fixados, na proporção de 50% para cada parte.**
>
> [...]
>
> Ante o exposto, por unanimidade, conhece-se do recurso e dá-se provimento parcial para determinar a divisão dos bens amealhados pelas partes, nos moldes do item 2, 'a' e 'b' da presente decisão, na proporção de 50% para cada companheiro, alterados os ônus da sucumbência (item '4'). (fls. 257-271)

4. Nesse passo, como sabido, na sociedade conjugal, os bens adquiridos durante o casamento são de propriedade exclusiva do cônjuge que os adquiriu e assim seguirá enquanto perdurar o matrimônio.

No entanto, sucedendo a dissolução do casamento, qualquer dos cônjuges tem o direito de requerer a partilha dos bens comuns, "sobre os quais tinha apenas uma expectativa de direito durante o desenrolar do matrimônio" (MADALENO, Rolf. *Curso de direito de família.* Rio de Janeiro: Forense, 2011, p. 675).

É de cursivo conhecimento também que, em regra, o regime da comunhão parcial de bens conduz à comunicabilidade daqueles adquiridos onerosamente na constância do casamento, ficando excluídos da comunhão os que cada cônjuge possuía ao tempo do enlace, ou os que lhe sobrevieram na constância dele por doação, sucessão ou sub-rogação de bens particulares, nos termos do art. 1658 do CC/02.

O normativo exterioriza princípio segundo o qual são comuns os bens adquiridos durante o casamento, a título oneroso, tendo em vista a aquisição por cooperação dos cônjuges.

Especificamente com relação à união estável, o ordenamento jurídico também estabeleceu a comunhão dos bens adquiridos a título oneroso na constância da relação, reconhecendo, consectariamente, o direito à meação, seguindo os mesmos ditames do casamento.

No tocante à presunção legal de esforço comum na aquisição do patrimônio dos conviventes, introduzida pela Lei 9.278/96, a Segunda Seção desta Corte pacificou o entendimento de que devem "os bens amealhados no período anterior à sua vigência, portanto, ser divididos proporcionalmente ao esforço comprovado, direto ou indireto, de cada convivente, conforme disciplinado pelo ordenamento jurídico vigente quando da respectiva aquisição (Súmula 380/STF)" (REsp 1124859/MG, Rel. p/ Acórdão Ministra Maria Isabel Gallotti, Segunda Seção, julgado em 26/11/2014, DJe 27/02/2015).

No caso em exame, a lide ganha especial relevo por envolver sexagenário que, por força do art. 258, § único, inciso II, do Código Civil de 1916 (equivalente, em parte, ao art. 1.641, inciso II, do Código Civil de 2002), se homem, ou cinquentenária, se mulher, era imposto o regime de separação obrigatória de bens (recentemente, a Lei 12.344/2010 alterou a redação do art. 1.641, II, do CC, modificando a idade protetiva de 60 para 70 anos).

Trata-se de regra específica do casamento que deve ser estendida à união estável, sob pena de inversão da hierarquia constitucionalmente sufragada e de fraude ao princípio de proteção ao nubente com mais de sessenta anos engendrado pela lei civil (REsp 646.259/RS, Rel. Ministro Luis Felipe Salomão, Quarta Turma, julgado em 22/06/2010, DJe 24/08/2010).

Com relação à alegada comunicação dos aquestos, nos ditames da súmula 377 do STF, aplicada ao caso em concreto, "no regime de separação legal de bens, comunicam-se os adquiridos na constância do casamento" e, por conseguinte, apenas os bens adquiridos na constância da união estável devem ser amealhados pela companheira.

A partir de uma interpretação autêntica, percebe-se que o Pretório Excelso também estabeleceu que somente mediante o esforço comum entre os cônjuges (no caso, companheiros) é que se defere a comunicação dos bens, seja para o caso de regime legal ou convencional (RTJ 47/614).

A propósito, confira-se o posicionamento do Ministro Décio Miranda, no RE n.º 93.153/RJ:

> Trata-se, pois, de questão resolvida à consideração de não haver o cônjuge-mulher concorrido com o seu esforço para aquisição de tais bens, sendo assim a eles inaplicável o enunciado da Súmula 377, que segundo a jurisprudência do Supremo Tribunal Federal, somente concerne aos bens adquiridos, na constância do casamento, mediante esforço comum dos cônjuges, e não a todos e quaisquer bens advindos a um deles.

Nessa ordem de ideias, a Segunda Seção desta Corte, em data recente, pacificou o entendimento de que, na união estável de sexagenário, "apenas os bens adquiridos onerosamente na constância da união estável, e desde que comprovado o esforço comum na sua aquisição, devem ser objeto de partilha" (EREsp 1.171.820/PR, Segunda Seção, DJe 21/09/2015).

O julgado foi assim ementado:

> EMBARGOS DE DIVERGÊNCIA NO RECURSO ESPECIAL. DIREITO DE FAMÍLIA. UNIÃO ESTÁVEL. COMPANHEIRO SEXAGENÁRIO. SEPARAÇÃO OBRIGATÓRIA DE BENS (CC/1916, ART. 258, II; CC/2002, ART. 1.641, II). DISSOLUÇÃO. BENS ADQUIRIDOS ONEROSAMENTE. PARTILHA. NECESSIDADE DE PROVA DO ESFORÇO COMUM. PRESSUPOSTO DA PRETENSÃO. EMBARGOS DE DIVERGÊNCIA PROVIDOS.
>
> 1. Nos moldes do art. 258, II, do Código Civil de 1916, vigente à época dos fatos (matéria atualmente regida pelo art. 1.641, II, do Código Civil de 2002), à união estável de sexagenário, se homem, ou cinquentenária, se mulher, impõe-se o regime da separação obrigatória de bens.

> 2. Nessa hipótese, apenas os bens adquiridos onerosamente na constância da união estável, e desde que comprovado o esforço comum na sua aquisição, devem ser objeto de partilha.
> 3. Embargos de divergência conhecidos e providos para negar seguimento ao recurso especial.
> (EREsp 1171820/PR, Rel. Ministro RAUL ARAÚJO, SEGUNDA SEÇÃO, julgado em 26/08/2015, DJe 21/09/2015)

Não caberia, segundo penso, cogitar de que a Lei n.º 9.278/96, no seu art. 5º, contempla presunção de que os bens adquiridos durante a união estável são "fruto do trabalho e da colaboração comum", porquanto tal presunção, por óbvio, somente tem aplicabilidade em caso de incidência do regime próprio daquele Diploma, regime este afastado, no caso ora examinado, por força do art. 258, § único, inciso II, do Código Civil de 1916.

Destarte, no presente caso, a ex-companheira, ora recorrida, fará jus à meação dos bens adquiridos durante a união estável, desde que comprovado o esforço comum, devendo, no ponto, ser restabelecida a decisão de primeiro grau.

6. Em relação ao prêmio lotérico, por se tratar de bem comum, em regra, ocorre sua comunicabilidade em favor do casal, sendo que tal benesse não se confunde com as aquisições a título gratuito, por doação, herança ou legado, que integram o patrimônio pessoal do donatário (CC, art. 1.659).

Realmente, segundo a norma, a loteria ingressa na comunhão sob a rubrica de "bens adquiridos por fato eventual, com ou sem o concurso de trabalho ou despesa anterior" (CC/1916, art. 271, II; CC/2002, art. 1.660, II):

> **Código Civil de 1916**
> Art. 271. Entram na comunhão:
> I. Os bens adquiridos na constância do casamento por título oneroso, ainda que só em nome de um dos cônjuges.
> **II. Os adquiridos por fato eventual, com ou sem o concurso de trabalho ou despesa anterior.**
> III. Os adquiridos por doação, herança ou legado, em favor de ambos os cônjuges (art. 269, nº I).
> IV. As benfeitorias em bens particulares de cada cônjuge.
> V. Os frutos dos bens comuns, ou dos particulares de cada cônjuge, percebidos na constância do casamento, ou pendentes ao tempo de cessar a comunhão dos adquiridos.
> VI. Os frutos civis do trabalho, ou indústria de cada cônjuge, ou de ambos.
>
> ---
>
> **Código Civil de 2002**
> Art. 1.660. Entram na comunhão:
> I. os bens adquiridos na constância do casamento por título oneroso, ainda que só em nome de um dos cônjuges;
> **II. os bens adquiridos por fato eventual, com ou sem o concurso de trabalho ou despesa anterior;**

> III. os bens adquiridos por doação, herança ou legado, em favor de ambos os cônjuges;
> IV. as benfeitorias em bens particulares de cada cônjuge;
> V. os frutos dos bens comuns, ou dos particulares de cada cônjuge, percebidos na constância do casamento, ou pendentes ao tempo de cessar a comunhão.

É o enquadramento dado, de forma pacífica, pelos civilistas:

> Os bens adquiridos por fato eventual, ou seja, a título gratuito e não esperado, também integram a massa de bens comuns, mesmo não havendo o consórcio de esforço comum dos nubentes para tal aquisição, sendo, neste caso, responsável o fator sorte.
> (TEPEDINO, Gustavo. *Código civil interpretado conforme a Constituição da República.* Vol IV, Rio de Janeiro: Renovar, 2014, p. 306)
>
> ---
>
> O inciso II trata dos bens adquiridos por fato eventual. Nesse caso, não se leva em consideração se houve concurso de trabalho ou despesa anterior de qualquer cônjuge. São exemplos os bens havidos por aluvião (art. 1.250), por descoberta (art. 1.233), os tesouros (art. 1.264), a aposta e a loteria"
> (Código Civil Comentado. Regina Beatriz Tavares da Silva et all. 6ª ed. Saraiva. p. 1810).
>
> ---
>
> Este inciso se refere à comunhão dos bens adquiridos por sorteios, rifas, apostas e afins, haja ou não concurso de ambos os cônjuges para a aquisição.
> (LAMENZA, Francismar. *Código civil interpretado.* (Silmara Juny Chinellato, Coord.) Barueri, SP: Manole, 2017, p. 1457)

Resta saber se, em relação ao sexagenário, também vige a mesma exegese em relação à partilha ou não do prêmio, pois é bem que entra no patrimônio do casal, independentemente da aferição do esforço comum.

Deveras, **"os bens comuns não são formados apenas pelos bens adquiridos onerosamente (por força da colaboração recíproca) durante a convivência (CC, art. 1.660). Também são bens comuns (e, portanto, geram direito à meação) os adquiridos por fato eventual, com ou sem o concurso de trabalho ou despesa anterior**. É o bom exemplo dos valores adquiridos por concurso de loteria, por avulsão ou por prêmio diverso concedido por programa de televisão" (CHAVES, Cristiano. *Curso de direito civil.* v. 6. Salvador: Juspodivm, 2013, p. 388).

Deve ser levado em conta, por outro lado, o regime de bens do casamento ou união, já que é este quem definirá como se dará a partilha do bem.

No ponto, Maria Berenice Dias destaca:

> A identificação do que cabe ser partilhado ou não guarda estrita relação com o regime de bens, quer no casamento, quer na união estável. Assim,

> ao se falar em partilha, primeiro precisa identificar-se o regime de bens, pois em cada um deles existe um rol de bens e encargos excluídos de comunicabilidade e, portanto, ficam fora da partilha. (*Manual de direito das famílias* (livro eletrônico). São Paulo: RT, 2017, item 19.11).

Como visto, ao sexagenário é imposto o regime de separação obrigatória de bens. A *ratio legis* foi a de proteger o idoso e seus herdeiros necessários dos casamentos realizados por interesse estritamente econômico, evitando que este seja o principal fator a mover o consorte para o enlace.

Trata-se de "prudência legislativa em favor das pessoas e de suas famílias, considerando a idade dos nubentes. É de lembrar que, conforme os anos passam, a idade avançada acarreta maiores carências afetivas e, portanto, maiores riscos corre aquele que tem mais de setenta anos de sujeitar-se a um casamento em que o outro nubente tenha em vista somente vantagens financeiras, ou seja, em que os atrativos matrimoniais sejam pautados em fortuna e não no afeto" (MONTEIRO, Washington de Barros. *Curso de direito civil:* direito de família. São Paulo: Saraiva, 2012, p. 295).

Não se pode olvidar, no entanto, que a normatização é objeto de inúmeras críticas, por se afastar a autonomia privada e o princípio da intervenção mínima estatal, já tendo o STJ, inclusive, reconhecido que "a restrição aos atos praticados por pessoas com idade igual ou superior a 60 (sessenta) anos representa ofensa ao princípio da dignidade da pessoa humana" (REsp 1.171.820/PR, Rel. p/ Acórdão Min. Nancy Andrighi, Terceira Turma, julgado em 07/12/2010, DJe 27/04/2011).

É a ênfase de Pablo Stolze e Rodolfo Pamplona:

> A segunda situação prevista na norma é absurda e inconstitucional.
>
> A alegação de que a separação patrimonial entre pessoas que convolarem núpcias acima de determinado patamar etário teria o intuito de proteger o idoso das investidas de quem prenda aplicar o "golpe do baú" não convence.
>
> E, se assim o fosse, essa risível justificativa resguardaria, em uma elitista perspectiva legal, uma pequena parcela de pessoas abastadas, apenando, em contrapartida, um número muito maior de brasileiros.
>
> Não podemos extrair dessa norma uma interpretação conforme a Constituição.
>
> Muito pelo contrário.
>
> O que notamos é uma violência escancarada ao princípio da isonomia, por conta do estabelecimento de uma velada forma de interdição parcial do idoso.
>
> Avançada idade, por si só, como se sabe, não é causa de incapacidade!
>
> Se existe receio de o idoso ser vítima de um golpe por conta de uma vulnerabilidade explicada por enfermidade ou deficiência mental, que seja instaurado procedimento próprio de interdição, mas disso não se conclua em favor de uma inadmissível restrição de direitos, simplesmente por conta da sua idade.
>
> Aliás, com 60 anos (como era o limite original do dispositivo), 70 anos (na atual redação) ou mais idade ainda, a pessoa pode presidir

> a República. Pode integrar a Câmara de Deputados. O Senado Federal. Poderia, ainda, no limite etário original de 60 anos, compor a mais alta Corte brasileira, na condição de ministro!
> E não poderia escolher livremente o seu regime de bens?
> Não podemos tentar encontrar razão onde simplesmente não existe.
> Nessa linha, concluímos pela completa inconstitucionalidade do dispositivo sob comento (art. 1641, II), ainda não pronunciada, em controle abstrato, infelizmente, pelo Supremo Tribunal Federal.
> (*Novo curso de direito civil.* Vol. 6. São Paulo: Saraiva, 2015, p. 327-328)

Aliás, pondera Silvio Rodrigues que "...talvez se possa dizer que uma das vantagens da fortuna consiste em aumentar os atrativos matrimoniais de quem a detém. Não há inconveniente social de qualquer espécie em permitir que um sexagenário ou uma sexagenária, ricos, se casem pelo regime da comunhão, se assim lhes aprouver" (*Direito civil.* vol. 6. São Paulo: Saraiva, 2004, p. 144-145).

Nessa ordem de ideias, é que esta Corte também já considerou válida a doação do cônjuge sexagenário à mulher:

> Processual civil. Recurso especial. Ação de conhecimento sob o rito ordinário. Casamento. **Regime da separação legal de bens. Cônjuge com idade superior a sessenta anos.** Doações realizadas por ele ao outro cônjuge na constância do matrimônio. Validade.
> **- São válidas as doações promovidas, na constância do casamento, por cônjuges que contraíram matrimônio pelo regime da separação legal de bens, por três motivos: (i) o CC/16 não as veda, fazendo-no apenas com relação às doações antenupciais; (ii) o fundamento que justifica a restrição aos atos praticados por homens maiores de sessenta anos ou mulheres maiores que cinqüenta, presente à época em que promulgado o CC/16, não mais se justificam nos dias de hoje, de modo que a manutenção de tais restrições representam ofensa ao princípio da dignidade da pessoa humana; (iii) nenhuma restrição seria imposta pela lei às referidas doações caso o doador não tivesse se casado com a donatária, de modo que o Código Civil, sob o pretexto de proteger o patrimônio dos cônjuges, acaba fomentando a união estável em detrimento do casamento, em ofensa ao art. 226, §3º, da Constituição Federal.**
> Recurso especial não conhecido.
> (REsp 471.958/RS, Rel. Ministra NANCY ANDRIGHI, TERCEIRA TURMA, julgado em 18/12/2008, DJe 18/02/2009)

7. Na hipótese, o magistrado de piso afastou a meação ao fundamento de que:

> [...] com relação ao prêmio recebido da Lotomania pelo réu, entendo não ser o caso de incluí-lo na partilha, eis que, em razão do regime de separação legal, não há como se afirmar que tal monta foi produto da

> concorrência de esforços das partes, senão obra do acaso em favor do réu. Não deve o prêmio, então, ser incluso na partilha.
> (fl. 222)

O Tribunal de origem, por sua vez, autorizou a divisão do prêmio pelos seguintes motivos:

> Relativamente ao prêmio da Lotomania recebido pelo apelado, tenho que deva ser objeto de partilha. Não há comprovação nos autos de que o apelado pagou metade do valor à apelante, não se prestando a isto o recibo de fl. 08, já que não assinado.
> Pondero, neste particular, que o prêmio de Loteria deve ser considerado o aumento patrimonial decorrente de 'fato eventual' de que fala o Código Civil, no seu art. 1660, II.
> (fl. 266)

A decisão do Tribunal é a que, a meu juízo, deve prevalecer.

Primeiro, porque é bem comum que ingressa no patrimônio do casal, independentemente da aferição do esforço de cada um, pouco importando se houve ou não despesa do *accipiens*. Deveras, a própria redação do dispositivo, seja pela fórmula do CC/1916, seja pelo CC/2002, afirma, expressamente, que "os bens adquiridos por fato eventual, **com ou sem o concurso de trabalho ou despesa anterior**", são comuns, entrando no patrimônio do casal.

É o destaque da doutrina:

> **No fato eventual está dispensado o concurso do trabalho ou o esforço comum dos cônjuges, 'bastando, portanto, que os bens sejam provenientes de circunstâncias eventuais**, tais como loterias, recompensas, premiações, apostas, bingo, invenções, aluvião, entre outros, levando-se em consideração, especialmente, que tais bens tenham fundamento benéfico e lucrativo à comunhão'. **A sorte é considerada um fato eventual, não fazendo a menor diferença se o bilhete foi comprado antes ou na constância do casamento e sorteado durante as núpcias, pois sempre será resultado incomunicável de fato eventual que não contou com o concurso do trabalho.** A norma também não leva em conta a procedência do dinheiro utilizado para a aquisição do bilhete premiado, interessando apenas o momento de sua aquisição que deve coincidir com a constância das núpcias.
> (MADALENO, Rolf. *Direito de família.* Rio de Janeiro: Forense, 2017, p. 777)

Segundo, porque foi o próprio legislador quem estabeleceu a referida comunicabilidade (diferentemente do que ocorre, por exemplo, no que toca aos bens que o cônjuge já possuía; os sub-rogados em seu lugar; os bens de uso pessoal, os livros e instrumentos de profissão; os proventos do trabalho pessoal de cada cônjuge; as pensões, meios-soldos, montepios e outras rendas semelhantes, nos termos do art. 1659 do CC/2002).

Beviláqua já destacava que se comunicam os bens "adquiridos por fato eventual ou fortuito, como se procederem de aluvião, invenção, jogo, aposta, loteria, porque são comuns todas as aquisições dos cônjuges que não sejam a título lucrativo. Nesta classe, ainda quando não haja esforço, atividade, despesas anteriores, a aquisição não é a título lucrativo. Assim, a parte do tesouro que couber ao cônjuge como inventor (arts. 607 a 609) entra para a comunhão" (BEVILAQUA, Clovis. *Código civil dos estados unidos do Brasil:* comentado por Clovis Bevilaqua, v. 2, Rio de Janeiro: Ed. Rio, 1980, p 668).

Terceiro, porque a comunicabilidade é a regra, que admite exceções, a depender do regime de bens, sendo que aquele de separação legal do sexagenário é diverso do regime de separação convencional, tendo recebido mitigação reconhecida pela jurisprudência do STF e do STJ, sendo, em verdade, uma mescla de regimes.

Deveras, importante destacar que "o regime da separação convencional de bens (art. 1.687 do CC/2002) é diferente do regime da separação legal de bens (art. 1.641, I, II e III, do CC/2002), principalmente no que toca ao tratamento que a jurisprudência dá à comunicabilidade dos bens futuros, ou seja, dos bens adquiridos na constância do casamento. Pelo sistema da separação legal de bens, a Súmula 377 do STF prescreve que "comunicam-se os adquiridos na constância do casamento", diferentemente do que ocorre no regime do art. 1.687 do CC/2002, em que os bens futuros permanecem na esfera do patrimônio próprio de cada cônjuge" (NERY, Rosa Maria de Andrade. *Manual de direito civil:* família (livro eletrônico). São Paulo: RT, 2014, capítulo X).

Nesse passo, apesar de ocorrer a comunicabilidade do bem e não haver a presunção de conjugação de esforços para sua aquisição, deve ser tido como patrimônio comum aquele amealhado por fato eventual, com ou sem o concurso de trabalho ou despesa anterior (CC, art. 1.660, II), sob pena de enriquecimento sem causa, já que nenhum dos cônjuges envidou esforços para o acréscimo patrimonial.

Em verdade, como se trata de regime obrigatório imposto pela norma, permitir a comunhão dos aquestos acaba sendo a melhor forma de se realizar maior justiça social e tratamento igualitário, tendo em vista que o referido regime não adveio da vontade livre e expressa das partes.

O STJ, aliás, já reconheceu a possibilidade de partilhar bem comum no que toca ao sexagenário:

> DIREITO CIVIL. FAMÍLIA. ALIMENTOS. **UNIÃO ESTÁVEL ENTRE SEXAGENÁRIOS. REGIME DE BENS APLICÁVEL.** DISTINÇÃO ENTRE FRUTOS E PRODUTO.
> 1. Se o TJ/PR fixou os alimentos levando em consideração o binômio necessidades da alimentanda e possibilidades do alimentante, suas conclusões são infensas ao reexame do STJ nesta sede recursal.
> 2. O regime de bens aplicável na união estável é o da comunhão parcial, pelo qual há comunicabilidade ou meação dos bens adquiridos a título oneroso na constância da união, prescindindo-se, para tanto,

> da prova de que a aquisição decorreu do esforço comum de ambos os companheiros.
> 3. A comunicabilidade dos bens adquiridos na constância da união estável é regra e, como tal, deve prevalecer sobre as exceções, as quais merecem interpretação restritiva, devendo ser consideradas as peculiaridades de cada caso.
> 4. A restrição aos atos praticados por pessoas com idade igual ou superior a 60 (sessenta) anos representa ofensa ao princípio da dignidade da pessoa humana.
> 5. Embora tenha prevalecido no âmbito do STJ o entendimento de que o regime aplicável na união estável entre sexagenários é o da separação obrigatória de bens, segue esse regime temperado pela Súmula 377 do STF, com a comunicação dos bens adquiridos onerosamente na constância da união, sendo presumido o esforço comum, o que equivale à aplicação do regime da comunhão parcial.
> 6. É salutar a distinção entre a incomunicabilidade do produto dos bens adquiridos anteriormente ao início da união, contida no § 1º do art. 5º da Lei n.º 9.278, de 1996, e a comunicabilidade dos frutos dos bens comuns ou dos particulares de cada cônjuge percebidos na constância do casamento ou pendentes ao tempo de cessar a comunhão, conforme previsão do art. 1.660, V, do CC/02, correspondente ao art. 271, V, do CC/16, aplicável na espécie.
> 7. Se o acórdão recorrido categoriza como frutos dos bens particulares do ex-companheiro aqueles adquiridos ao longo da união estável, e não como produto de bens eventualmente adquiridos anteriormente ao início da união, opera-se a comunicação desses frutos para fins de partilha.
> 8. Recurso especial de G. T. N. não provido.
> 9. Recurso especial de M. DE L. P. S. provido.
> (REsp 1171820/PR, Rel. Ministro SIDNEI BENETI, Rel. p/ Acórdão Ministra NANCY ANDRIGHI, TERCEIRA TURMA, julgado em 07/12/2010, DJe 27/04/2011)

Quarto, porque a partilha dos referidos ganhos com a loteria não ofenderia o desiderato da lei, já que o prêmio foi ganho durante a relação, não havendo falar em matrimônio realizado por interesse ou em união meramente especulativa.

Em exegese similar, já entendeu esta Quarta Turma:

> RECURSO ESPECIAL. DIREITO CIVIL. FAMÍLIA. MATRIMÔNIO CONTRAÍDO POR PESSOA COM MAIS DE 60 ANOS. REGIME DE SEPARAÇÃO OBRIGATÓRIA DE BENS. CASAMENTO PRECEDIDO DE LONGA UNIÃO ESTÁVEL INICIADA ANTES DE TAL IDADE. RECURSO ESPECIAL NÃO PROVIDO.
> 1. O artigo 258, parágrafo único, II, do Código Civil de 1916, vigente à época dos fatos, previa como sendo obrigatório o regime de separação total de bens entre os cônjuges quando o casamento envolver noivo maior de 60 anos ou noiva com mais de 50 anos.

2. Afasta-se a obrigatoriedade do regime de separação de bens quando o matrimônio é precedido de longo relacionamento em união estável, iniciado quando os cônjuges não tinham restrição legal à escolha do regime de bens, visto que não há que se falar na necessidade de proteção do idoso em relação a relacionamentos fugazes por interesse exclusivamente econômico.
3. Interpretação da legislação ordinária que melhor a compatibiliza com o sentido do art. 226, §3º, da CF, segundo o qual a lei deve facilitar a conversão da união estável em casamento.
4. Recurso especial a que se nega provimento.
(REsp 1318281/PE, Rel. Ministra MARIA ISABEL GALLOTTI, QUARTA TURMA, julgado em 01/12/2016, DJe 07/12/2016)

8. Ante o exposto, dou parcial provimento ao recurso especial para, restabelecendo a decisão de primeiro grau, reconhecer que a partilha ocorra tão somente quanto aos bens que, adquiridos durante a união estável, tenha havido a comprovação do esforço comum. Esclareço, porém, que fica mantido o acórdão recorrido no que toca ao dever de meação do prêmio da Lotomania recebido pelo ex-companheiro, já que se trata de aumento patrimonial decorrente de fato eventual e que independe da aferição do esforço de cada um. Ônus sucumbenciais como fixados na sentença.

É o voto.

CERTIDÃO DE JULGAMENTO QUARTA TURMA

Número Registro: 2011/0235045-8
PROCESSO ELETRÔNICO REsp 1.689.152 / SC
Números Origem: 20080638102000100 20080638102000201 46070012445
PAUTA: 17/10/2017
JULGADO: 24/10/2017
SEGREDO DE JUSTIÇA
Relator: Exmo. Sr. Ministro **LUIS FELIPE SALOMÃO**
Presidente da Sessão: Exmo. Sr. Ministro ANTONIO CARLOS FERREIRA
Subprocurador-Geral da República: Exmo. Sr. Dr. MARCELO ANTONIO MOSCOGLIATO
Secretária: Dra. TERESA HELENA DA ROCHA BASEVI

AUTUAÇÃO

RECORRENTE: H H H - ESPÓLIO
REPR. POR: A O H
ADVOGADO: EDUARDO FIEGENBAUM - SC016592
RECORRIDO: M D M
ADVOGADO: NILTON CÉSAR RIGONI - SC014059B
ASSUNTO: DIREITO CIVIL - Família - União Estável ou Concubinato - Reconhecimento / Dissolução

CERTIDÃO

Certifico que a egrégia QUARTA TURMA, ao apreciar o processo em epígrafe na sessão realizada nesta data, proferiu a seguinte decisão:

A Quarta Turma, por unanimidade, deu parcial provimento ao recurso especial, nos termos do voto do Sr. Ministro Relator.

Os Srs. Ministros Antonio Carlos Ferreira (Presidente), Marco Buzzi e Lázaro Guimarães (Desembargador convocado do TRF 5ª Região) votaram com o Sr. Ministro Relator.

Ausente, justificadamente, a Sra. Ministra Maria Isabel Gallotti.

AgInt no AGRAVO EM RECURSO ESPECIAL Nº 1.210.135 - SP (2017/0299292-2)

RELATOR: MINISTRO PAULO DE TARSO SANSEVERINO
AGRAVANTE: MARIA LUCIA DA SILVA
ADVOGADOS: JORGE LUIZ BOATTO - SP109292 / CLAYTON CÉSAR DE OLIVEIRA E OUTRO(S) - SP259068
AGRAVADO: JAIR SOARES MALTA
AGRAVADO: JOAO RICARDO DA SILVA
ADVOGADO: MÁRCIO XAVIER DE OLIVEIRA - SP240703

EMENTA

AGRAVO INTERNO NO AGRAVO EM RECURSO ESPECIAL. PROCESSUAL CIVIL (2015). ART. 1.022 DO CPC/2015. OMISSÃO, CONTRADIÇÃO E OBSCURIDADE. NULIDADES. INOCORRÊNCIA. MERO INCONFORMISMO COM A SOLUÇÃO JURÍDICA ADOTADA. ALEGAÇÃO DE AUSÊNCIA DE MANIFESTAÇÃO ACERCA DE DISPOSITIVOS LEGAIS É DEFICIENTE. SÚMULA 284/STF. ANALOGIA. NULIDADE DE NEGÓCIO JURÍDICO. DOAÇÃO DE IMÓVEL. ÔNUS PROBATÓRIO. LIVRE CONVENCIMENTO DO MAGISTRADO. PARTE AUTORA QUE NÃO LOGROU ÊXITO EM COMPROVAR SUAS ALEGAÇÕES DE QUE POSSUÍA ENFERMIDADE OU DEFICIÊNCIA MENTAL APTAS A RETIRAREM-LHE O DISCERNIMENTO PARA A PRÁTICA DO ATO. REVOGAÇÃO DO USUFRUTO VITALÍCIO. NÃO DEMONSTRAÇÃO. REVOLVIMENTO DO QUADRANTE FÁTICO-PROBATÓRIO DA CAUSA. IMPOSSIBILIDADE. SÚMULA 07/STJ. DISSÍDIO JURISPRUDENCIAL. AUSÊNCIA DE SIMILITUDE FÁTICA ENTRE OS JULGADOS CONFRONTADOS. AGRAVO DESPROVIDO.

ACÓRDÃO

Vistos e relatados estes autos em que são partes as acima indicadas, decide a Egrégia TERCEIRA TURMA do Superior Tribunal de Justiça, por unanimidade, negar provimento ao agravo, nos termos do voto do Sr. Ministro Relator. Os Srs. Ministros Ricardo Villas Bôas Cueva, Marco Aurélio Bellizze (Presidente), Moura Ribeiro e Nancy Andrighi votaram com o Sr. Ministro Relator.

Brasília (DF), 05 de junho de 2018(Data do Julgamento)

MINISTRO PAULO DE TARSO SANSEVERINO
Relator

AgInt no AGRAVO EM RECURSO ESPECIAL Nº 1.210.135 - SP (2017/0299292-2)

RELATOR: MINISTRO PAULO DE TARSO SANSEVERINO
AGRAVANTE: MARIA LUCIA DA SILVA
ADVOGADOS: JORGE LUIZ BOATTO - SP109292 / CLAYTON CÉSAR DE OLIVEIRA E OUTRO(S) - SP259068
AGRAVADO: JAIR SOARES MALTA
AGRAVADO: JOAO RICARDO DA SILVA
ADVOGADO: MÁRCIO XAVIER DE OLIVEIRA - SP240703

RELATÓRIO

EXMO. SR. MINISTRO PAULO DE TARSO SANSEVERINO (Relator):

Trata-se de agravo interno interposto por MARIA LUCIA DA SILVA em face de decisão monocrática cuja ementa restou consignada nos seguintes termos:

> *"AGRAVO EM RECURSO ESPECIAL. PROCESSUAL CIVIL (2015). ART. 1.022 DO CPC/2015. OMISSÃO, CONTRADIÇÃO E OBSCURIDADE. NULIDADES. INOCORRÊNCIA. MERO INCONFORMISMO COM A SOLUÇÃO JURÍDICA ADOTADA. ADEMAIS, A ALEGAÇÃO DE AUSÊNCIA DE MANIFESTAÇÃO ACERCA DE DISPOSITIVOS LEGAIS É DEFICIENTE. SÚMULA 284/STF. ANALOGIA. NULIDADE DE NEGÓCIO JURÍDICO. DOAÇÃO DE IMÓVEL. ÔNUS PROBATÓRIO. LIVRE CONVENCIMENTO DO MAGISTRADO. PARTE AUTORA QUE NÃO LOGROU ÊXITO EM COMPROVAR SUAS ALEGAÇÕES DE QUE POSSUÍA ENFERMIDADE OU DEFICIÊNCIA MENTAL APTAS A RETIRAREM-LHE O DISCERNIMENTO PARA A PRÁTICA DO ATO. RENDA MENSAL SUFICIENTE PARA SUA SUBSISTÊNCIA. REVOLVIMENTO DO QUADRANTE FÁTICO-PROBATÓRIO DA CAUSA. IMPOSSIBILIDADE. SÚMULA 07/STJ. AFRONTA AO ARTIGO 166, VII, DO CC/2002. PREQUESTIONAMENTO. AUSÊNCIA. SÚMULAS 282 E 356/STF. ANALOGIA. DISSÍDIO JURISPRUDENCIAL. AUSÊNCIA DE SIMILITUDE FÁTICA ENTRE OS JULGADOS CONFRONTADOS. AGRAVO DESPROVIDO."* (e-STJ fl. 482).

Em suas razões de agravo, a agravante reitera a tese de ofensa ao artigo 1.022 do Código de Processo Civil, aduzindo o acórdão recorrido incidiu em:

(i) contradição em relação às fundamentações de que a embargante afirmou que foi enganada e, em outro momento, fez a doação por vontade própria; ***(ii)*** obscuridade na afirmação de que a embargante passou por um exame de sanidade mental, o que nunca existiu; ***(iii)*** obscuridade quanto ao fundamento de que um veículo Ford Ka foi financiado e pago pela testemunha Helena, contudo, o veículo objeto da presente ação é um veículo Ford Fiesta e, como consta das provas juntadas aos autos, as parcelas que não foram pagas, sendo o mesmo objeto de busca e apreensão; ***(iv)*** obscuridade na afirmação de que não foi comprovada a revogação do usufruto vitalício, apesar de estar encartado nos autos a escritura pública de revogação; ***(v)*** obscuridade uma vez que a ementa do acórdão deixa a mostra uma garantia de manutenção do usufruto vitalício do imóvel à embargante, contudo, na leitura do corpo do texto o fato não resta claro; ***(vi)*** omissão quanto às provas documentais e testemunhais; e ***(vii)*** omissão em pronunciar-se acerca dos artigos 1.º, III e 230 da Constituição Federal; 2.º e 10 da Lei n o 10.741/03; e 151 a 153, 171, 548 e 549 do Código Civil.

Na sequência, aponta malferimento do artigo 447, § 3.º, II, do Código de Processo Civil/2015, haja vista que houve excesso de valoração da prova testemunhal produzida pelos recorridos em relação à prova testemunhal produzida pela recorrente.

Nesse sentido, diz que não pretende nova análise da prova contida nos autos, o que afasta a incidência da Súmula 07/STJ.

Indica, também, malferimento do artigo 549 do Código Civil/2002, pois é nula a doação quando à parte que exceder à de que o doador, no momento de liberalidade, poderia dispor em testamento, tratando-se de limitação legal.

No ponto, também diz que não incide o impeditivo sumular n.º 07/STJ. Por fim, quanto ao dissídio jurisprudencial, alega que há similitude fática entre os julgados confrontados.

Não houve impugnação (cf. e-STJ fl. 520).

É o relatório.

AgInt no AGRAVO EM RECURSO ESPECIAL Nº 1.210.135 - SP (2017/0299292-2)

VOTO

EXMO. SR. MINISTRO PAULO DE TARSO SANSEVERINO (Relator):

Eminentes colegas, a nova irresignação recursal não merece acolhida.

Constato, do confronto entre as razões do agravo interno e a fundamentação do julgado recorrido, que a parte agravante não traz fundamentos capazes de infirmar as conclusões tiradas no *decisum* objurgado.

Dessa forma, correto o entendimento da decisão agravada.

A agravante aponta, preliminarmente, o malferimento do artigo 1.022 do CPC/2015, ao sustento de omissões, obscuridades e contradição.

Contudo, não há que se falar nas nulidades apontadas.

Com efeito, tenho que o aresto recorrido solveu a controvérsia dos autos sob o seguinte enfoque:

> *"**É incontroverso que, em 15/4/2010, a autora realizou doação da propriedade do imóvel em que residia para os réus, com reserva de usufruto vitalício** (fls. 33-verso).*

Divergem as partes quanto à nulidade da doação, já que a autora afirma que, em um momento de fragilidade em razão de grave doença que acometia sua mãe, foi enganada pelos requeridos, pastores da igreja que passou a freqüentar, os quais diziam que, se permanecesse com a propriedade do bem, o perderia para um parente distante. Afirmavam que a autora deveria doar o imóvel a eles, com a finalidade de protegê-lo e que, caso pedisse, devolver-lhe-iam seu bem.

*Em que pesem os argumentos **da autora, esta não logrou êxito em comprovar suas alegações, conforme ônus que lhe cabia, nos termos do artigo 333 do Código de Processo Civil**.*

A testemunha Helena Hiromi Tanaka Makinodan, em seu depoimento, afirmou que quando conheceu a autora 'ela tinha intenção de doar a casa a alguém, pois dizia que havia recebido a casa por doação e pretendia transferir o imóvel desse modo. Também presenciei o dia em que a autora, durante o culto e na presença de 30 ou 35 pessoas, levantou-se e disse que pretendia doar a casa aos requeridos' (fls. 202). A mesma testemunha afirmou que a autora, antes da doação, passou por um exame de sanidade mental, a pedido dos réus, o que foi afirmado também pela testemunha José Carlos Bonachini (fls. 205).

Também não há provas de que a autora tenha sido coagida a contrair outras dívidas ou a financiar carro em seu nome. A testemunha Helena afirmou que o veículo Ford Ka foi financiado em nome da autora com autorização dela e que as respectivas parcelas foram pagas pela testemunha. Afirmou, ainda, que o veículo foi devolvido à autora.

No termos do artigo 166 do Código Civil, 'é nulo o negócio jurídico quando celebrado por pessoa absolutamente incapaz'.

No caso dos autos, contudo, não há notícias de que a autora, no momento da doação, possuísse enfermidade ou deficiência mental que retirassem seu discernimento para a prática do ato.

Anote-se que também não é o caso de negócio anulável, pois não há notícias de erro, dolo, coação, estado de perigo ou lesão. Ao contrário, a autora afirma que fez a doação por vontade própria.

Ao contrário do que afirma a autora em suas razões de apelação, não foi comprovada a revogação do usufruto vitalício, tanto que a própria autora, em seu depoimento pessoal, afirmou que aluga o imóvel a terceiro (fls. 195).

Ressalte-se, por fim, que não houve ofensa ao artigo 548 do Código Civil, porquanto, através de documentos de fls. 214/218, se dessume que a autora possui rendimento mensal de mais de R$2.700,00, possuindo renda suficiente para sua subsistência.

Assim, não há razões para reforma da r. sentença, que deve ser mantida." (e-STJ fls. 301/202, grifei).

Por sua vez, o acórdão integrativo assim complementou:

> *"Trata-se de ação de nulidade ou anulação de doação de imóvel, em que as matérias que, segundo a embargante devem ser objeto de pré-questionamento, foram apreciadas no acórdão, o que significa que este não padece de omissão, contradição ou obscuridade, devendo, pois, serem rejeitados os embargos de declaração.*
> *Em que pese a argumentação da embargante, foi afastada a alegação de que foi enganada pelos réus e não efetuou a doação por vontade própria. Após análise das provas existentes, entendeu-se que a autora 'não logrou êxito em comprovar suas alegações, conforme ônus que lhe cabia, nos termos do artigo 333 do Código de Processo Civil' (fls. 270).*
> *As demais questões relevantes para a solução da demanda foram analisadas no acórdão,* ***sendo que matérias relativas a financiamento do automóvel, coação da autora para contrair dívidas, sanidade mental da autora e manutenção do usufruto vitalício não foram objeto dos pedidos formulados na petição inicial, em que se busca a nulidade ou nulidade da doação, bem como indenização por danos morais.***
> ***Ressalte-se que não houve pedido de anulação da escritura de renúncia de usufruto, que, ao que consta, sequer foi levada a registro.*** *Assim, não há que se falar em omissão, contradição ou obscuridade."* (e-STJ fls. 328/329, grifei).

Como se vê, as controvérsias relativas à (a) doação do imóvel; (b) ocorrência de exame de sanidade mental; (c) menção ao veículo Ford Ka quando o veículo objeto da presente ação é um veículo Ford Fiesta; (d) revogação do usufruto vitalício do imóvel; e (e) ausência de valoração das provas documentais e testemunhais foram objeto de devida análise pelo Tribunal de origem,

Com efeito, a Corte estadual examinou toda a matéria, de maneira integral e com fundamentação coerente, assentando que a autora, ora recorrente, não logrou êxito em comprovar as alegações de que a doação ocorreu em um momento de fragilidade em razão de grave doença que acometia sua mãe e que teria sido enganada pelos recorridos dos, pastores da igreja que passou a frequentar, ademais as "matérias relativas a financiamento do automóvel, coação da autora para contrair dívidas, sanidade mental da autora e manutenção do usufruto vitalício não foram objeto dos pedidos formulados na petição inicial, em que se busca a nulidade ou nulidade da doação, bem como indenização por danos morais".

Outrossim, tenho que "não foi comprovada a revogação do usufruto vitalício, tanto que a própria autora, em seu depoimento pessoal, afirmou que aluga o imóvel a terceiro (fls. 195)".

Destarte, agiu corretamente o Tribunal de origem ao rejeitar os embargos declaratórios.

O inconformismo recursal revela-se como mera intenção de rejulgamento da causa, tão-somente, porque a solução jurídica adotada foi desfavorável à pretensão da recorrente.

De outro lado, no que toca à alegada ausência de pronunciamento específico a respeito do artigo 1°, III; e 230 da Constituição Federal; 2.° e 10 da Lei n° 10.741/03;

bem como 151 a 153, 171, 548 e 549 todos do Código Civil, no caso, a mera alegação de ausência de manifestação acerca de dispositivos de lei ou da Constituição Federal, sem explicitar os pontos omissos do acórdão recorrido e de que forma a correção do alegado vício seria relevante para o deslinde da controvérsia, faz incidir, por analogia, o óbice da Súmula 284/STF.

Nesse sentido: AgRg no AREsp 651856/SC, Rel. Min. Humberto Martins, Segunda Turma, DJe 11/05/2015; AgRg no Ag 1349962/RS, Rel. Min. Paulo de Tarso Sanseverino, Terceira Turma, DJe 06/03/2012; EDcl no REsp 912.036/RS, Rel. Min. Luiz Fux, Primeira Turma, DJe 23/04/2008.

Destarte, não há se falar em malferimento do art. 1.022 do CPC/2015. Na sequência, a agravante apontou o malferimento do artigo 447, § 3.º,

II, do Código de Processo Civil/2015, haja vista que houve excesso de valoração da prova testemunhal produzida pelos recorridos em relação à prova testemunhal produzida pela recorrente.

No ponto, como bem asseverou a decisão agravada, em relação ao ônus da comprovação do direito vindicado, o ordenamento jurídico brasileiro adota o princípio do livre convencimento motivado, que possibilita ao juiz a apreciação livre das provas colacionadas aos autos. Ou seja, o julgador não está adstrito à prova que a parte entende lhe seja mais favorável, mas pode formar a sua convicção a partir de outros elementos ou fatos constantes dos autos. A propósito:

> *PROCESSO CIVIL. AGRAVO REGIMENTAL. VIOLAÇÃO DO ART. 535 DO CPC NÃO CONFIGURADA. PROVA PERICIAL. NÃO INTERPOSIÇÃO DE RECURSO. PRECLUSÃO. CERCEAMENTO DE DEFESA. NÃO OCORRÊNCIA. INVERSÃO DA PROVA. VEROSSIMILHANÇA DA PRÁTICA DE AGIOTAGEM.*
> *(...)*
> *3. O magistrado, com base no livre convencimento motivado, pode indeferir a produção de provas que julgar impertinentes, irrelevantes ou protelatórias para o regular andamento do processo, hipótese em que não se verifica a ocorrência de cerceamento de defesa. Precedentes.*
> *4. A inversão do ônus da prova autorizada pelos arts. 1º e 3º da MP n.º 2.172-32, que trata da nulidade dos atos de usura pecuniária, impõe acurada análise da ocorrência de requisito legal para seu deferimento: demonstração da verossimilhança da prática de agiotagem. Precedentes.*
> *5. Agravo regimental não provido.*
> **(AgRg no REsp 1196519/MS, Rel. Ministro LUIS FELIPE SALOMÃO, QUARTA TURMA, julgado em 23/06/2015, DJe 04/08/2015, grifei).**
>
> *AGRAVO REGIMENTAL EM AGRAVO EM RECURSO ESPECIAL. AÇÃO REIVINDICATÓRIA. NEGATIVA DE PRESTAÇÃO JURISDICIONAL. ART. 535 DO CPC. NÃO OCORRÊNCIA. MAGISTRADO COMO DESTINATÁRIO DAS PROVAS. CERCEAMENTO DE DEFESA. NÃO OCORRÊNCIA. LIVRE CONVENCIMENTO MOTIVADO.*
> *1. Não há falar em negativa de prestação jurisdicional se o tribunal de origem motiva adequadamente sua decisão, solucionando a controvér-*

sia com a aplicação do direito que entende cabível à hipótese, apenas não no sentido pretendido pela parte.
2. O nosso sistema processual civil é orientado pelo princípio do livre convencimento motivado, cabendo ao julgador determinar as provas que entender necessárias à instrução do processo, bem como indeferir aquelas que considerar inúteis ou protelatórias.
3. Agravo regimental não provido.
(AgRg no AREsp 281.230/RS, Rel. Ministro RICARDO VILLAS BÔAS CUEVA, TERCEIRA TURMA, julgado em 06/08/2015, DJe 17/08/2015, grifei).

AGRAVO REGIMENTAL NO AGRAVO EM RECURSO ESPECIAL. REPRESENTAÇÃO EM ASSEMBLEIA CONDOMINIAL. REGULARIDADE NOS TERMOS DO ART. 654, § 1º, DO CÓDIGO CIVIL/2002. SÚMULA 7/ STJ. APROVAÇÃO DE REALIZAÇÃO DE OBRAS ÚTEIS. INEXISTÊNCIA DE INCOMPATIBILIDADE ENTRE AS OBRAS APONTADAS NO EDITAL DE CONVOCAÇÃO E AS OBRAS DISCUTIDAS E APROVADAS EM ASSEMBLEIA. PROVA ORAL INDEFERIDA. DESNECESSIDADE. INEXISTÊNCIA DE CERCEAMENTO DE DEFESA. LIVRE CONVENCIMENTO MOTIVADO. REEXAME DE PROVAS. RECURSO NÃO PROVIDO.
1. A jurisprudência desta Corte é pacífica no sentido de que a preferência do magistrado por esta ou por aquela prova está inserida no âmbito do seu livre convencimento motivado. Isso, porque vigora no direito processual pátrio o sistema de persuasão racional adotado no Código de Processo Civil, cabendo ao magistrado autorizar a produção desta ou daquela prova, se por outros meios não estiver convencido da verdade dos fatos, tendo em vista que é ao juiz que cabe a análise da conveniência e necessidade da sua produção.
2. As provas documentais acostadas aos autos são suficientes para proporcionar ao julgador os elementos necessários à análise da compatibilidade entre as obras apontadas no edital de convocação e as obras discutidas e aprovadas em assembleia, bem como quanto à verificação da natureza das obras aprovadas.
(...)
4. Agravo regimental não provido.
(AgRg no AREsp 385.646/SP, Rel. Ministro RAUL ARAÚJO, QUARTA TURMA, julgado em 16/04/2015, DJe 14/05/2015, grifei).

PROCESSUAL CIVIL. EMBARGOS DE DECLARAÇÃO NO AGRAVO EM RECURSO ESPECIAL. AÇÃO DE INDENIZAÇÃO INDEFERIMENTO DE PRODUÇÃO DE PROVA TESTEMUNHAL. CERCEAMENTO DE DEFESA. ALEGAÇÃO AFASTADA. LIVRE CONVENCIMENTO MOTIVADO. REEXAME DE PROVAS. SÚMULA 7/STJ. DISSÍDIO JURISPRUDENCIAL.

> ANÁLISE DE QUESTÕES FÁTICAS. IMPOSSIBILIDADE. PRETENSÃO INFRINGENTE. RECEBIMENTO COMO AGRAVO REGIMENTAL. REITERAÇÃO DOS FUNDAMENTOS JÁ ANALISADOS. MANUTENÇÃO INTEGRAL DA DECISÃO AGRAVADA.
> (...)
> 3. No caso, concluiu o Tribunal de origem que o farto arcabouço probatório é suficiente para a análise dos fatos apresentados para julgamento, mostrando-se desnecessária a produção de outras provas, máxime a oitiva de outras testemunhas, afigurando-se contraproducente e até mesmo violação à garantia da razoável duração do processo, a cassação da sentença, para produção de provas que não acarretarão a alteração do que já restou provado.
> 4. Nesse contexto, não se confirma o alegado cerceamento de defesa, sendo certo que a revisão dos fundamentos que levaram a tal entendimento demandariam nova apreciação do conjunto probatório, o que é vedado em recurso especial, a teor da Súmula nº 7 do STJ.
> 5. Agravo regimental não provido.
> **(EDcl no REsp 1537718/MG, Rel. Ministro MOURA RIBEIRO, TERCEIRA TURMA, julgado em 09/06/2015, DJe 16/06/2015, grifei).**

Ademais, o princípio da persuasão racional ou da livre convicção motivada do juiz consigna caber ao magistrado apreciar livremente a prova, atendendo aos fatos e circunstâncias constantes dos autos, conferindo, fundamentadamente, a cada um desses elementos a sua devida valoração.

Isso posto, tenho que, ao analisar o conjunto probatório dos autos, o Tribunal local entendeu que, "em que pesem os argumentos da autora, esta não logrou êxito em comprovar suas alegações, conforme ônus que lhe cabia, nos termos do artigo 333 do Código de Processo Civil.".

Deste modo, para aferir as alegações da recorrente e afastar as conclusões firmadas pelo Tribunal de origem, seria necessário o revolvimento do conteúdo fático-probatório dos autos, procedimento vedado na via especial, nos termos da Súmula nº. 7 desta Corte Superior.

A agravante indicou, também, malferimento do artigo 549 do Código Civil/2002, pois é nula a doação quando à parte que exceder à de que o doador, no momento de liberalidade, poderia dispor em testamento, tratando-se de limitação legal.

No que importa ao deslinde dessa controvérsia, possível extrair que o Tribunal paulista aduziu que "não foi comprovada a revogação do usufruto vitalício, tanto que a própria autora, em seu depoimento pessoal, afirmou que aluga o imóvel a terceiro (fls. 195)." (e-STJ fl. 302).

Ora, como se vê, a recorrente não perdeu todos os direitos inerentes ao domínio do bem, restando preservado o usufruto vitalício do bem.

Assim, igualmente, incide o impeditivo da súmula n.º 07/STJ, haja vista a impossibilidade de esta Corte reexaminar o acervo fático-probatório da causa.

Por derradeiro, no tocante ao dissídio jurisprudencial alegado em sede de recurso especial, vejo que a recorrente, ora agravante, apontou julgado do Tribunal de Justiça do Estado do Rio Grande do Sul que não guarda similitude fática com o caso dos autos.

Isso porque, no acórdão paradigma, a ementa dá conta de que, "[...] nos termos do art. 152 do Código Civil, ficou claramente demonstrada sua vulnerabilidade psicológica e emocional, criando um contexto de fragilidade que favoreceu a cooptação da vontade pelo discurso religioso".

Enquanto que, no aresto recorrido, "[...] não há notícias de que a autora, no momento da doação, possuísse enfermidade ou deficiência mental que retirassem seu discernimento para a prática do ato", ademais "[...] também não é o caso de negócio anulável, pois não há notícias de erro, dolo, coação, estado de perigo ou lesão. Ao contrário, a autora afirma que fez a doação por vontade própria."

Destarte, fica afastada a irresignação recursal ancorada na alínea "c" do permissivo constitucional.

Dessa forma, deve ser mantido o entendimento firmado na decisão agravada.

Ante o exposto, nego provimento ao agravo interno.

É o voto.

CERTIDÃO DE JULGAMENTO TERCEIRA TURMA

AgInt no Número Registro: 2017/0299292-2
AREsp 1.210.135 / SP
Números Origem: 00060136520138260032 45313 60136520138260032
EM MESA JULGADO: 05/06/2018

Relator: Exmo. Sr. Ministro **PAULO DE TARSO SANSEVERINO**
Presidente da Sessão: Exmo. Sr. Ministro MARCO AURÉLIO BELLIZZE
Subprocurador-Geral da República: Exmo. Sr. Dr. DURVAL TADEU GUIMARÃES
Secretária: Bela. MARIA AUXILIADORA RAMALHO DA ROCHA

AUTUAÇÃO

AGRAVANTE: MARIA LUCIA DA SILVA
ADVOGADOS: JORGE LUIZ BOATTO - SP109292 / CLAYTON CÉSAR DE OLIVEIRA E OUTRO(S) - SP259068
AGRAVADO: JAIR SOARES MALTA
AGRAVADO: JOAO RICARDO DA SILVA
ADVOGADO: MÁRCIO XAVIER DE OLIVEIRA - SP240703
ASSUNTO: DIREITO CIVIL - Responsabilidade Civil

AGRAVO INTERNO

AGRAVANTE: MARIA LUCIA DA SILVA
ADVOGADOS: JORGE LUIZ BOATTO - SP109292

CLAYTON CÉSAR DE OLIVEIRA E OUTRO(S) - SP259068
AGRAVADO: JAIR SOARES MALTA
AGRAVADO: JOAO RICARDO DA SILVA
ADVOGADO: MÁRCIO XAVIER DE OLIVEIRA - SP240703

CERTIDÃO

Certifico que a egrégia TERCEIRA TURMA, ao apreciar o processo em epígrafe na sessão realizada nesta data, proferiu a seguinte decisão:

A Turma, por unanimidade, negou provimento ao agravo, nos termos do voto do Sr.

Ministro Relator.

Os Srs. Ministros Ricardo Villas Bôas Cueva, Marco Aurélio Bellizze (Presidente), Moura Ribeiro e Nancy Andrighi votaram com o Sr. Ministro Relator.

Registro: 2015.0000173198

ACÓRDÃO

Vistos, relatados e discutidos estes autos de Apelação nº 4003035-51.2013.8.26.0451, da Comarca de Piracicaba, em que são apelantes/apelados NEIDE BARROS DIAS DE MORAES e OMIR DIAS DE MORAES JUNIOR, é apelado/apelante OMIR DIAS DE MORAES (INTERDITANDO(A)).

ACORDAM, em 1ª Câmara de Direito Privado do Tribunal de Justiça de São Paulo, proferir a seguinte decisão: "Não conheceram do agravo retido e negaram provimento aos recursos de apelação e adesivo. V.U.", de conformidade com o voto do Relator, que integra este acórdão.

O julgamento teve a participação dos Exmos. Desembargadores LUIZ ANTONIO DE GODOY (Presidente) e PAULO EDUARDO RAZUK.

São Paulo, 17 de março de 2015.

Claudio Godoy RELATOR
Assinatura Eletrônica

APELAÇÃO CÍVEL

Processo n. 4003035-51.2013.8.26.0451
Comarca: Piracicaba
Apelantes: NEIDE BARROS DIAS DE MORAES e OMIR DIAS DEMORAES JUNIOR
Apelado: OMIR DIAS DE MORAES
Juiz: José Fernando Seifarth de FreitasVoto n. 9.672

Interdição. Artigo 1.782 do CC. Suposta prodigalidade, descontrole financeiro e dilapidação patrimonial. Prova dos autos, porém, que não abona a tese deduzida na inicial. Prova médica que se mostrou consentânea com o interrogatório realizado e revelousatisfatoriamente que o requerido é pessoa perfeitamente capaz para administrar os atos da vida civil. Improcedência. Litigância de má fé não caracterizada. Verba honorária de sucumbência adequadamente fixada. Agravo retido não conhecido.Recursos desprovidos.

Cuida-se de recurso interposto contra sentença (fls. 373/376) que julgou improcedente pedido de interdição por prodigalidade. Sustentam os autores, em sua irresignação, que a prova dos autos demonstrou que o apelado, na sua atuação diária, está dilapidando o patrimônio familiar e prejudicando a meação do cônjuge, tanto que vem necessitando do auxílio de um neto para administrar seus bens. Segundo afirmam, prova disso seria o fato de ter adquirido, já aos 92 anos de idade, para seu uso pessoal, um automóvel no valor de R$ 31.400,00.

O réu, por sua vez, apresentou recurso adesivo, insistindo na condenação dos autores nas penas por litigânciade má fé e na elevação da verba honorária de sucumbência.

A Procuradoria de Justiça foipelo desprovimento.

É o relatório.

Em primeiro lugar, não se conhece doagravo retido de fls. 210/212, voltado contra a decisão que rejeitou as preliminares arguidas na contestação (fls. 200/201), ante a ausência de requerimento expresso neste sentido formulado, assim nos termos doart. 523, § 1º, Código de Processo Civil.

O recurso dos autores não prospera.

Sabido que a prodigalidade, antes que a simples prática de gastos desordenados, revela real comprometimento, posto que tratado de maneira mais tênue, mas do próprio discernimento do indivíduo, que hoje se tutela não apenas da perspectiva da preservação de seu patrimônio.

Seja como for, bem revela a prova testemunhal, em primeiro lugar, e embora o apelado já seja bem idoso, com noventa e dois anos de idade, que é pessoa plenamente apta para reger sua vida civil e administrar seus bens, como sempre o fez durante toda a sua vida como médico e pecuarista.

Segundo afirmado pela testemunha Valdemar Gimenez, que o conhece há quarenta anos e que com ele transaciona gado, nunca teve conhecimento de qualquer dificuldade de o apelado administrar seus negócios e, inclusive, discutir o preço dos animais que vende (fl. 344). Já Vera Lúcia Buso Borin, que é gerente deuma cooperativa de crédito, confirmou ser ele seu cliente há mais de trinta anos e que é muito cauteloso com seus negócios e dinheiro (fl. 346). Fábio Davanzo, terceira testemunha arrolada pelo apelado, afirmou ser contador da atividade rural por ele desenvolvida, nunca tendo visto problemas na administração de seus negócios, com gastos desmedidos ou má gestão (fl. 348).

As testemunhas arroladas pelos próprios autores não puderam confirmar a suposta prodigalidade. Ana Paula Bragança, gerente do banco onde o apelado mantém conta, confirmou que nunca teve problema com o cliente, que não possuidébitos decorrentes de seus negócios ou mesmo grande emissão decheques (fl. 350). Célia Maria Camargo, que trabalha na residência da família, apenas alegou que o apelado e a esposa às vezes "esquecem algumas coisas", mas não pôde notar outros problemas relacionados a gastos (fl. 352). Luiza Cavichioli de Camargo, que é acompanhante do requerido, informou desconhecer "se o requerido é pessoa que gasta muito" (fl. 354).

As demais provas dos autos também não socorrem os apelantes.

A uma porque o interrogatório do requerido revela de forma inequívoca sua plena higidez. Respondeu de maneira consciente e esclarecida que é médico de profissão e que trabalha na área de pecuária de corte, não tendo qualquer problema com a administração de seus negócios (fl.124).

Depois, e acima de tudo, realizada perícia médica, o perito foi peremptório quanto à inexistência de qualquer comprometimento do discernimento do requerido, concluindo que, apesar de o periciando ser pessoa com noventa e dois anos de idade, é perfeitamente apto para os atos da vida civil, pois "*sabe o que quer, entende perfeitamente o que faz*" (fl. 286).

Por fim, como bem ponderado no parecer da Procuradoria da Justiça, não configura incapacidade na administração do patrimônio *"haver o réu adquirido para si uma caminhonete pelo valor de R$ 31.000,00, por se constituir em ato regular da vida civil, cujo dispêndio, ademais, não abalou, de forma alguma, o patrimônio familiar que, quando menos, ficou acrescido de mais um veículo"* (fl. 440).

Lembre-se, a propósito, que a interdição, mesmo parcial, é medida extrema que retira a capacidade jurídica do indivíduo, assim a autonomia para prática de alguns atos da vida civil, destarte que deve ser ponderada com cautela, a benefício de quem seja incapaz, e não apenas do ponto de vista de eventuais benefícios outros que se pretendam alcançar.

Daí manter-se a sentença, claro que com a ressalva comum de que a situação se pode rever mediante alteração ou surgimento de novos fatos, sempre no melhor interesse de quem se suponha incapaz.

O recurso adesivo do réu, emboraconhecido, ao contrário do pleiteado nas contrarrazões dos autores (fls. 425/429), pois voltado contra a rejeição de seu pleito de aplicação aos autores das penas por litigância de má fé e objetivando a elevação da verba honorária de sucumbência, também é desprovido.

Com efeito, não é caso de aplicaçãoaos autores, da pena por litigância de má-fé, pois como já fixou oColendo STJ, *"a utilização dos recursos previstos em lei nãocaracteriza, por si só, a litigância de má-fé, sendo necessária a demonstração do dolo em obstar o trâmite regular do processo"* (**REsp. n. 615.699, rel. Min. Luiz Lux, em "CPC e Legislação Processo em Vigor", Theotônio Negrão, Ed. Saraiva, 42ª ed., nota28 ao art. 17**), o que não ocorreu no caso dos autos.

Ademais, embora os autores tenham sido vencidos na demanda, não se demonstrou dano processual à parte contrária, pelo que a litigância de má-fé não resultou caracterizadaAfinal, sabido ser pressuposto da incidência da pena que da conduta da parte decorra efetivo prejuízo processual ao adverso (**RSTJ 135/187**).

Por fim, os honorários advocatícios da sucumbência foram fixados, em 15% do valor da causa frise-se, originariamente, há quase dois anos, assim sem contar acréscimos , de dez mil reais, segundo os parâmetros do art. 20, §§ 3º e 4º, do CPC, não comportando a elevação pleiteada no recurso adesivo.

Ante o exposto, não se conhece do agravo retido e **NEGA-SE PROVIMENTO** aos recursos de apelação e adesivo.

CLAUDIO GODOY
relator

Registro: 2018.0000165242

ACÓRDÃO

Vistos, relatados e discutidos estes autos de Apelação nº 1006003-52.2016.8.26.0079, da Comarca de Botucatu, em que são apelantes JOSÉ CARLOS SUMAN e MARIA AMÉLIA DOS SANTOS SUMAN, é apelado VICENTE MARCIO CORNAGO JUNIOR.

ACORDAM, em sessão permanente e virtual da 2ª Câmara de Direito Privado do Tribunal de Justiça de São Paulo, proferir a seguinte decisão: Deram provimento ao recurso. V. U., de conformidade com o voto do relator, que integra este acórdão.

O julgamento teve a participação dos Desembargadores JOSÉ JOAQUIM DOS SANTOS (Presidente) e ALVARO PASSOS.

São Paulo, 13 de março de 2018.

José Carlos Ferreira Alves relator
Assinatura Eletrônica

Apelação Cível nº 1006003-52.2016.8.26.0079
Apelantes: José Carlos Suman e outra
Apelado: Vicente Marcio Cornago Junior Comarca: Botucatu
MM. Juiz de 1ª Instância: Fábio Fernandes Lima

VOTO Nº 30409

EMENTA: APELAÇÃO CÍVEL
Ação de extinção de condomínio movida pelos genitores de pessoa falecida, com quem o requerido viveu em união estável Direito real de habitação que embora prevaleça sobre o direito do herdeiro, em regra, pode ser relativizado no caso concreto, respeitados precedentes em sentido contrário - Autores idosos (nascidos em 1951) e aposentados, sendo que o coautor comprova ter sido diagnosticado com câncer Ademais, mens legislatoris da criação do direito real de habitação que foi atender ao princípio da solidariedade familiar a ser observado pelos descendentes, limitando-lhes a propriedade do patrimônio herdado, para resguardar o bem estar do ascendente supérstite Dignidade da pessoa humana que é fundamento da República (Artigo 1º, inciso III da Carta Magna) Solidariedade aos idosos que é dever de todos, nos termos do artigo 230 da Constituição Federal Não bastasse,

condomínio que constitui a "mãe das discórdias", no dizer dos romanos Requerido, por outro lado, que é jovem (nascido em 1980) e apto ao trabalho e não ficará desamparado, sendo razoável a alienação judicial do imóvel após avaliação, sem prejuízo de fixação pelo Juízo de piso de valor a ser pago pelo requerido pela ocupação exclusiva do bem até que se efetive a alienação e considerando a fração ideal devida e o valor de mercado do bem, feitas as perícias/ avaliações idôneas por corretores de imóveis, em fase de liquidação - Sentença reformada Recurso provido.

RELATÓRIO

1. Trata-se de recurso de apelação cível interposto contra a r. sentença de fls. 102/108 cujo relatório se adota que julgou improcedente a ação de extinção de condomínio c.c. pedido de arbitramento de alugueis ajuizada pelos recorrentes em face do recorrido, reputando que o direito real de habitação prevalece sobre o direito à herança dos autores.
2. Irresignados, insurgem-se os apelantes, alegando, em apertada síntese, que são idosos, aposentados, sendo que o coautor comprova ter câncer, devendo ser relativizado o direito real de habitação do requerido, flexibilizando a norma prevista no artigo 1.831 do Código Civil, tendo em vista o risco de perecimento do direito dos autores no caso concreto, deferindo-se alienação judicial do imóvel, o que não trará qualquer prejuízo ao requerido, que é jovem e não ficará desamparado.
3. Recurso devidamente processado e respondido.

FUNDAMENTOS

4. O presente recurso merece provimento, nos termos e pelas razões seguintes.
5. De início, registre-se que segundo o Art. 5º da Lei de Introdução às normas do Direito Brasileiro (Decreto-lei nº 4.657, de 4 de setembro de 1942), *na aplicação da lei, o juiz atenderá aos fins sociais a que ela se dirige e às exigências do bem comum.*
6. Pois bem. Trata-se a presente ação de extinção de condomínio movida pelos genitores de pessoa falecida, com quem o requerido viveu em união estável.
7. Embora prevaleça sobre o direito do herdeiro, em regra, entendo que o direito real de habitação pode ser relativizado no caso concreto, respeitados precedentes em sentido contrário.
8. Pondere-se que os autores são idosos (nascidos em 1951) e aposentados, sendo que o coautor comprova ter sido diagnosticado com câncer (fls. 74).
9. Ademais, a *mens legislatoris* (a intenção do legislador) quando da criação do direito real de habitação foi precisamente atender ao princípio da solidariedade familiar a ser observado pelos descendentes, limitando-lhes a propriedade do patrimônio herdado, para resguardar o bem estar do ascendente supérstite. Nesse sentido, embora em caso com situação fática

diversa, mas abordando também o instituto do direito real de habitação, confira-se trecho do voto da Eminente Ministra Nancy Andrighi, no Resp nº 1.134.387 - SP (2009/0150803-3) (f), j. aos 16.4.2013:

> [...] 2.1 Do direito real de habitação.
>
> Fazendo pequena revisão histórica do instituto, verifica-se sua gênese nacional na Lei 4.121/62 Estatuto da Mulher Casada que entre outras inovações legislativas, inseriu no art. 1.611 do CC-16, dois parágrafos, um deles fixando o direito real de habitação para o cônjuge sobrevivente, casado sob o regime de comunhão universal, desde que o imóvel em questão fosse o único bem daquela natureza a se inventariar e o outro, criando o chamado usufruto vidual. A alteração legislativa ocorrida, embora contemplasse indistintamente o cônjuge supérstite, independentemente do seu gênero, teve como escopo notório, a melhoria da situação de fragilidade econômica e social da mulher à época, garantindo-lhe, em caso de óbito de seu cônjuge, a perenização do condômino que seria formado com os demais herdeiros, não precisando mais contar com o beneplácito dos demais herdeiros às vezes dos pais do *de cujus* para continuar residindo no imóvel adquirido na constância de seu casamento.
>
> [...]
>
> Como já declinado anteriormente, a imposição legal de que seja outorgado ao cônjuge supérstite o direito real de habitação, teve seus primórdios, e ainda hoje é justificado, pela sua proteção social e de sua prole.
>
> Essa razoável proteção ofertada pelo legislador ao cônjuge sobrevivente tem, porém, inegável pressuposto subjacente: a existência de famílias com relações de verticalidade homogêneas.
>
> A razão de ser da exigência se deposita na própria origem deste direito real de habitação: a solidariedade interna do grupo familiar que prevê
>
> recíprocas relações de ajudas dentro do núcleo familiar.
>
> Maria Berenice Dias, tratando do tema solidariedade familiar, com grande precisão declina que:
>
> **A solidariedade é o que cada um deve ao outro. Esse princípio, que tem origem nos vínculos afetivos, dispõe de acentuado conteúdo ético, pois contém em suas entranhas o próprio significado da expressão solidariedade, que compreende a fraternidade e a reciprocidade. A pessoa só existe enquanto coexiste. O princípio da solidariedade tem assento constitucional, tanto que seu preâmbulo assegura uma sociedade fraterna. Também ao ser imposto aos pais o dever de assistência aos filhos (CF 229), consagra o princípio da solidariedade. O dever de amparo às pessoas idosas (CF 230) dispõe do mesmo conteúdo solidário.**
>
> (...)
>
> Uma das técnicas originárias de proteção social que até hoje se mantém é a família. Aproveita-se a lei da solidariedade no âmbito das relações

> familiares. Ao gerar deveres recíprocos entre os integrantes do grupo familiar, safa-se o Estado do encargo de prover toda a gama de direitos que são assegurados constitucionalmente ao cidadão. (Dias, Maria Berenice, Manual de direito das famílias, 6ª ed., São Paulo, Revista dos Tribunais, 2010, pag. 67).
> **Dessa linha de pensamento, extrai-se a** *mens legislatoris* **orientadora da formação do direito real de habitação: dar aplicação ao princípio da solidariedade familiar imposto aos descendentes, limitando-lhes a propriedade do patrimônio herdado, para a preservação do bem estar do ascendente sobrevivente.**
> **[...]**
> **Um das recorrentes apresenta idade próxima à da habitadora, de onde se presume que se ela vier, em algum momento futuro, a usufruir do patrimônio, o fará por pequeno lapso temporal, existindo até mesmo a concreta possibilidade de nunca fazê-lo;**
> Dessa forma, a relação entre as recorrentes que em conjunto detém a fração ideal correspondente a ¼ do imóvel e os recorridos, apesar da previsão legal de direito real de habitação para a recorrida REGINA DE FÁTIMA BICUDO PROTO, não pode ter outro tratamento que não aquele que usualmente se dá ao condomínio, outorgando-se, por conseguinte, a aplicação do disposto no art. 629 do CC-16, que prevê a possibilidade de um dos condôminos exigir, a qualquer tempo, a divisão da coisa comum.
> Forte em tais razões, **DOU PROVIMENTO** ao recurso especial para reformar o acórdão e julgar procedente o pedido inicial, restabelecendo a sentença que determinava a alienação judicial do imóvel, conforme previsto nos arts. 686 e seguintes do CPC [...] (Destaquei).

10. De fato, como cediço, a dignidade da pessoa humana é um dos fundamentos da República (Artigo 1º, inciso III da Carta Magna).
11. Por outro lado, a solidariedade aos idosos é dever de todos, nos termos do artigo 230 da Constituição Federal.
12. Não bastasse, fato é que a extinção do condomínio poderá encerrar definitivamente as discórdias havidas entre as partes. No dizer dos romanos, o condomínio constitui a "mãe das discórdias" (*Communio est mater discordiarum*). Nesse sentido, confira-se:

> [...] não resta dúvida de que constitui fonte permanente de conflitos e tensão, daí ser considerada forma anormal de propriedade, de caráter transitório. Consequência disso é a regra enunciada na cabeça do artigo em estudo, seguindo o antigo aforismo romano: ninguém pode ser compelido a permanecer em condomínio contra a sua vontade. Enunciando a regra de modo inverso, a persis-

> tência do condomínio exige a anuência unânime de todos os condôminos." (in LOUREIRO, Francisco L., *op. cit.*, p. 1320) [...]

13. Ora, muito provavelmente, se viva estivesse, a filha dos autores não iria se contentar em ver os pais desamparados (e aqui se aplica raciocínio análogo ao que se elabora quando do esforço feito pelos operadores do direito em geral visando ao atendimento da *vontade do testador*).
14. Por outro lado, o requerido é jovem (nascido em 1980) e não há elementos evidenciando que não esteja apto ao trabalho, de modo que não ficará desamparado, sendo razoável, portanto, a alienação judicial do imóvel após avaliação, sem prejuízo de fixação pelo Juízo de piso de valor a ser pago pelo requerido pela ocupação exclusiva do bem até que se efetive a alienação e considerando a fração ideal devida e o valor de mercado do bem, feitas as perícias/ avaliações idôneas por corretores de imóveis, em fase de liquidação.
15. Invertido o ônus sucumbencial e majorada a verba honorária devida aos patronos dos autores de 10% para 20% do valor da causa, considerado o serviço realizado em segundo grau e a natureza da demanda (À causa atribuiu-se o valor de R$ 10.000,00 dez mil reais fls. 6).
16. Diante do exposto, pelo meu voto, DOU PROVIMENTO ao recurso para julgar procedente o pedido autoral, autorizando a alienação judicial do imóvel, sem prejuízo de fixação de montante a título de "aluguel" enquanto não efetivada a alienação, nos termos da fundamentação supra.

JOSÉ CARLOS FERREIRA ALVES RELATOR

Registro: 2015.0000011209

ACÓRDÃO

Vistos, relatados e discutidos estes autos de Apelação nº 0047477-64.2010.8.26.0100, da Comarca de São Paulo, em que são apelantes SILVIA GONÇALVES (E OUTROS(AS)), MARINA GONÇALVES FERNANDES, MANOEL GARCIA GONÇALVES, MARIA CRISTINA GONÇALVES NALIM, PEDRO NALIM, SERGIO GONÇALVES, ROSANGELA ARRABAL DANIELIDES, ANGELA MARIA GONÇALVES, SONIA TEREZA GONÇALVES CANDIDO e JOAO CARLOS CANDIDO, são apelados FELICIA AMADEI CASAROLLI e MARIA TERESA GONÇALVES GARCIA.

ACORDAM, em sessão permanente e virtual da 3ª Câmara de Direito Privado do Tribunal de Justiça de São Paulo, proferir a seguinte decisão: Negaram provimento ao recurso. V. U., de conformidade com o voto do relator, que integra este acórdão.

O julgamento teve a participação dos Desembargadores DONEGÁ MORANDINI (Presidente) e CARLOS ALBERTO DE SALLES.

São Paulo, 22 de janeiro de 2015.

Viviani Nicolau Relator
Assinatura Eletrônica

VOTO Nº : 18064
APELAÇÃO Nº : 0047477-64.2010.8.26.0100 COMARCA: SÃO PAULO
APTE.: SÍLVIA GONÇALVES e OUTROS
APDAS.:FELÍCIA AMADEI CASAROLLI e OUTRA
JUÍZA SENTENCIANTE: MARIANA DE SOUZA NEVES SALINAS

> "APELAÇÃO. AÇÃO DECLARATÓRIA DE NULIDADE DE TESTAMENTO. Pretensão deduzida sob alegação de incapacidade de discernimento do testador ao tempo do ato. Improcedência, carreando aos autores os ônus da sucumbência. Apelo dos demandantes. Preliminar de nulidade. Aventada omissão a males que acometiam o testador. Falha que, além de não suprida pela via de embargos de declaração, diz respeito ao mérito da demanda e que com ele deve ser analisado. Alegado cerceio de defesa porque indeferido o depoimento dos litigantes. Tema precluso. Julgamento, ademais, amparado na prova técnica e testemunhal. Incapacidade mental à época do testamento não comprovada. Sentença de improcedência ratificada nos moldes do art. 252 do RITJSP - Determinação do juízo de enviar cópias dos autos

ao Ministério Público, para eventual apuração de crime de falso testemunho. Artigo 40 do Código de Processo Penal. Cabimento. Negado provimento ao recurso."(v.18064).

Trata-se de ação de anulação de testamento ajuizada por **SÍLVIA GONÇALVES** e **OUTROS** em face de **FELÍCIA AMADEI CASAROLLI** e **MARIA TEREZA**

GONÇALVES GARCIA, julgada **improcedente** nos termos da r. sentença de fls. 670/674, carreando aos autores o pagamento das custas, das despesas processuais e dos honorários advocatícios arbitrados em 20% sobre o valor atualizado da causa (R$ 247.500,00 fls. 23 do incidente de impugnação ao valor da causa apensado ao 1º volume dos autos principais).

Apelam os autores aduzindo, em preliminar, nula a sentença por não ter feito menção ao Mal de Alzheimer que acometia o testador e nem a outras moléstias que, segundo testemunha e o médico geriatra do testador, também o afligiam. No mérito, bate-se pela inversão do julgado defendendo, em apertada síntese, que o testador não se encontrava no pleno exercício de suas faculdades mentais quando firmou seu testamento, questionando a conclusão exarada no laudo de exame de sanidade mental póstumo retrospectivo em que se fulcrou o decreto de improcedência. Acenam, no mais, para o cerceio de defesa porque indeferido o depoimento pessoal dos litigantes e questionam a determinação de remessa de cópia integral dos autos ao Ministério Público para apuração de possível cometimento do crime de falso testemunho por duas testemunhas ouvidas em Juízo (fls. 680/ 699).

Tempestivo e preparado (fls. 700/702, 754 e 758/759), o recurso foi recebido (fls. 704) e respondido (fls. 711/722 e 730/747).

Os litigantes **não se opuseram ao julgamento virtual** (cf. despacho de fls. 773 e certidão de fls. 775).

É O RELATÓRIO.

SÍLVIA GONÇALVES e OUTROS ajuizaram a presente ação declaratória de nulidade de testamento em face de FELÍCIA AMADEI CASAROLLI e MARIA TEREZA

GONÇALVES GARCIA alegando, a teor da sentença, que: "... o de cujus Paulo Gonçalves faleceu aos 15.12.2007 e deixou herdeiros colaterais, além da sua companheira, a requerida Felícia. Afirmaram que o falecido deixou, por testamento, 80% de seus bens à sua convivente e 20% à sua irmã Maria Tereza, igualmente requerida. Afirmaram que à época da lavratura do ato o testador encontrava-se doente das faculdades mentais, situação agravada pela diabetes mellitus. Aduziram que a companheira do de cujus o afastou dele todos os parentes 'mencionando fazê-lo revogar um testamento que já sido feito por ele anteriormente' (fls. 05). Houve pedido de antecipação dos efeitos da tutela para sobrestar o andamento do inventário." (fls. 670).

Dando ensejo ao presente recurso, houve por bem o r. Juízo de origem exarar o decreto de improcedência e, na mesma oportunidade, determinar a extração de cópias dos autos para fins de remetê-las ao Ministério Público Criminal, nos termos do art. 40 do CPP, em função do possível cometimento de crime de falso testemunho por parte de Itacy e Maria Helena. No mais, carreou aos autores o pagamento das custas, das despesas processuais e dos honorários advocatícios arbitrados em 20% sobre o valor atualizado da causa (R$ 247.500,00 fls. 23 do incidente de impugnação ao valor da causa apensado ao 1º volume dos autos principais).

Consigna-se, de início, que a aventada nulidade da sentença por não haver, no entendimento dos autores, feito menção ao Mal de Alzheimer que acometia o testador e nem a outras moléstias que, segundo testemunha e o médico geriatra do testador também o afligiam, é matéria que se entrosa com o mérito e que com ele comporta ser analisada.

Destaca-se, a propósito, que mesmo vislumbrando nulidade da sentença em decorrência da omissão apontada, não cuidaram os autores, na origem, de manejar o recurso adequado para vê-la suprida.

Descabida, lado outro, a aventada nulidade da sentença ancorada na tese de que o r. Juízo, na condução do feito, cerceou o direito de defesa dos autores quando inferiu o depoimento dos litigantes.

A instrução probatória destina-se a formar o convencimento do juiz, que é seu destinatário, cabendo-lhe decidir sobre a pertinência ou não da sua produção, nos termos do art. 130 do Código de Processo Civil.

Acrescente-se, ainda, que os apelantes não recorreram da interlocutória que indeferiu a colheita de depoimento pessoal, por considerar que *"... este meio de prova não tem se mostrado eficaz reiteradamente, em hipóteses semelhantes."* (fls. 536, 3º §). E mais: que os apelantes sequer cogitaram de cerceio de defesa em sede de memoriais (fls. 647/658).

A r. sentença deve ser confirmada pelos seus próprios e bem deduzidos fundamentos, os quais ficam inteiramente adotados como razão de decidir pelo não provimento do recurso, nos termos do art. 252 do Regimento Interno deste Egrégio Tribunal de Justiça.

O art. 252 do Regimento Interno deste Egrégio Tribunal de Justiça estabelece que *"Nos recursos em geral, o relator poderá limitar-se a ratificar os fundamentos da decisão recorrida, quando, suficientemente motivada, houver de mantê-la"*.

Na Seção de Direito Privado deste Egrégio Tribunal de Justiça de São Paulo, o dispositivo regimental tem sido largamente utilizado por suas Câmaras, seja para evitar inútil repetição, seja para cumprir o princípio constitucional da razoável duração dos processos. Anote-se, dentre tantos outros: Apelação 99406023739-8, Rel. Des. **ELLIOT AKEL**, em 17/06/2010; AI 990101539306, Rel. Des. **LUIZ ANTONIO DE GODOY**, em 17/06/2010; Apelação 99402069946-8, Rel. Des. **PAULO EDUARDO RAZUK**, em 08/06/2010; Apelação 99405106096-7, Rel. Des. **NEVES AMORIM**, em 29/06/2010; Apelação 99404069012-1, Rel. Des. **JOSÉ ROBERTO BEDRAN**, em 22/06/2010; Apelação 99010031478-5, Rel. Des. **BERETTA DA SILVEIRA**, em 13/04/2010; Apelação 9940500973556, Rel. Des. **JAMES SIANO**, em 19/05/2010; Apelação 99401017050-8, Rel. Des. **JOSÉ JOAQUIM DOS SANTOS**, em 27/05/2010; Apelação nº 99404080827-0, Rel. Des.

ALVARO PASSOS, em 17/09/2010; Apelação 99404073760-8, Rel. Des. **PAULO ALCIDES**, em 01/07/2010.

O Colendo Superior Tribunal de Justiça tem prestigiado este entendimento quando predominantemente reconhece "*a viabilidade de o órgão julgador adotar ou ratificar o juízo de valor firmado na sentença, inclusive transcrevendo--a no acórdão, sem que tal medida encerre omissão ou ausência de fundamentação no* decisum" (REsp n° 662.272-RS, 2ª Turma, Rel. Min. **JOÃO OTÁVIO DE NORONHA**, j . de 4.9.2007; REsp n° 641.963-ES, 2ª Turma, Rel. Min. **CASTRO MEIRA**, j . de 21.11.2005; REsp n° 592.092-AL, 2ª Turma, Rel. Min. **ELIANA CALMON**, j . 17.12.2004 e REsp n° 265.534-DF, 4ª Turma, Rel. Min. **FERNANDO GONÇALVES**, j de 1.12.2003).

E também o Colendo Supremo Tribunal Federal tem decidido correntemente que é possível adotar os fundamentos de parecer do Ministério Público para decidir, assim o tendo feito recentemente na decisão da lavra do eminente Ministro **DIAS TOFFOLI**, nos RE 591.797 e 626.307, em 26.08.2010, em que assenta, textualmente, o que segue: "*Acompanho na íntegra o parecer da douta Procuradoria-Geral da República, adotando-o como fundamento desta decisão, ao estilo do que é praxe na Corte, quando a qualidade das razões permitem sejam subministradas pelo relator*" (Cf. ACO 804/RR, Relator Ministro **CARLOS BRITTO**, DJ 16/06/2006; AO 24/RS, Relator Ministro **MAURÍCIO CORRÊA**, DJ 23/03/2000; RE 271771/SP, Relator Ministro **NÉRI DA SILVEIRA**, DJ 01/08/2000).

Como decorre da narrativa da inicial, pretendem os apelantes a declaração de nulidade do testamento que, por instrumento público, foi firmado em 13/12/2005 por Paulo Gonçalves (fls. 19), falecido em 15/12/2007 (fls. 20) em razão da suposta incapacidade dele em manifestar sua vontade ao tempo da sua lavratura, supostamente comprometida por ser portador do mal de Alzheimer.

Importante frisar, portanto, para o reconhecimento do vício na manifestação de vontade a embasar a declaração de nulidade do negócio jurídico, seria a prova da incapacidade relativa ou absoluta do testador ao tempo da celebração do ato.

Entretanto, no caso dos autos, inexistem elementos seguros a permitir a conclusão de que, ao tempo do testamento, não possuía o testador consciência para a manifestação livre de sua vontade.

Como bem consignou a sentença:

> *"... não restou comprovado nos autos a incapacidade do testador no momento da lavratura do ato, e tampouco de qualquer vício de consentimento por parte do testador.*
>
> *Com efeito, a partir da detida análise dos autos, é possível extrair que não o de cujus estava lúcido e em plena capacidade ao tempo da lavratura do testamento (13 de dezembro de 2005). A Perícia retrospectiva realizada concluiu que não "(...) Paulo Gonçalves era psicologicamente capaz para o exercício dos atos da vida civil, em dezembro de 13 de dezembro de 2005. Mais especificamente: apresentava plenas condições psicológicas para testar" (fls. 499/500).*

A testemunha Georgios, médico geriatra de Paulo, afirmou em juízo que Paulo foi trazido ao serviço em 2007 e continuou o tratamento até a data do óbito. Afirmou que ele era portador de Diabetes tipo 2 e que "era uma pessoa inteligente, questionava o uso de insulina (...) era orientado, lúcido" (fls. 565). Declarou que em fevereiro de 2007, quando Paulo começou o tratamento, tinha "capacidade de gerenciamento" (fls. 570) e, inclusive, geria a própria medicação. Relatou que apenas nos dois últimos diagnósticos realizados, o Sr. Paulo, com o decorrer da própria doença (Diabetes), talvez tenha sofrido de um transtorno cognitivo leve. Noticiou o médico que Paulo tinha interesse por assuntos do cotidiano e que estava no consultório para adquirir qualidade de vida, de modo que discutia questões do dia a dia e até de sua vida sexual. O depoente afirmou, por fim, que Paulo não tinha Alzheimer.

A testemunha Márcio, afirmou em juízo que trabalhou como cuidador de Paulo no ano de seu falecimento, 2007. Asseverou que lhe ministrava medicação para problemas cardíacos e que foi contratado por medo de que ele tivesse um infarto. Afirmou que o Sr. Paulo tinha muitas histórias a relatar, de suas conquistas profissionais, e que esse era o bate-papo do dia a dia. Mencionou que ele apresentava discernimento para os atos de sua vida, fazia compras de objetos pessoais e cuidava de sua higiene sozinho. Disse tê-lo acompanhado ao geriatra e que não teve notícia no sentido de que o testador tivesse Alzheimer ou outra moléstia de ordem mental.

A testemunha Kátia relatou, em juízo, ter sido vizinha do de cujus por cinco ou seis anos. Declarou que dois ou três meses antes dele falecer, acha que ele ficou com isquemia, mas antes ele estava "normal" (fls. 588), conversava, tinha discernimento para as coisas, não apresentava comportamento diverso do padrão. Narrou que foi a festas na casa do Sr. Paulo, nas quais compareciam familiares e amigos. Soube de viagens do casal ao Nordeste, que iam muito ao Rio Grande do Sul, Londrina, e estiveram também na Europa, na Grécia.

Diante da prova pericial acostada aos autos, assim como dos depoimentos das testemunhas arroladas pela requerida, especialmente do médico geriatra de Paulo, pessoa extremamente capacitada para o exercício de sua especialidade, conforme se extrai de seu depoimento às fls. 574, percebe-se que o testador estava lúcido e plenamente capaz para os atos da vida civil quando da lavratura da escritura de testamento público, em 2005, e que as versões apresentadas pelas testemunhas arroladas pelos autores são absolutamente inverossímeis. Senão vejamos.

A testemunha Itacy afirmou ter trabalhado por alguns dias como cuidadora do Sr. Paulo. É possível extrair de seu depoimento que a testemunha entrou em contradição, pois primeiramente afirmou que, chegando ao hospital onde estaria internado o Sr. Paulo, quis saber o diagnóstico, e "foi cogitado, em primeira instância, o

> *Alzheimer" (fls. 551). Posteriormente, depois de questionada por esta magistrada, modificou o seu entendimento para assegurar que não sabia qual era o problema de saúde de Paulo e apenas de acordo com a visão da testemunha, de acordo com as reações dele, suspeitou de Alzheimer. Aduziu, ainda, a testemunha que o testador "tinha surto", "tinha muitos picos, uma hora estava lúcido, outra hora não, outra hora queria pular da sacada (...), vestia roupas ao contrário" (fls. 553).*
> *A testemunha Maria Helena afirmou* em juízo que a esposa de Paulo lhe contou que ele tinha doença de Alzheimer. Disse não saber de nenhum outro problema de saúde do testador, e que ele se esquecia muito das coisas e, às vezes, vestia roupa "virada".
> De se ressaltar que a testemunha Itacy entrou em contradição, consoante salientado, e que os depoimentos dela e da testemunha Maria Helena são contraditórios entre si, posto que Itacy, que afirmou ter trabalhado como cuidadora do Sr. Paulo por apenas alguns dias, teria presenciado vários comportamentos diferentes, como surtos, e intenção do testador de pular pela janela, ao passo que a testemunha Maria Helena, que trabalhou por mais de um ano na residência do Sr. Paulo e da requerida, não presenciou nem teve conhecimento de episódios como estes, já que se restringiu a mencionar que ele se esquecia das coisas e usava roupa "virada".
> *Por fim, não houve quaisquer provas que comprovassem a alegação no sentido de que o inventariante tenha incorrido em vício de vontade. Até porque, o testamento particular revogado era idêntico ao testamento público, já que conferia à requeridas os bens do falecido em igual proporção (fls. 97)."* (fls. 672, § 2º e seguintes).

Guido Arturo Palomba, renomado Psiquiatra Forense, atuou como perito do Juízo e concluiu que: *"considerando que não há quaisquer dados significativos nos prontuários hospitalares que falem de modo inequívoco ou seguro sobre possíveis distúrbios mentais do Periciando, de modo especial próximo ao testamento anulando (13 de dezembro de 2005); considerando que o mal do qual padecia era cardiopatia e diabetes mellitus, males esses que não alteram o psiquismo de modo a incapacita-lo para os atos da vida civil; considerando que não há* incoerência no conteúdo do testamento anulando; considerando que o testamento anulando é a ratificação do testamento manuscrito de 2 de setembro de 2004; considerando que este testamento de 2 de setembro de 2004 é formalmente correto, ou seja, não apresenta, na forma e conteúdo, possíveis indicações de transtornos mentais; considerando que as fotos que constam dos autos, que mostram o Periciando em várias situações socioculturais com autonomia, o que fala em desfavor de anomalias psiquiátricas -, somos levados a concluir que o Periciando, à época do fato, ou seja, em 13 de dezembro de 2005, era totalmente capaz de entender a extensão moral e material do ato de testar e era totalmente livre para realiza-lo ou não. Em outras palavras, Paulo Gonçalves era psicologicamente capaz para o exercício dos atos da vida civil, em 13 de dezembro de 2005. Mais especificamente: apresentava plenas condições psicológicas para testar."(fls. 498/500).

Os apelantes, em síntese, não se desincumbiram do ônus da comprovação do fato constitutivo de seu direito, ou seja, a alegada incapacidade de discernimento do testador ao tempo da prática do testamento, sendo, portanto, de rigor a ratificação do decreto de improcedência.

Nesse sentido é o entendimento jurisprudencial:

> *Testamento ação anulatória alegação de que testadora sofria de mal de Alzheimer incapacidade mental à época da liberalidade não comprovada - Ação Improcedente recurso Improvido. (Apelação Civil nº 398.562.4/8-00 1ª Câmara de Direito Privado Relator. Des. Rel.* ***ELLIOT AKEL*** *- J. em . 01.04.08 registo 01658243)*

Dada a profundidade com que as questões debatidas foram enfrentadas pelo MM. Juiz sentenciante, em absoluta sintonia com as provas produzidas ao longo da instrução, nada mais é preciso acrescentar, pena de repetição desnecessária.

Quanto à determinação de remessa de cópia integral dos autos ao Ministério Público para apuração de possível cometimento do crime de falso testemunho por duas testemunhas ouvidas em Juízo, trata-se de disposição imposta por lei ao Juiz, em razão de sua jurisdição (art. 40 do Código de Processo Penal).

> Nesse sentido, precedente desta Corte: *DANO MORAL Responsabilidade civil por ato ilícito - Condomínio edifício que procedeu ao corte do fornecimento de água à unidade autônoma da autora, em razão de inadimplência de taxas de administração condominiais - Conquanto o ocorrido haja causado inegável dissabor à autora, não lhe originou abalo psíquico ou prejuízo à sua honra ou dignidade, a ponto de dar ensejo à reparação por dano moral*
> Não configuração, pois, de dano moral indenizável, sob pena de banalização do instituto
> Insurgência, ainda, contra a determinação de encaminhamento de cópias dos autos ao Ministério Público, para a apuração de crime de falso testemunho Ao fazê-lo, apenas agiu o juiz nos limites do artigo 40 do Código de Processo Penal - Eventual instauração de procedimento inquisitório ou de processo penal é atribuição exclusiva do órgão ministerial, em cuja hipótese poderá a autora exercer sua ampla defesa - Ausência de interesse para recorrer desta parte da sentença, não se conhecendo do recurso quanto à matéria. Sentença mantida - Apelo improvido, na parte conhecida." (Apelação nº 9096493-08.2008.8.26.0000 1ª Câmara de *Direito Privado Relator Des.* ***PAULO EDUARDO RAZUK*** *- J. em 13.09.2011 - Registro: 2011.0000182465).*

Ante o exposto, **nega-se provimento ao recurso.**

VIVIANI NICOLAU

Registro: 2017.0000188753

ACÓRDÃO

Vistos, relatados e discutidos estes autos de Apelação nº 0001557-94.2014.8.26.0660, da Comarca de Viradouro, em que é apelante LUCAS EVANGELISTA GONÇALVES (ASSISTÊNCIA JUDICIÁRIA), são apelados JOSÉ CARLOS JORGE (JUSTIÇA GRATUITA) e CLAUDIA VALERIA MASSONETO JORGE (JUSTIÇA GRATUITA).

ACORDAM, em sessão permanente e virtual da 3ª Câmara de Direito Privado do Tribunal de Justiça de São Paulo, proferir a seguinte decisão: Negaram provimento ao recurso. V. U., de conformidade com o voto do relator, que integra este acórdão.

O julgamento teve a participação dos Desembargadores DONEGÁ MORANDINI (Presidente), BERETTA DA SILVEIRA E EGIDIO GIACOIA.

São Paulo, 23 de março de 2017.

Donegá Morandini Relator
Assinatura Eletrônica

3ª Câmara de Direito Privado
Apelação Cível nº 0001557-94.2014.8.26.0660 Comarca: Viradouro
Apelante: Lucas Evangelista Gonçalves Apelados: José Carlos Jorge e outra
Voto nº 37.260

NEGÓCIO JURÍDICO. AÇÃO DECLARATÓRIA DE ANULAÇÃO DE ESCRITURA DE VENDA E COMPRA.
Negócio jurídico realizado entre os litigantes. Questionado recebimento do preço pela alienação do imóvel aos adquirentes. Demonstração, contudo, de se tratar de ato jurídico simulado. Transação estabelecida entre tio e sobrinhos, os quais estabeleceram venda e compra quando, no fundo, comprovada a doação do imóvel em benefício dos parentes colaterais. Subsistência, na espécie, do negócio gratuito, nos termos do disposto no art. 167 do Código Civil. Doação pura de bem imóvel estabelecida por meio de escritura pública. Medida que dispensava o pagamento de contraprestação pecuniária. Eventual incapacidade civil, à data da transferência imobiliária, não demonstrada por qualquer elemento probatório. Ônus do qual não se desincumbiu o autor (art. 373, inc. I, do CPC).
APELO DESPROVIDO.

1- Ação declaratória de anulação de escritura de venda e compra julgada improcedente pela r. sentença de fls. 138/141, cujo relatório é adotado, proferida pelo MM. Juiz de Direito Hélio Alberto de Oliveira Serra e Navarro, por entender que "o negócio simulado pelas partes contém todos os requisitos de uma doação pura e simples: o autor pretendida doar aos requeridos o seu imóvel e estes aceitaram o negócio. A ausência de pagamento do preço indicado na escritura de compra e venda só comprova a real intenção das partes, de modo que o negócio querido pelas partes, a doação, há de subsistir".

Recorre o autor.

Reclama a ocorrência de "fraude no negócio, simulando uma compra e venda da propriedade, lavrando-se uma escritura, fazendo parecer um negócio jurídico. Restou comprovada a ausência do pagamento do preço indicado na escritura de compra e venda, comprovando assim a fraude realizada pelos requeridos, que se aproveitaram de uma pessoa idosa e doente" (fls. 144/145).

Contrarrazões apresentadas às fls. 149/152. Sem oposição ao Julgamento Virtual (fls. 159).

É o RELATÓRIO.

2- Nada a prover.

Induvidoso que os litigantes estabeleceram a transferência de bem imóvel antes pertencente ao recorrente, observando-se, para tanto, o R.26 lançado na matrícula imobiliária (fls. 10/verso).

A despeito da alegada falta de recebimento do preço anunciado pela negociação, inadmissível a anulação pretendida pelo apelante, seja porque a falta de pagamento da contraprestação implicaria na resolução do pactuado e não na sua anulação ou, ainda e principalmente, porque demonstrada a ocorrência de simulação neste ajuste, com subsistência de negócio jurídico diverso pretendido pelos litigantes.

Vale lembrar, aliás, que o litígio trazido na presente demanda é estabelecido entre tio e sobrinhos, com reconhecida afetividade anunciada pelo próprio apelante: "**...e pelo fato dos requeridos serem sobrinhos do requerente, ofereceram-lhe para que ficasse em sua residência até sua recuperação**" (fls. 02).

Com tal particularidade, imperiosa a análise da causa suficiente ao desfazimento da relação contratual e, a despeito da infirmada falta de consentimento para o negócio jurídico, como também a falta de recebimento "**de qualquer valor pela suposta venda**" (fls. 03), apurou-se que o recorrente pretendia estabelecer uma doação pura em benefício dos recorridos, e que fora orientado a alterar a natureza jurídica do negócio para que "**não lavrasse uma escritura de doação, mas sim uma escritura de compra e venda da mesma área**", medida que, segundo o tabelião e testemunha ouvida às fls. 128, tinha por fundamento evitar que "**o autor tivesse problemas futuros com a doação de todo o patrimônio**".

Neste cenário, conquanto demonstrada a ocorrência de um negócio jurídico simulado, observando-se que essa particularidade se perpetua quando "**contiver declaração, confissão, condição ou cláusula não verdadeira" (art. 167, par. 1º, II, Código Civil),** subsiste o que se dissimulou, ou seja, a doação pura e simples que o apelante pretendia realizar em benefício dos recorridos, negócio que, por retratar a transferência de bem imóvel de valor superior a 30 salários mínimos, exigia a lavratura de escritura pública, tal como realizado, com dispensa de contrapartida pecuniária por parte dos donatários, ora recorridos, a afastar a causa atribuída como suficiente à anulação do negócio. É, aliás, como estabelece o art. 167, parte final, do Código Civil: **"É nulo o negócio jurídico simulado, mas subsistirá o que se dissimulou, se válido for na substância e na forma"**.

Rejeita-se, outrossim, a procedência do pedido anulatório calcado na incapacidade temporária ao tempo da doação, como igualmente o fato de se tratar de pessoa idosa e semianalfabeto. Nenhuma demonstração, por mais singela que fosse, demonstrou a existência de enfermidade suficiente a retirar do apelante o conhecimento e aptidão para a prática dos atos da vida civil, esclarecendo-se o tabelião responsável pela lavratura da escritura foi claro ao destacar que "**a escritura não foi lavrada o mesmo dia e, na ocasião da sua lavratura, o autor estava no pleno gozo das faculdades mentais"** (fls. 128).

Nem mesmo se anota a juntada de documentos médicos capazes a, por si sós, comprovar a perda de sua capacidade, mesmo que transitoriamente, ônus do qual não se desincumbiu (art. 373, inc. I, do CPC).

Por outro lado, o fato de se tratar de pessoa idosa não implica na retirada de sua voluntariedade e na livre disposição negocial, como, aliás, já decidiu o C. STJ: "**Com o aumento da expectativa de vida do povo brasileiro, conforme pesquisa do IBGE, com a notória recente melhoria na qualidade de vida dos idosos e, com os avanços da medicina, não é razoável afirmar que a pessoa maior de 60 anos não tenha capacidade para praticar os atos da vida civil. Afirmar o contrário afrontaria diretamente o princípio da dignidade da pessoa humana e o da igualdade" (REsp 1383624 / MG, Min. Moura Ribeiro).**

E, finalmente, nem mesmo por se tratar de pessoa semianalfabeta é possível se verificar causa impeditiva à disposição patrimonial. Além de assinar o próprio nome, conforme se vislumbra do documento de fls. 06, essa particularidade não é suficiente a retirar do apelante o conhecimento e a importância dos atos da vida civil, suprindo-se eventual dificuldade com a lavratura de escritura pública, inclusive porque a baixa instrução educacional não afasta, por si só, a validade dos negócios realizados.

Sob todos os ângulos, portanto, nada autoriza a procedência do pleito inicial, apartando-se a majoração dos honorários por se tratar de insurgência apresentada na vigência do CPC-73, oportunidade em que inexistente a normativa do art. 85, par. 11, do CPC-15.

APELO DESPROVIDO.

Donegá Morandini
Relator

Registro: 2017.0000425168

ACÓRDÃO

Vistos, relatados e discutidos estes autos do Apelação nº 0132952-17.2012.8.26.0100, da Comarca de São Paulo, em que são apelantes ALESSANDRO PEREIRA SALLES e RINALDO JOSÉ ESTEVES, são apelados ILSON JOSÉ FROSSARD (JUSTIÇA GRATUITA) (INTERDITANDO(A)) e ITAMAR GOMES FROSSARD (CURADOR(A)).

ACORDAM, em 2ª Câmara de Direito Privado do Tribunal de Justiça de São Paulo, proferir a seguinte decisão: "Deram provimento em parte ao recurso. V. U.", de conformidade com o voto do Relator, que integra este acórdão.

O julgamento teve a participação dos Exmos. Desembargadores JOSÉ CARLOS FERREIRA ALVES (Presidente sem voto), ALCIDES LEOPOLDO E SILVA JÚNIOR E ROSANGELA TELLES.

São Paulo, 13 de junho de 2017.

GIFFONI FERREIRA RELATOR
Assinatura Eletrônica

APELAÇÃO nº 0132952-17.2012.8.26.0100
APELANTES: ALESSANDRO PEREIRA SALLES E RINALDO JOSÉ ESTEVES
APELADOS: ILSON JOSÉ FROSSARD (JUSTIÇA GRATUITA) E ITAMAR GOMES FROSSARD
COMARCA: SÃO PAULO AÇÃO: DOAÇÃO
VOTO Nº 17595

DOAÇÃO – AÇÃO ANULATÓRIA – DESERÇÃO E INTEMPESTIVIDADE AFASTADAS – INOCORRÊNCIA DE CERCEAMENTO DE DEFESA – DECADÊNCIA NÃO VERIFICADA – INSANIDADE MENTAL ANTERIOR À INTERDIÇÃO – NULIDADE DAS TRANSAÇÕES IMOBILIÁRIAS REALIZADAS – INDENIZAÇÁPO POR DANO MORAL – QUANTUM REDUZIDO – SENTENÇA PARCIALMENTE REFORMADA – RECURSO PROVIDO EM PARTE.

Cuida-se de Apelação Cível exprobando a R. sentença de fls., que deu pela parcial procedência de Ação Anulatória cumulada com pleito Indenizatório, para, confirmando a tutela anteriormente antecipada, anular os registros de Doação e de Compra e Venda, correspondentes aos imóveis descritos na Petição Inicial, imitindo-se o Autor na posse dos mesmos, além de condenar os Requeridos ao pagamento de indenização por dano moral no valor de R$ 30.000,00 e julgar improcedente a Reconvenção.

Insurgem-se os Réus, aduzindo, preliminarmente, do cerceamento de defesa e da decadência do direito pleiteado, uma vez que os efeitos da Sentença de Interdição são "ex nunc". Ainda que controversa a irretroatividade desta decisão, a incapacidade do Apelado não era notória, uma vez que, durante todo o tempo de convívio entre eles, não aparentara qualquer transtorno mental, o que valida sua vontade manifestada na disposição de seus bens. Por último, os danos morais não estão presentes porque legais e válidos os atos jurídicos em questão. Pedem a retomada da instrução probatória, decretando-se a nulidade do "decisum"; ou a extinção do processo, reconhecendo-se a perda do direito de anular as transações; ou a exclusão da indenização moral ou sua redução.

Recurso tempestivo e bem processado. Parecer a fls. 1.349/1.356.

Respondido o recurso com preliminar de deserção e intempestividade, uma vez que as disposições do atual Código de Processo Civil, no que dizem respeito às questões suscitadas, não se aplicam ao caso em exame.

Esse o breve relato.

De proêmio, conhece-se do Apelo, afastando-se, em razão, as preliminares deduzidas em Contrarrazões.

Com efeito, embora a Sentença tenha sido proferida sob a égide do revogado Código de Processo Civil, a interposição de sucessivos Embargos de Declaração interrompera o prazo para apresentação da Apelação, cujo termo inicial fora deflagrado já sob a proteção do vigente Estatuto Processual, resultando, por consequência, na contagem do prazo em dias úteis conforme preconiza o novel Artigo 219. TEMPUS REGIT ACTUM.

Assim, como o prazo para apelar fora reiniciado a partir de cada decisão aclaratória, não há de se falar em intempestividade, uma vez que o lapso temporal derradeiro fluiu da intimação disponibilizada em 19/05/2016 (fls. 1.266), quando já vigia o CPC/2015.

Nem mesmo deserto há de se tachar o recurso, uma vez que o pedido de gratuidade processual postulado pelos Apelantes fora apreciado legitimamente sob a égide da atual Lei Adjetiva de Regência, considerando que a prolação da Sentença, na vigência do CPC/73, não configura situação jurídica consolidada a repelir o exame da questão à luz da Teoria do Isolamento dos Atos Processuais preconizada pelo disposto no Art. 14 do CPC.

Ademais, o retardamento da prestação jurisdicional, acarretando a aplicação do CPC/2015, embora justificado, não pode ser imposto aos Apelantes, pois que a apreciação do seu pedido fora realizada 01 (um) ano após ter sido deduzido (fls. 1.163/1.682; 1.229/1.240 e 1.261).

E por último, a hipossuficiência dos Requeridos é latente (fls. 1.241/1.257), não havendo que se lhes negar a gratuidade processual, visto que a qualquer tempo tal benefício pode ser deduzido, sob pena de violação ao Princípio esculpido no Art. 5º, XXXV da CF.

Em arremate às preliminares suscitadas, afasta-se, também, o alegado cerceamento de defesa.

Com efeito, não há nulidade a ser declarada porque não se vislumbra prejuízo para os Apelantes com o julgamento antecipado da lide, embora não tenham sido intimados da decisão que indeferira a produção de prova oral e pericial. PAS DE NULITÉ SANS GRIEF.

Primeiramente porque a Sentença proferida deu ao caso desfecho correto. Fora lançada sob a égide de conjunto probatório eficiente, assim como submetido ao crivo do contraditório; não existindo nada nos autos a infirmar a correção do entendimento ou a alteração do seu desfecho, nem mesmo pelas razões recursais aduzidas, uma vez que a prova pericial produzida no bojo da Ação de Interdição comprovou a incapacidade do Autor, lançando por terra a validade das transações imobiliárias em questão.

Registre-se que a instrução pode ser encerrada a qualquer momento, com a prolação da sentença desde logo, sempre que o Magistrado entender que a prova já produzida é suficiente para a solução da lide, sendo este o caso dos autos.

Ademais, não trouxeram aos autos no exercício de exclusivo encargo probatório documental do qual não se desincumbiram o comprovante de pagamento do imóvel que supostamente fora objeto do contrato de compra e venda formalizado entre as partes, prova esta não ilidida por depoimento testemunhal.

Nem mesmo o suscitado instituto jurídico da decadência os ampara, uma vez que não há fluência do prazo contra incapaz, como o era o Autor, pouco importando se os efeitos da Sentença de Interdição retroagem ou não à data em que realizadas as transações imobiliárias; o que no entender dos Apelantes indicaria a perda do direito de anular as Doações e a Compra e Venda realizadas nos anos de 2006 e 2008.

Isso porque o Laudo Pericial concluiu que *"o Apelado apresenta doença mental, transtorno afetivo bipolar, adquirido por volta de 1990. Considerando que o distúrbio mental referido se caracteriza por episódios de mania ou depressão, em cujas crises apresenta distúrbio de comportamento com gastos e atitudes imprevisíveis, não tem condições mentais para comprar ou vender bens de grande valor; não tem condições mentais de administrar, por si só, conta bancária, talão de cheques ou cartão de crédito, inclusive porque pode ser facilmente influenciado em detrimento do seu bem estar físico, mental, emocional e financeiro ou cair em tentação de comprar algo acima de suas posses"* (*sic* fls. 1.069).

Assim, ante tal conclusão, é forçoso reconhecer que o Autor, quando das doações firmadas em prol dos Requeridos, assim como da compra e venda, não tinha discernimento para os atos praticados, não sendo crível que os Apelantes, durante os 10 anos de convivência com ele, principalmente porque sempre o acompanharam nas consultas psiquiátricas, aleguem desconhecimento da insanidade mental que o acometia.

Bem por isso notória incapacidade para os atos da vida civil há de ser reconhecida a viciada manifestação de vontade exarada quando da formalização dos negócios jurídicos.

A propósito:

> *EXECUÇÃO DE TÍTULO EXTRAJUDICIAL. DECISÃO QUE ACOLHEU A EXCEÇÃO DE PRÉ- EXECUTIVIDADE PARA EXTINGUIR A EXECUÇÃO EM RELAÇÃO À EXECUTADA MILENA, DADA SUA ILEGITIMIDADE, RECONHECENDO A NULIDADE DE SEU AVAL E DA GARANTIA*

> *HIPOTECÁRIA QUE ATINGIA IMÓVEL DE SUA PROPRIEDADE, ASSIM COMO CONDENOU A EXEQUENTE NO PAGAMENTO DOS HONORÁRIOS ADVOCATÍCIOS DO CURADOR ESPECIAL. ELEMENTOS PRESENTES NOS AUTOS SE REVELAM SUFICIENTES PARA DEMONSTRAR QUE A INCAPACIDADE DA EXECUTADA ERA PASSÍVEL DE RECONHECIMENTO, POR PESSOA SEM CONHECIMENTOS ESPECÍFICOS, QUANDO FIRMOU O CONTRATO EXECUTADO, APESAR DESTE SER ANTERIOR AO PROCESSO DE INTERDIÇÃO. RECONHECIDA A NULIDADE DECORRENTE DA INCAPACIDADE ABSOLUTA. INTELIGÊNCIA DO ART. 166, I DO CC. EVENTUAL FRAUDE EFETUADA PELOS GENITORES QUE DEVERIA SER OBJETO DE AÇÃO PRÓPRIA. MANTIDA A CONDENAÇÃO NO PAGAMENTO DE HONORÁRIOS ADVOCATÍCIOS, TENDO EM VISTA A SUCUMBÊNCIA DA AGRAVANTE. RECURSO DESPROVIDO. (AI nº 2159554-78.2015.8.26.0000; Rel. Des. COELHO MENDES; 15ª Câmara de Direito Privado; julgada em 23/02/2017).*

Inquestionável que a gravidade da postura dos Requeridos que, aproveitando-se do estado de saúde do Apelado pelos Requeridos induziram-no a erro e privaram-no de todo o seu patrimônio, prejudicando sua própria subsistência, fundamenta e justifica a indenização por dano moral fixada na sentença.

Conforme bem fundamentado pelo "decisum", o grave abalo psicológico e emocional imposto ao Autor, que é pessoa idosa e enferma, não constitui simples desassossego, pois maculou sua honra subjetiva, violando direitos fundamentais como a paz, a tranquilidade de espírito e a dignidade da pessoa humana.

Por último, no que tange ao *"quantum"* indenizatório, o arbitramento se mostrou exorbitante, violando manifestamente os Princípios da Proporcionalidade e Razoabilidade, e ensejando o enriquecimento sem causa o que não é o melhor Direito.

De aí que o montante deve ser reduzido para R$ 10.000,00 (dez mil reais), com correção monetária e juros moratórios conforme fixados pela Primeira Instância.

Ante o exposto, DÁ-SE PARCIAL PROVIMENTO ao recurso, invocado, de resto, o Art. 252 do Regimento Interno desta Corte de Justiça.

L.B. Giffoni Ferreira RELATOR
Assinatura Eletrônica